KB111857

하마터면 깨달을 뻔

인지심리학자가 본 에고의 진실게임

하마터면 깨달을 뻔

크리스 나이바우어 지음 | 김윤종 옮김

정신세계사

하마터면 깨달을 뻔

ⓒ 크리스 나이바우어, 2015

크리스 나이바우어 짓고, 김윤종 옮긴 것을 정신세계사 정주득이 2017년 10월 20일 처음 펴내다. 김우종과 서정욱이 다듬고, 김윤선이 꾸미고, 한서지업사에서 종이를, 영신사에서 인쇄와 제본을, 하지혜가 책의 관리를 맡다. 정신세계사의 등록일자는 1978년 4월 25일(제1-100호), 주소는 03965 서울시 마포구 성산로4길 6 2층, 전화는 02-733-3134, 팩스는 02-733-3144, 홈페이지는 www.mindbook. co.kr, 인터넷 카페는 cafe.naver.com/mindbooky이다.

2023년 1월 12일 펴낸 책(초판 제4쇄)

ISBN 978-89-357-0412-5 03180

이 도서의 국립중앙도서관 출판시도서목록(CIP)은 서지정보유통지원시스템 홈페이지(http://seoji. nl.go.kr)와 국가자료공동목록시스템(http://www.nl.go.kr/kolisnet)에서 이용하실 수 있습니다. (CIP제어번호: CIP2017025393)

나의 괴이함을 받아줌을 넘어서서,

그것을 응원해주기까지 한

나의 가족(제니, 조이, 닉)에게

차례

"이것은 가장 정교한 모순이다.

모든 것을 포기한 바로 그 순간, 모든 것을 얻게 된다.

권능을 원하는 한, 그것을 가질 수 없다.

더 이상 권능 따위 필요치 않을 때,

당신이 상상할 수 있는

그 이상의 권능을 갖게 될 것이다."

– 람 다스Ram Dass

한국어판 서문

뇌의 좌측 편과 우측 편 사이의 실질적이고 영적인 차이에 관한 책을 쓰고 나니, 아래와 같은 질문을 자주 받게 되었다. "좌뇌가 어떻고 우뇌가 어떻고 하는 말들은 다 근거 없는 얘기 아닌가요?" 많은 면에서, 이런 생각은 좌뇌와 우뇌에 관한 오해 — 좌뇌는 논리적이고 우뇌는 창조적이다 — 로부터 비롯됐다고 할 수 있다. 실제로는 논리적 사고를 하든 창조적 사고를 하든 좌우뇌가 늘 함께 관여하는 듯하다. 그럼에도 여전히 '좌뇌적' 혹은 '우뇌적'이라는 구분법은 널리 쓰이고 있다. 하지만 최근에 수행된 한 연구에서(앤더슨 등. 2014) 천 건이 넘는 뇌 스캔 자료를 조사한 결과, 좌뇌적인 사람이 따로 있고 우뇌적인 사람이 따로 있다는 어떤 유의미한 근거도 발견하지 못했다. 그래서 지금은 많은 사람들이 좌뇌와 우뇌는 대체로 별 차이가 없다고 믿게 된 것이다.

처음 뇌에 대해 공부할 때 가장 큰 미스터리 중 하나는, 뇌를 왜 그냥 하나의 큰 덩어리로 만들지 않고 구태여 거의 쌍둥이같이 똑같은 반쪽을 두 개 만들어서는 그 둘을 서로 연결해놓았을까 하는 점이다. 자연이란, 무슨 일이든 타당한 이유 없이 하는 경우가 드물다.

비록 뇌의 양쪽 편이 많은 측면에서 비슷하긴 하지만, 그것들은 분명히 음陰과 양陽처럼 서로를 보조하고 있다. 좌뇌는 철저하게 편을 가르고 언어를 관장한다. 반면에 우뇌는 말없이, 즉 '관념'을 사용하지 않고, 세상을 있는 그대로 인식한다.

　그렇다면 우리가 좌뇌적 사고에 너무 많이 의존하고 있는 게 사실일 텐데도, 어째서 이것이 뇌 스캔 결과에는 반영되지 않는가? 내가 좋아하는 그럴듯한 설명이 하나 있다. 어떤 회사가 있다고 해보자. 거기에 한 임원이 있는데 그는 굉장히 게으르고 하는 게 거의 없는 사람이다. 하지만 스스로 자신이야말로 이 회사의 진정한 CEO이고 자기가 없다면 회사는 살아남지 못할 거라고 굳게 믿고 있다. 당신이 그 사람한테 물어본다면, 그는 주저 없이 회사의 모든 일이 얼마나 자기한테 의존하여 돌아가고 있는지 말해줄 것이다. 이와 마찬가지로, 좌뇌는 스스로 보기에는 자기 자신이 가히 전설적인 인물이다. 이것이 바로 에고ego의 습성이다. 하지만 실제로 뇌 전체의 활동을 놓고 보면 그런 증거는 어디에서도 발견되지 않는다(왜냐면, 사실이 그렇지 않으니까). 그것은 스스로 말썽을 일으킴으로써 자신의 존재감을 드러내고, 항상 자신의 일일 업무량을 과장하고 있는 것이다.

　나는 좌뇌가 주도하여 '에고'라는 의식을 만들어낸다고 생각한다. 하지만 에고란 게 원래 그렇듯이, 그것은 우리가 그것을 찾으려 할 때만 존재한다. 일반적으로 생각하듯이 우리가 종일 에고 상태로 지내는 것이 아니라 실은 그렇게 '보일' 뿐이라는 거다. 말하자면 우리는, 스스로 말썽을 일으키고는 그 진창에서 빠져나오는 방법을 고민하는 딱 그만큼만 에고이다. 다른 말로 표현해보자…. 당신은 하루 중에 당신이 생각한다고 '스스로 생각하는' 것만큼 그렇게 오랜 시간 생각하고 있지 않다. 에고 의식은 대부분의 시간 동안 꺼져 있고, 오직 우쭐할 일이 있거나 불평거리가 있을 때만 연결되어 활동한다. 즉, 당신은 당신의 에고가 믿는 것만큼 그렇게 자주 에고가 되지는 않는다. 하지만 얼마나 자주 에고가 발동되는지 세어 보는 문제로 들어가게 되면, 그 판단을 맡는 재판관이 바로 에고이기에 언제나 자신이 가장 많은 일을 하고 있다고 판정하게 되는 것이다. 만약 이 설명이 옳다면, 좌뇌에서 더 많은 활동이 측정되어야 할 이유는 사라지고 만다. 그러니까 이건 그렇게 간단한 문제가 아니다.

좌뇌가 벌이는 이 에고의 게임은 생각보다 훨씬 더 복잡하고 천재적이어서 뇌 스캔 따위로 밝혀낼 수 있는 수준을 넘어선다. 이 게임의 교묘함은 거의 무한대에 가깝다. 그러니까 이 게임은 별 탈 없이 영원히 계속될 것이다…. 그렇지만 혹시나, 혹시나 하는 마음으로 나는 이 책을 썼다.

서 문

　때로 아이들은 굉장한 스승이 되기도 한다. 가르치고 있다는 생각이 없기 때문이다. 아이들은 제자들로부터 어떤 기대도 하지 않고 어떤 목표도 설정하지 않는다. 그리고 내 생각엔 바로 그 점 때문에 아이들과 함께할 때면 정말 흥미로운 일들이 일어나는 것 같다. 이 책에서도 내 아이들이 꼬마였을 때 내가 그들로부터 배운 것들이 종종 언급된다. 세월이 지나고 아이들이 성장함에 따라 기억이 조금 흐릿해지긴 했지만 나는 최대한 그때의 일들을 정확하게 전달하려고 애썼다. 아무튼, 그 주인공이 나의 아들 닉Nick과 딸 조이Zoe라는 점을 미리 말씀드린다.

　인지신경심리학(cognitive neuropsychology)을 전공한 교수로서, 나는 과학적 연구들을 소개할 때 본질을 해치지 않으면서도 가능한 한 쉽게 설명하고자 했다. 신경과학(neuroscience) 분야의 이 연구들은 지금 내가 인지심리학(Cognitive Psychology), 감각과 지각(Sensation and Perception) 등의 수업에서 학부생들에게 실제로 가르치고 있는 내용들이기도 하다. 하지만 이 책은 심리학 전공수업 교재가 아니므로 '경험'을 우선순위에 두었다. 그러니까 좀 낯선 용어들이 나오더라도 연습과제를 실제로 해보는 것이 뇌에 관한 정보를 습득하는 것보다 훨씬 더 중요하다. 그러다 보면 독자 여러분은 현재 본인이 책을 제대로 따라가고 있는지 아닌지를 스스로 알게 될 것이다. 결국 이것은 뇌에 관한 책이라기보다는 광활한 하늘과 하나가 될 것인가 아니면 시시한 드라마에 파묻혀 살 것인가에 관한 이야기다. 그리고 에밀리 디킨슨의 말대로, 우리의 생각과는 달리 뇌가 차라리 한 편의 시詩에 가깝다는 걸 알게 될지도. 사실은 뇌가 하늘보다 더 광활한 것일지 누가 알겠는가.*

* "The brain is wider than the sky"라는 에밀리 디킨슨의 시구가 있다. 역주.

자기 계발의 역설

우선 몇 가지 '생각에 대한' 생각으로 시작하고자 한다. 당신이 대부분의 사람들과 비슷하다면, 아마도 당신은 자신의 상황, 자신의 인생, 자기 자신을 개선할 방법이 분명 어딘가에 있으리라고 생각할 것이다. 이 책에서 내가 얘기해주려 하는 바는 간단히 말해, 자기계발에 쏟는 모든 노력은 소용이 없을 뿐만 아니라 대개는 오히려 역효과만 난다는 것이다. 역설적이게도, 당신이 그토록 개선하려 노력하는 '자기 자신'이라는 것은 사실 존재하지조차 않는다. 적어도 당신이 생각하는 그런 방식으로는 아니다.

이 책의 핵심은 우리가 거울 앞에 섰을 때 보이는, 우리가 내면을 들여다볼 때 보이는, 우리가 개선하려 노력해 마지않는 그 '나'라는 것이 이제껏 배워왔던 그런 방식으로는 결코 존재하지 않는다는 것이다. 실제로 존재하는 것은 '나'가 아니라 내가 존재한다는 그 '생각'이다. 그러나 이 말을 즉시 받아들이기는 어려울 것이다.

우선은 '나'라는 것이 표면적으로 쉽게 파악되는 그런 유의 것이

15

전혀 아니라는 사실만 알아두자. 요즘 시대에는 '나'라는 것이 최고로 흥미로운 속임수까지도 구사하고 있고, 나는 그 점을 분명하게 짚을 것이다.

첫 번째 연습이다. 10초간 주위를 둘러보고 당신이 본 것들의 목록을 마음속에서 작성해보라…. 그 목록에 '아무것도 아닌 것 (nothing)'은 절대 포함되어 있지 않다는 것에 백만 원 건다. 우리는 지각한 것을 분류하고 패턴을 찾아내는 작업에 고도로 숙련되어 있기에 그와 다른 방식으로는 결코 현실을 바라보지 못한다. 우리는 세상에서 '어떤 것들(things)'을 보는 데에 너무나 뛰어나서 더 이상 그 과정, 즉 작용과 움직임을 눈치채지 못한다.

내 아들 닉은 만 세 살이 되자 큰 어려움 없이 막대사탕에서 우주선의 모습을 볼 수 있게 되었다. 1년 전이라면 녀석은 그저 사탕을 보면서 거기서 아무것도, 어떤 패턴도 인식하지 못하고 단순히 있는 그대로의 현실만을 인식했을 것이다. 어른인 우리는 이제 밤하늘을 보면서도 단순히 별들을 보는 게 아니라 그 안에 갖가지 동물과 사냥꾼, 흐르는 강물, 국자 같은 것들을 채워 넣는다. 그러니 어느 순간부터 내면을 관찰하고는 그 안에 에고 같은 '어떤 것'이 있다고 느끼게 되는 것은 그리 놀랄 일도 아니다.

우리는 생각이 일어나는 '작용' 그 자체를 항구적으로 실재하는 '어떤 것'으로 착각한다. 이 같은 착각이 너무도 오랫동안 지속돼왔기에, 하룻밤 사이에 이 착각을 깨는 것은 가능할 것 같지 않다. 나는 독자들이 이 내용을 그저 하나의 견해로서 받아들이는 것이 아니라 직접 느껴보고 알아차리길 원한다.

우리는 먼저 의식 탐구의 새로운 경향을 살펴보고 그다음엔 과학적 설명들로 옮겨갈 것이다. 양쪽 모두에서 운이 좋다면, '자아(self)'라는 것이 실은 자아라는 '관념(idea)'이라는 사실을 알게 될 것이다.

앨런 와츠Alan Watts와 에크하르트 톨레Eckhart Tolle를 언급하면서 이야기를 시작하려고 한다. 뒤에서도 종종 이 두 사람을 언급하게 될 것인데, 이들의 메시지는 한마디로 마음 또는 에고와의 동일시를 어떻게 하면 약화시킬 수 있는가에 초점이 맞춰져 있다고 보면 된다.

일반적으로 이들이 말하는 '마음'(mind: 에크하르트의 경우 에고적 마음egoic mind이라 부른다)이란 다음과 같은 모든 것을 일컫는다. 당신의 머릿속에서 들리는 목소리, 떠오르는 영상, 생각, 신념, 믿음, 감정, 자신이 어떤 사람인가에 대한 관념, 과거 또는 미래에 대한 기억과 생각들…. 간단히 말해, 당신이 생각하는 당신 자신이다. 이것은 아침에 눈을 뜨는 순간부터 밤에 잠자기 전까지 매 순간 느껴지는 '나'라는 느낌, 바로 그것이다.

이렇듯 에고는 거기에 존재하는 유일한 '어떤 것'으로 보이기에 다른 무엇이 거기 있다고 들으면 놀라게 되고, 거기에 더해 에고라는 것이 적어도 '어떤 것' 또는 '어떤 실체'로서는 존재하지도 않고 존재한 적도 없다고 들으면 충격을 받게 된다. 누구든 그런 말을 듣는다면 이렇게 물을 것이다. "그럼 거기 있는 것은 도대체 뭔데?" 그리고 이것이야말로 확실히 탐구할 가치가 있는 질문이다.

요즘 명상, 태극권, 요가 같은 것들이 점점 더 보편화되고 있다. 이런 수행들은 에고에 투자하는 오랜 습관을 계속 유지하는 상태에서는 제대로 행해지기 어렵다. 수행의 목적이 자기 자신을 발전시키고 개선하는 것이라고 보면, 실제로 벌어지는 일이란 오히려 에고라는 환상을 더욱더 강화시킬 뿐이기 때문이다.

나 자신도 명상을 수년간 해왔지만 결국 아무것도 얻을 것이 없다는 사실을 깨닫고는 절망했던 경험이 있다. 그리고 어쩌면, 바로 이런 상황들이 에크하르트 톨레 같은 사람들이 그토록 인기를 끌게 되었던 이유인 것 같다. 그의 가르침을 들여다보면 좀더 실용적이라고 할까. 그는 사람들에게 에고적 마음에서 벗어나기 위한 가장 좋은 방법으로 두 가지를 제시한다.

첫째, 오직 실재 — 지금 이 순간 — 에만 의식을 두라. 즉 마음이 지어낸 허구에 불과한 과거/미래로부터 의식을 거두어들이고 오직 현재/지금 이 순간에만 의식을 붙잡아두라는 것이다. 이는 꽤 강력한 방법이긴 하지만, 해보면 생각보다 어렵다는 걸 알 수 있다. 딸아이가 세 살 즈음일 때 이런 말을 한 적이 있다. "무시무시한 것들은 전부, 그냥 그런 척하는 거예요." 이 말은 정곡을 짚고 있다. 만약 당신이 지금 이 순간에 머문다면, 그 어떤 것도 실제로 두렵거나 문제가 되지 않는다. 아, 물론 그 상태에서는 자신을 개선할 수도 없는데, 뭔가를 발전시키거나 개선하려면 반드시 과거와 미래가 필요하기 때문이다.

둘째, 마음 주위의 빈 공간을 알아차리라. 이것은 생각의 내용에 동일시되어 매몰되지 말고 생각 자체를 지켜보라는 의미이다. 예를 들면 머릿속의 목소리가 되지 말고 목소리를 주시하는 자가 되라는 뜻이다.

이러한 의식 탐구의 새로운 경향이 이제 수백만의 사람들을 매료시키고 있다. 이 상황에서 나는 앨런 와츠가 경고했던 바를 떠올리게 된다. 그는 에고를 지켜보는 바로 그것도 역시 또 다른 에고에 불과하다고 했다. 새로운 버전의 무수한 의식 수준이 끝없이 만들어지더라도 그 전부가 또 다른 형태의 에고에 불과하다는 것이다. 새로운 버전이 좀더 우월해 보이지만 그 역시 약간 정제된 상태의 에고일 뿐이다. 나는 자기계발이라는 게임을 하는 동안 에고가 취할 수 있는 다양한 '영적' 형태들에 대해 논할 것이다.

나는 이 책을 현실에 기반을 둔 최대한 실용적인 책으로 만들고 싶었다. 따라서 이 책은 여러분을 발전시켜준다는 어떤 약속도 하지 않으며 어떤 도달해야 할 목표도 제시하지 않는다. 이 책은 소위 자아(self)라고 불리는 것에 대한 순수한 탐구이며, 이로 인해 당신이 에고를 '잃게' 될 가능성은 전혀 없다. 어떤 단어를 '보는' 것과 '읽는' 것이 서로 별개의 행위가 아니듯이, 에고에 대해 논하는 것 자체가 바로 에고의 활동이기 때문이다.

하지만 그것을 살짝 '다르게' 경험해보는 것은 가능하다. 그때 이 딱딱한 세계는 유동적이고 장난기 넘치는 어떤 과정이나 흐름으로 인식되고, 우리는 세상을 약간 다른 방식으로 바라볼 수밖에 없게 된다.

앞으로 책에서 몇몇 과학실험 결과들이 언급될 터인데, 그것은 우리의 '생각'이 과연 옳은지 그른지를 검증해본다는 측면에서 지금 우리의 목적과 과학적 접근법이 서로 일치하기 때문이다. 하지만 여전히 가장 중요한 점은 에고 또는 자아에 대한 직접적인 경험이다.

우리는 에고적 생각들을 없애려는 어떤 노력도 하지 않을 것이다. 그건 애초에 불가능한 일이다. 생각으로 다른 생각을 없앤다는 발상은 마치 "조용히 해!"라고 소리 질러서 고요함을 창조해내려고 시도하는 것과 같다. 그보다는, 앨런 와츠가 언젠가 이를 멋지게 요약했던 글귀를 떠올리는 편이 낫다. "마음은 훌륭한 하인이다. 하지만 주인으로서는 최악이다." 그것이 과학적 사고 안에서의 생각이든 자아에 대한 생각이든 관계없이, 생각은 단순히 생각으로 인식되어야 하며, 그럴 때 생각은 주인이기보다 훌륭한 하인이 된다. 더 정확히는 원래의 본분에 맞는 하인의 역할을 되찾게 된다.

생각 속에서 길을 잃는 건 지극히 '당연한' 일이라서 그 점에 대해 의문이 제기되는 일은 거의 없다. 생각 속에서 길을 잃으면 잃을수록 그것은 점점 더 현실성을 띠어가며 우리를 괴롭힌다.

과학자들만 생각이 많은 게 아니다. 대부분의 사람들이 너무나 많은 생각 속에서 살고 있다. 그들은 자신의 '생각에 대해' 생각한다. 그리고 자기 생각에 깊이 빠진 사람일수록 더 많은 문제를 안고 살아간다. 이런 현상은 이제 전염병처럼 퍼져서 대다수가 자기가 그런 상태에 있음을 알지 못한다. 주위 모든 사람이 그렇게 살아가는데 어떻게 그걸 알아차릴 수 있겠는가?

근 10년 내에 가장 인기 있었던 TV 드라마 두 가지를 살펴보자. 〈닥터 하우스〉(House M.D.)와 〈명탐정 몽크〉(Monk) — 이 두 드라마의 주인공들은 엄청난 정신적 고통에 시달리면서도 초인과 같은 지적 능력을 발휘한다. 우리의 현대적인 마음은 이처럼 지적인 난제해결 능력과 마음의 평화를 맞바꾼 것처럼 보인다. 이것이 정말 기이한 상황인 이유는, 이러한 거래야말로 우리를 점점 더 진짜 현실에서 동떨어지게 만드는 것 같기 때문이다. 앨런 와츠가 말했듯, "항상 생각만 하는 자는 그 '생각' 말고는 생각할 것이 아무것도 없게 된다." 그리하여 그는 현실과의 접점을 잃어버리고 결국 망상의 세계에서 살아가게 된다.

좀 다르게 말해보자. 누군가 문제를 해결하는 데 의식을 쏟아 부으면 부을수록 그는 자신 안에서 점점 더 큰 에고를 발견하게 될 것이고, 점점 더 곤란한 지경에 놓일 것이다. 이 모든 전개과정은 동일한 근원으로부터 만들어지는 것이기 때문이다.

게다가, 비록 괴로움에 대한 반사적인 첫 번째 반응이 '난 이 고통을 원하지 않아'일지라도, 자세히 살펴보면 당신은 괴로움을 마치 오래 사귀어 함께하기 너무도 편안한 친구처럼 느끼고 있는 경우가 허다하다. 그러니 생각보다 그걸 떨쳐내기 어렵더라도 그리 놀랄 일은 아니다. 〈쇼생크 탈출〉(Shawshank Redemption)에서 레드Red가 이런 상황을 기막히게 표현했다. "이놈의 교도소 담장이란 게 웃기는 거야. 처음엔 증오하지. 시간이 흐르면 점점 익숙해져. 충분히 세월이 흐르면, 그건 너무도 익숙해져서 거기에 의지하게 돼. 이게 바로 제도화된다는 거야."

이 '제도화' 때문에 우리는 극적인 것, 괴로운 것을 스스로 찾으려 한다. 괴로움을 그냥 흘려보내는 것이 그리 쉽지만은 않은 이유는, 그것이 우리가 의지하는 일종의 습관이자 패턴이 되었기 때문이다. 그래서 처음 이런 자신을 자각하게 되면 정말로 기이한 느낌이 든다. 예컨대 당신은 전화통화를 할 때, 상대방에게 본때를 보여

21

주려고 그가 무례하게 나오길 기다리고 있는 자기 자신을 문득 발견하게 된다. 혹은 길게 줄을 서고 있는 중에, '내 앞에서 새치기만 해봐!' 하면서 자신이 오히려 그런 상황을 바라고 있음을 알아차린다. 이런 극적인 것에 대한 갈망, 풀어야 할 퍼즐을 스스로 지어내려는 욕구와 정면으로 마주하는 것은 — 늘 그래왔던 일임에도 불구하고 — 당신에게 예상치 못한 경험이 될 것이다.

나는 깨달은 사람도 아니고, 깨닫고 싶은 마음도 없다. 깨닫겠다는 목표를 갖는다는 것은 마치 저울 위에서 팔짝팔짝 뛰면서 몸무게를 줄여보겠다는 것과 다르지 않다. 아주 잠깐은 좀 가벼워질 수도 있겠지만, 몸은 결국 더 세게 저울을 때릴 것이고 몸무게의 평균은 애초에 아무 짓도 안 하고 가만히 서 있을 때와 별반 다르지 않을 것이다. 이런 사실은 에크하르트 톨레가 경험했던 갑작스럽고 찬란한 무아체험 같은 것을 갈구하는 사람들에게는 적잖이 실망스러울 터이다.

내 눈앞에 펼쳐진 공간만큼이나 내가 확실하게 말할 수 있는 것이 하나 있다면, 그건 신비적이고 지복에 넘치는 경험을 맛보기 위해 누군가가 할 수 있는 것은 '아무것도 없다'는 사실이다. 자신을 개선하고 발전시키기 위해 당신이 할 수 있는 것은, '내가 할 수 있는 것이 아무것도 없다'는 사실을 자각하는 것 말고는 없다. 애초에 에고라는 것이 망상에 불과하다면 그 망상을 개선하는 것이 어떻게 가능하겠는가? 그리고 어떤 면에서는 이건 나쁜 소식도 아니다. 내 생각에는 모든 사람이 영원히 지속되는 지복과 환희 따위를 바라는 건 아니니까 말이다.

나는 10년 넘게 제자들에게 이런 질문을 던져왔다. "여기 알약이 하나 있다. 그걸 먹으면 앞으로 다시는 부정적인 감정을 경험하지 않게 되며, 남은 인생 내내 오직 순수한 기쁨과 지복만을 누릴 수 있다. 그 알약을 먹을 사람?" 먹겠다고 대답한 학생이 얼마나 됐을 것 같은가? 매년 5퍼센트를 넘은 적이 없다.

이 책은 해탈이나 지복을 지향한다기보다, 세상을 바라보는 관점을 아주 살짝만 조정하기를 제안하려는 책이다. 이것을 '신경증 환자를 위한 깨달음의 대안'(the neurotic's alternative to enlightenment)이라고 불러도 괜찮겠다. 아주 약간의 조정만으로도 효과는 충분하다. 그것만으로도 상황이 당신의 감정을 유발하는 것이 아니라, 상황에 대한 당신의 '해석'이 당신이 느끼는 감정과 경험을 결정한다는 것을 알게 된다.

문제를 해결하고 에고를 창조하는 소위 이 '해석장치(해석기)'의 가장 매혹적인 점은, 그것 자체는 투명하다(transparent)는 것이다. 우리는 그 작용을 결코 직접적으로 경험할 수 없다. 그것은 모든 생각을 만들어내지만, 그 자체는 생각의 대상이 될 수 없으므로 우리에게는 영원토록 만나지 못할 이방인으로 남는다.

이른바 모든 생각의 근원인 '그것'을 직접 경험하는 것이 불가능하기에, 우리는 '만들어진 생각들'이 마치 진짜배기 실체인 것처럼 느끼게 되고 그 안에 파묻혀 ─ 에고라는 망상과 더불어 ─ 시간을 허비하게 되는 것이다. 쉽게 말해서 우리는 현실에 대한 우리의 생각, 견해를 진짜 현실로 착각한다.

얼마 전 크리스마스를 지나보내면서 사람들은 물질주의가 어떤 식으로 우리를 괴롭게 하는지에 대해 실컷 떠들어댔다. 하지만 그런 관점은 문제의 핵심을 한참 비켜나 있다. 왜냐하면 앨런 와츠가 여러 번 언급했듯이, 진정한 물질주의자라면 이 세상을 이루고 있는 소위 '물질'이라는 걸 진정으로 만끽하고 있을 텐데, 그런 사람은 어디에서도 찾아볼 수가 없기 때문이다. 우리 중 대부분은 단지 물질에 관한 우리의 '견해'들에 매몰되어 헤매고 있을 뿐이다. 그러나 뭔가 있어 보이는, 그럴듯해 보이는 '견해'들은 대개 큰 의심을 사지 않고 생명을 오래 이어간다.

이를 두고 알프레드 코집스키Alfred Korzvbski(일반의미론을 창시한 논리학자, 역주)는 "지도를 실제 그 지역으로 착각한다"고 표현했다. 이후에도 이 표현을 자주 언급할 터인데, 대부분의 사람들은 실재의 상징일 뿐인 자신의 생각, 견해를 실재로 착각하고 살아가기에 그 둘이 서로 전혀 다른 것임을 지적만 해도 미친 사람으로 간주되기 십상이다.

하지만 이 책은 이런 착각 자체를 일종의 표지판 삼아 반복해서 그 착각을 돌아보게끔 시도할 것이고, 그러면 결국 여러분은 지도와 그것이 가리키는 실제 그 지역의 차이를 느끼게 될 것이다. 어쩌면, 과연 '지역'이라는 게 있긴 하는 건지 의문을 품게 될지도 모른다.

메뉴판을 뜯어먹거나 지도 위를 걷는 것이 얼토당토않은 짓임을 누구나 알지만, 내 학생들 대다수는 지식보다는 학점을 원하고 여러분도 대부분 눈앞의 현실을 즐기기보다는 사진 찍기에 바쁠 것이다. 마찬가지로 우리는 '나에 대한 생각'과 '나'를 구분하지 못한다. 심지어 최초의 기본적 관념인 '나는 개별적 인간 존재다'라는 생각조차 진정한 자아와는 거리가 멀다.

여기서 한 가지 짚고 넘어갈 것이 있다. 늘상 일어나는 이런 착각을 좀 한다고 해서 뭔가 잘못됐거나, 열등하다고 생각할 건 아무것도 없다는 점을 강조하고 싶다. 이건 정말이지 너무나도 인간적인 일이기 때문이다. 대담하게 표현해보자면, 이런 착각의 경향성은 일종의 인간종의 특성이며 전 우주적으로도 그 유례를 찾아볼 수 없는 특이함이라고까지 할 수 있겠다. 이런 착각을 일으키는 건 너무나 완벽하게 자연스러운 일이라서, 오히려 이걸 처음 알아차리기 시작할 때야말로 정말로 기묘한 기분이 들 정도다.

누군가에게 이러한 내적 통찰, 알아차림이 처음 일어나면, 그의 유아적 에고는 분노발작을 일으킬지도 모르겠다. 마치 유령이 "나는 진짜로 존재한다고! 나를 진지하게 대하라고!" 하며 소리치듯이 말이다. 해석하는 마음은 그 자체로는 논리적 오류가 전혀 없게끔 구조화되어 있으므로, 누군가 그것이 실재가 아니고 실재에 대한 자신의 생각일 뿐임을 알아차리기 시작하면 이제 그 '생각 속의 실재'는 자신의 현실성을 인정받기 위해 가능한 모든 방법을 동원하려 들 것이다. 하지만 이런 발작적 반응은 늘 그렇듯 너무 과해서 오히려 그 소기의 목적으로부터 멀어지게 만든다.

엄청나게 야비하고 당신을 부려먹을 궁리만 하는 동료와 함께 일하고 있다고 상상해보라. 어느 날 그가 실수로 진짜 자기 모습을 들켜버렸다. 알고 보니 그 못돼먹은 모습은 다 가면이었고, 그에게 가장 두려운 것은 바로 자신의 진짜 모습을 들키는 것이었으며, 그는 그게 너무 두려워서 이제껏 그렇게 처신해왔던 거였다. 이런 사실을 알고 나면 당신과 그 동료의 관계는 변화할 수밖에 없다. 당신은 그를 결코 예전처럼 심각하게 대할 수 없을 것이다. 처음에 에고는 전처럼 자신을 심각하게 대하도록 더 못되게 굴 수도 있다. 하지만 에고의 생각들이 얼마나 바보 같고 불완전한지를 스스로 드러내게끔 지켜보기만 하면, 결국 에고는 주제넘은 짓을 멈추게 될 것이다.

에고를 알아차리기 위한 또 다른 방법이 있다. 그것의 최초 시작점을 찾아보는 것이다. 나는 방금 아들 닉과 놀이 하나를 했다. 놀이 제목은 '안 돼, 그건 내 담요야!'이다. 녀석은 씩씩대면서 담요의 끝자락을 잡고 당기면서 소리친다. "이건 내 거라고!" 그러나 만약 내가 잡고 있던 담요 자락을 놓아버리고 아들이 담요를 다 차지하게끔 해준다면? 아마 잽싸게 다시 돌아와서는 내 손에 담요 자락을 쥐여주면서 또 놀이를 하자고 졸라댈 것이다. 그리고 그 나이 때는 이런 일이 무한 반복된다. 이 놀이는 장난스럽고 아주 가벼운 느낌인데, 아들의 에고는 이제 막 출현하기 시작한 신출내기이고, 우리 둘 다 그 어떤 것도 실제로 소유하는 건 불가능하다는 걸 알기 때문이다.

에고적 마음은 때로 이기고 때로 지기도 하는 이런 게임을 무한히 반복하기 위해 늘 노력을 아끼지 않는다. 그러니 이제 더 이상 이런 상황을 심각하게 받아들일 필요는 없다. 심각하지만 않으면 이 게임은 훨씬 더 즐길 만한 것이 된다. 누군가 아인슈타인에게 "우주는 인간에게 우호적인 곳인가?"라는 질문을 했다고 하는데, 나라면 차라리 이렇게 질문했을 것 같다. "우주는 진지한가, 아니면 장난스러운가?"

어쩌면 깨달음이나 지복의 상태를 경험해보는 것보다 우주의 이러한 익살스러운 본성을 경험해보는 것이 더 유용할지도 모른다. 우주의 가장 익살스러운 점은 생각을 진짜 실재인 것처럼 여긴다는 사실에 있다. 그리고 말이 점점 더 이상해지고 있지만, 우주가 가장 익살스러운 때는 스스로 가장 '진지한 척' 할 때이다.

이 책은 '신경증 환자를 위한 지침서'*이다. 오늘날 우리는 신경증적인 의식 상태에 있고, 그럼에도 아주 약간만 관점을 바꿈으로써 삶을 전혀 다르게 경험할 수 있다. 이미 눈치챘겠지만 '불안하다'거나 '신경질적이다'라는 것은 단순히 생각의 '내용'일 뿐이다. 이 사실을 알고 나서도 여전히 불안하다거나 화가 난다는 '생각'을 가질 수는 있겠지만, 장담하건대 그 '생각'은 전보다 훨씬 덜 불안하고 덜 불쾌하게 느껴질 것이다. 물론 머지않아 생각은 단지 생각일 뿐이라는 사실을 망각하고는 현실에 대한 해석일 뿐인 생각들에 또 빠져들겠지만, 그게 우리의 본성인 걸 어쩌랴.

'불안하다'라는 생각의 배후에는 '아, 정말 난 불안해하고 싶지 않아'라는 생각이 있다. 불안해하고 싶지 않아서 불안하게 된다는 이 모순은 우리의 사고작용의 아주 흥미로운 측면을 드러내준다. 어째서 걱정하지 않으려 애쓰면 애쓸수록 점점 더 걱정이 많아지는 걸까? "숫자 3을 떠올리지 마세요"라고 하면, 당연하게도 '숫자 3'밖에는 아무것도 떠오르지 않는 이유는 뭘까?

다음번에 화가 나는 상황이 오면, 누군가 당신에게 화내지 말라

---

* 이 책의 원제가 《신경증 환자를 위한 깨달음 회피하기 지침서》(The Neurotic's Guide to Avoiding Enlightenment)이다. 역주.

고 할 때 어떤 느낌이 드는지 살펴보라. 억지로 잠을 청했건만 결국 뜬눈으로 지새운 경험이 있는가? 반대로, 깨어 있으려 애쓰는데 딱 어떤 생각 도중에 잠들어버린 경험은? 진짜 못돼먹은 것 같던 사람들이 알고 보니 꽤 괜찮은 사람이더라는 경험은? 반대로, 평등과 평화의 깃발을 흔들어대던 이들이 상상도 못할 잔인한 짓을 저질러버린 경우는?

당신이 멍청하다면 세상은 당신을 사랑할 것이다. 당신이 세상을 사랑한다면, 세상은 어떻게 해서든 당신을 십자가에 매달 것이다. 이제껏 수많은 이름으로 불려왔지만, 나는 이런 모순들을 '무적의 대립성 법칙'(law of invincible opposition)*이라고 부른다. 우주는 서로 대립되는 본성들 사이를 불안정하게 왔다 갔다 하는 것처럼 보이며, 그 대표적인 예가 바로 우리의 마음이기 때문이다.

나는 이 무적의 대립성 법칙이 우주가 지금껏 운영되는 데 있어서 중력의 법칙만큼이나 중요한 역할을 해왔다고 생각한다. 자신의 에고를 없애는 위대한 여정에 오른 이들은 예외 없이 더욱더 강한 에고를 만나게 된다. 이완하려고 애쓰는 자는 갈등과 혼란을 경험하게 된다. 긴장을 풀고 모두를 사랑하려는 노력이 효과가 있었더라면 60년대의 히피운동 이후로 벌써 인류는 낙원을 이루고도 남았을 것이다.

이 법칙이 알려진 고대로부터 지금까지, 이것을 진짜 제대로 이

---

* 동양에서는 주역의 음양론, 서양에서는 헤르메스학 7대 원리 중 극성의 법칙이 그 대표적인 예이다. 역주.

해했던 사람들은 아마도 행운을 빌어주는 마음을 "다리나 부러져라"(break a leg)라고 돌려 말하는 연극배우들밖에 없었지 않나 싶다.*
의미심장하게도 본래 배우들은 '나' 아닌 존재로 가장하는 일에 능숙한 사람들이다.

물론 이 대립성 법칙은 한 조각 마음의 평화 또는 깨달음을 추구하는 데도 적용된다. 행복과 평화를 추구하는 길에서 가장 큰 장애물은 바로 그것을 추구하고자 하는 욕망 그 자체이다. 앨런 와츠는 이 점을 정확하게 짚어냈다. "더 나아지기를 바라는 그 마음이야말로 당신이 나아지지 못하는 이유이다." 그런데도 당신은 여전히 행복해지려 '애씀'으로서 행복해질 수 있다고 생각하는가?

우리가 자신의 생각과 감정을 제어할 수 없다는 사실은 그 생각과 감정이 우리 자신이 아니라는 가장 큰 증거이다. 그럼에도 현재의 문화는 '자기 통제'(self control)라는 관념을 발명해냈다. 나 자신도 아이들에게 "정신 좀 차려!"(get a hold of yourself)라고 말하곤 한다. 마치 그것이 가능이라도 한 재주인 양 환상을 진짜로 착각하는 것이다.

표면적으로 보면 마음은 갈등을 벗어날 수 없는 운명인 것처럼 보인다. 앞으로 이에 대해 많은 이야기를 하게 될 텐데, 이것이 바로 우리가 에고 '안에서' 불화를 경험하게 되는 근본 원인이기 때문이다. 지금까지 세상에 존재했던 모든 생각은 죄가 없고, 문제는 생각과 현실을 혼동한 우리 자신에게 있다. 이 사실을 자각한 누군가는

---

* 연극계에는 "행운을 빌어"(Good Luck)라는 말이 오히려 불운을 불러온다는 미신이 있어서 공연을 앞둔 배우들이 서로 저주하는 말을 주고받는다고 한다. 역주.

소위 '깨달음'의 추구를 중단하게 될지도 모른다. 왜냐하면 자신이 추구해온, 책에서 읽고 또 읽어온 그것이 사실은 그저 깨달음에 대한 하나의 '견해'일 수 있기 때문이다.

심리학 박사학위를 받은 이후로 거의 20년 동안, 나는 과학계가 지도와 실재를 혼동하는 이 오류에 대해서 경이로울 정도로 무관심하다고 거듭 느껴왔다. 심리학만 보더라도 마음의 내용을 해결하고 고치려는 데 대부분의 노력이 투자되고 있다. 생각의 내용이 문제가 아니라, 생각이 창조되는 과정 자체가 스스로 문제를 창조하고(찾아내고) 그것을 해결하는 것을 심지어는 즐기기까지 한다는 걸 눈치채지 못한 것이다. 이런 상황은 '해석하는 마음'이 얼마나 대단한지를, 얼마나 은밀하게 본연의 임무를 수행하고 있는지는 잘 보여준다. 반면, 나는 제대로만 접근한다면 과학을 통해 밤하늘의 별들처럼 수없이 많은 힌트와 암시를 발견해낼 수 있음을 거듭 확인하기도 했다.

어떤 이들은 과학과 영성을 통합하려는 시도는 어리석은 짓이라고 말한다. 어쩌면 그 말이 맞을지도 모르겠다. 하지만 지난 20여 년간 뻐딱한 실험심리학의 경험을 토대로 실질적인 연습을 해왔던 나로서는 과학과 영성의 통합이 의식의 초점을 변경하는 나날의 연습에 달려 있다고 느낀다. 내가 과학적 실험결과들을 인용하는 것은 내 주장이 옳다는 것을 강변하기 위해서가 아니라 당신이 그것을 직접적인 경험으로써 알게 되길 바라기 때문이다.

이따금 책의 내용이 마치 '실재의 모습은 이러이러한 것이다'라고 제시하는 것처럼 보일 수도 있다. 하지만 그 누구도 '과연 진실로 존재하는 것은 무엇인가?'에 대한 답을 알려줄 수 없고, 나 또한 실재란 놈의 대변인은 전혀 아니다. 이 책은 단지 애초에 에고라는 관념을 만들어냈던 소위 '분별심'을 넘어설 때 과연 무슨 일이 일어날지에 관한 연습서 같은 것이다.

나로 말하자면 이미 오래전에 '추구하기'를 멈추었다. 내가 해줄 수 있는 조언은 단순하고 시적詩的이다. 에고를 파헤치겠다는 바로 그 생각을 놓으라. 거기에는 파헤쳐질 것이 아무것도 없다. 나 자신을 찾겠다든지, 나를 더욱 단련시키겠다든지, 아니면 좀더 영적인 사람이 되겠다든지 하는 따위의 모든 여정을 포기하라. 〈스타트랙〉에 나오는 보그Borg 같으면 아마 이렇게 말했을 것 같다. "저항(resistance)해봤자 소용없습니다." 여기서는 조금 고쳐서 표현하는 것이 낫겠다. "지속(persistence)하는 것이야말로 부질없습니다."

더 나은 존재가 되겠답시고 지속적으로 애쓰는 것이야말로 부질없는 짓이다. 앨런 와츠는 맨해튼 프로젝트를 이끌었던 물리학자 로버트 오펜하이머Robert Oppenheimer의 말을 종종 언급하곤 했다. "(원폭이 개발됐으니) 이제 온 세상이 지옥으로 변할 것임은 너무도 자명하다. 가능한 유일한 해결책이 하나 있다. 세상이 지옥으로 변하는 것을 막고자 하는 바로 그 시도를 그만두어야 한다." 이것은 온갖 자기계발적 시도에도 전부 해낭하는 말이다. 물론 자기계발 따위에 신경 안 쓰는 척 가장함으로써 자기계발을 이루겠다는 식의 이중적 태도도 당연히 안 된다.

여기서 우리는 우리 자신이 애를 써도, 애를 쓰지 않으려 해도 어쨌든 실패할 수밖에 없는, 언뜻 말이 안 되는 상황에 처해 있음을 알게 된다. 이런 상황은 80년대 인기 있었던 〈워 게임War Game〉이라는

31

영화에 잘 묘사되어 있다. 거기서 매튜 브로데릭Matthew Broderick은 슈퍼컴퓨터에게 혼자서 틱택토 게임*을 끝없이 하도록 시킴으로써 전쟁의 교훈을 가르치려고 한다. 인간들과는 달리 수퍼컴퓨터는 게임에서 이기는 유일한 방법은 바로 게임을 하지 않는 것뿐이라는 사실을 금방 알아차린다. 이기고 싶은 은밀한 욕망으로 에고가 마치 게임을 안 하는 척 가장할 수도 있겠지만, 이 상태 또한 게임의 일부이거니와 당신 자신 말고는 아무도 거기에 속지 않을 것이다.

어쩌면 사람들이 추구하는 '의식의 변용'(transformation of consciousness)이라는 것이 애초부터 부질없는 것은 아닐까? 아니면 〈쇼생크 탈출〉에서 얘기하듯, 희망이야말로 가장 중요한 것일지도 모르겠다. 이 경우 희망이란 걱정, 불안, 우울 같은 에고적 생각으로부터의 탈출을 기대하는 것이라기보다, 앨런 와츠의 표현을 빌리자면, 그 안으로 '탐구해 들어가는'(Digging them) 데서 비롯되는 것이다. 즉 오직 이 신경증적인 상태들을 진정으로 대면하여 끌어안고 다독일 때만 기대할 수 있는 희망인 것이다.

이것은 원수를 사랑하는 것과 같다. 아마 당신도 이게 무슨 뜻인지 감을 잡았을 것이다. 어떻게 하면 이런 신경증적인 상태들을 진심으로 받아들일 수 있는지, 어쩌면 원수를 사랑할 수 있게 되는지를 언어로써 가르쳐줄 방법은 없다. 단지 희망에 집착하기를 그만두는 바로 그때에 묘하게도 전혀 다른 희망이 출현한다는 말 정

---

* tic-tac-toe: 총 아홉 칸(3×3)의 표 안에 두 사람이 번갈아 O와 X를 그려서 가로, 세로, 대각선 방향으로 같은 기호 세 개를 먼저 채우는 사람이 이기는 게임. 역주.

도밖에는….

희망은 다른 모든 것과 마찬가지로, 당신이 그것을 갈구하지 않을수록 점점 더 많은 곳에서 발견된다. 점점 더, 점점 더, 나중에는 넘쳐흐를 정도로. 나는 이런 기묘한 희망의 정수 속에서, '사람들이 시시한 사랑타령 노래들에 질리게 된다면 그땐 무슨 일이 일어날까'를 궁금해했던 폴 매카트니Paul McCartney와 비슷한 의문을 품어본다.

따지고 보면 이것도 의식의 변용에 관한 또 하나의 시시한 책일 뿐이지만… 그런 책이 한 권 더 나왔다고 해서 뭐 잘못될 게 있겠는가?

좌뇌라는 해석 장치

60년대에 뇌과학자 마이클 가자니가Michael Gazzaniga를 비롯한 연구진들이 역사상 가장 흥미롭고 실험적인 뇌수술을 연구한 적이 있다. 정상인의 경우 뇌의 좌우 반구는 뇌교腦橋라고 불리는 일종의 신경섬유 다발로 서로 연결되어 있다. 그러나 어떤 경우, 예를 들면 심각한 뇌병변 등의 이유로 뇌교를 절단해야만 하는 상황이 있을 수 있다. 이렇게 되면 좌우 반구는 서로 독립적으로 기능하는 상태가 된다.

양쪽 반구가 각각 특정한 종류의 서로 다른 기능에 특화되어 있음은 이미 알려진 사실이었지만 그 실체를 확인하기는 쉽지 않았다. 양쪽 반구가 워낙 긴밀하고 끊임없이 정보교환을 하기 때문이다. 예컨대 대부분의 사람들의 경우 좌뇌가 언어를 담당하지만, 좌우뇌가 긴밀히 연결되어 있기에 딱히 그걸 알아차릴 방법이 없었다. 그러나 뇌교가 절단된 사람들은 양쪽 반구가 단절되었기에, 과학자들이 각각의 반구에 대해 독립적인 실험을 할 수 있는 상황이 마련된 것이다. 실제로 이 특별한 환자들은 '쪼개진 뇌'(split brain) 환자라고 불렸는데, 과연 딱 맞는 표현이었다.

이 연구를 이해하기 위해 하나 더 알아두어야 할 것이 있다. 뇌와 몸통은 서로 교차연결 되어 있다는 점이다. 즉, 신체 우측과 통하는 모든 입/출력 신호는 좌측 뇌에서 처리하며 그 반대도 마찬가지다. 이러한 교차연결은 시야에서도 마찬가지여서, 우리 눈에 비치는 영상의 왼쪽 절반은 우뇌로 전달되고 오른쪽 절반은 좌뇌로 전달된다.

뇌교가 정상적으로 기능할 때는 뇌가 하나의 전체 그림으로서 정보를 처리하기에 이처럼 반씩 나뉘는 과정이 있다는 사실은 전혀 인식되지 않는다. 하지만 '쪼개진 뇌' 환자의 경우는 이것이 분명히 인지된다. 바로 이 대목에서 심리학 역사상 가장 중요한 발견 중의 하나가 이루어졌다. 좌뇌에 관한 이 발견은 아직도 그 가치를 온전히 인정받지 못하고 있다.

가자니가 박사는, 상황이 어떻게 돌아가고 있는지 스스로 이해할 수 있게끔 그럴듯한 설명과 이유를 만들어내는 것이 바로 좌뇌임을 발견했다. 좌뇌가 마치 현실에 대한 일종의 해설가이자 해석기처럼 행동한다는 것이다. 초기의 연구에서 그는 환자들이 좌뇌로는 닭발을 보고 우뇌로는 눈이 덮인 경치를 각각 분리해서 보게끔 했다. 그리고 본인이 보았던 영상에 가장 부합하는 그림을 골라보도록 했고 각각의 반구는 완벽히 기능하고 있음이 확인되었다. 즉 우뇌는 (왼손을 사용하여) 눈 치우는 삽 그림을 골랐고, 좌뇌는 (오른손을 사용하여) 닭의 그림을 골랐다.

그런데 좌뇌의 해석기 같은 기능은 환자에게 아주 단순한 질문을 해봄으로써 발견되었다. "당신의 왼손은 왜 삽을 골랐지요?" 여기서 주의할 것이 있다. 실험자가 환자에게 질문을 하게 되면 그건 환자의 좌뇌에게 질문을 하는 셈이다. 왜냐면 언어중추는 좌뇌에 속하기 때문이다. 좌뇌가 솔직하다면 이렇게 얘기해야만 한다. "어, 글쎄요. 우뇌랑 얘기를 못해본 지 너무 오래돼서요. 우뇌가 무슨 이유로 그렇게 했는지 전혀 알 수가 없네요." 하지만 그런 일은 일어나지 않았다. 조금의 망설임도 없이 환자의 좌뇌는 이렇게 말했다. "오, 그건 간단해요. 닭발은 당연히 닭과 연관이 있는 것이고요, 삽은 닭똥을 치울 때 쓰는 거니까 역시 닭과 연관이 있죠." 그리고 바로 이 대목에 아주 중요한 점이 있다. 좌뇌는 자신이 이용 가능한 모든 증거를 토대로 아주 손쉽게 이치에 맞고 그럴싸한 설명을 전개하지만, 사실이 아닌 설명을 하더라는 것이다.

또 하나의 사례를 보자. 환자의 우뇌 쪽으로 걸어보라는 암시를 주었고, 그래서 환자는 걷기 위해 일어섰다. 이때 환자(좌뇌)에게 왜 일어섰느냐고 묻자 또다시 이 해석기가 작동했고 이번에도 역시 그럴싸하지만 완전히 틀린 설명을 했다. "목이 말라서 물 좀 마시려고요." 이후 30여 년간의 다른 연구들에서도 거듭 밝혀졌듯이, 정상인의 경우에도 좌뇌는 현재 상황이 어떻게 돌아가고 있는지에 대한 설명을 만들어내는 데 아주 특출난 능력을 발휘한다. 비록 그것이 '맞는' 설명이 아닐지라도 말이다.

또 다른 연구에서는 정상인들을 대상으로 몇 가지 물건들을 앞에 갖다놓은 다음 그중에서 가장 맘에 드는 것 하나를 골라보라고 했다. 잘 알려지지 않은 사실이지만, 사람들에게는 '우측선호성'(right-side preference)이 존재한다. 즉 당신 앞에 엇비슷한 물건 몇 개를 보여주면 주로 우측 편에 있는 것을 고르는 경향을 보인다는 얘기다. 그리고 이 연구에서도 정확히 동일한 결과를 보였다. 그런데 여기서 독특한 점은 바로 이런 질문을 했을 때 발견되었다. "왜 이 물건을 골랐어요?" 그 누구도 우측선호성 때문이었다고 대답하지 않았다. 이번에도 역시 좌뇌는 개연성은 있지만 결국 소설일 뿐인 설명을 했다. "그냥 이 색깔이 좋았어요"라거나 "그냥 이 질감이 맘에 들어서요"라는 식으로 말이다.

또 다른 유명한 연구에서는 몰래 피험자들에게 흥분제를 투여했고, 이내 그들의 심박수가 올라가고 땀이 흐르기 시작했다. 그러고는 이유를 알 수 없는 이 흥분 상태 동안 몇 명의 가짜 피험자들과 함께 기다리게끔 했다. 가짜들에게는 어떤 경우에는 행복한 척, 또 어떤 경우엔 화가 난 척 연기하도록 지시되었다.

그러자 피험자는 행복한 연기를 하는 사람과 함께했을 때는 본인이 흥분한 이유가 행복해서라고 믿었고, 화난 연기를 하는 사람과 함께했을 때는 본인이 흥분한 이유가 화가 나서라고 믿었다. 역시나 좌뇌는 가용한 정보를 검토하고는 그 한계 내에서 가장 합리적이고 그럴싸한 해석을 '창조'하고 있었다. 그리고 그 '해석'을 근거로 특정한 감정을 일으켰다. '저 화난 사람이랑 같이 있으려니까 나도 가슴이 두근거리고 땀이 나네.' 이런 식으로 주변의 증거에 근거해서 자신이 어떤 특정한 감정을 경험해야 할지를 스스로 결정하더라는 말이다.

또 다른 연구에서는 여성 질문자가 몇 가지 질문을 하기 위해 대기한다. 피험자들은 남성들이고, 그들은 어떤 다리를 건너서 여성 질문자에게 가도록 되어 있다. 하나는 안전해 보이는 다리이고, 다른 하나는 꽤 위험해 보이는 다리이다. 즉 위험한 다리를 건너는 남자들은 신경계가 흥분한 상태에서 여성 질문자를 대면하게 되는 것이다.

'짜릿짜릿한' 다리를 건넜던 남자들은 상대적으로 여성 질문자가 더 매력적으로 느껴졌다고 대답하는 경향을 보였다. 이 결과는 그들의 해석기가 '증거'에 근거해서 가장 최선의 추측을 만들어내고 있음을 보여준다. '이렇게 심장이 두근거리고 땀이 나는 걸 보면 분명 나는 그녀에게 반한 것 같아.'

또 다른 연구자들은 피험자들에게 균형감각 테스트를 진행한다고 얘기하고는, 눈을 가리고 치과용 의자처럼 뒤로 눕혀지는 의자에 앉혔다. 그리고 우당탕하고 일부러 큰소리를 내면서 갑작스럽게 의자가 뒤로 확 젖혀지는 경험을 하게 만들어 일부의 피험자에게 흥분 상태를 유도했다. 그런 후에 이성의 질문자에게 면담을 시켜보니, 흥분 상태의 피험자들이 질문자를 더 매력적으로 인식하는 결과를 보였다. 결국 '매력적이다'라는 느낌도 단지 좌뇌의 또 하나의 해석에 불과하더라는 말이다. 우리는 심장이 더 빨리 뛸수록, 땀이 더 많이 날수록 자신이 열정에 사로잡혔다고 판단하는 것이다.

신체적 흥분이 일어나면 좌뇌라는 해석기는 자동적으로 외부상황을 탐색한다. 그리고 긁어모을 수 있는 모든 증거를 토대로 이 상황에서 어떤 감정을 느껴야 하는지에 대해 '최대한 말이 되는' 어떤 추론을 내놓는다. 모든 종류의 감정이 바로 이와 같은 작용에 의해 생겨난다.

아슬아슬하게 접촉사고를 피했을 때 사람들은 왜 그토록 화를 내는 것일까? 거의 사고가 날 뻔했다는 것은 신경계의 흥분을 일으키는 상황이고, 그 '공포'는 0.5초 이내에 '분노'로 해석될 수 있다. 처음엔 그렇지 않았다고 해도, 상대편 운전자가 먼저 화를 내고 조금이라도 험악한 말을 한다면 이쪽의 공포가 분노로 돌변하는 것은 순식간이다. 정말 자주 목격되는 장면 아니던가?

비슷한 일이 애정관계에서도 일어날 수 있다. 80년대 영화 〈도시의 카우보이〉(Urban Cowboy)는 좌뇌가 이런 감정해석에서 저런 감정해석으로 순식간에 널을 뛰는 몇 가지 예를 보여준다. 가장 유명한 장면에서 남자주인공 버드Bud와 여자 주인공 시시Sissy는 술집 밖에서 싸운다. 진흙탕에서 서로 치고받고 싸우는 중에, 주차장으로 들어오는 트럭에 거의 치일 뻔한다. 흥분과 충격이 뒤섞인 상태에서, 그 둘은 버드의 트럭으로 돌아와 자리에 나란히 앉는다. 버드(더 정확하게는 버드의 좌뇌 해석기)는 그의 매력적인 여자친구를 넘겨다보고는 갑자기 제안한다. "너 나랑 결혼할래?" 흥분이라는 불똥이 분노에서 공포로, 그리고 사랑으로 튀는 장면이다.

어떻게 이런 일이 가능할까? 어째서 신나게 싸우던 커플이 다음 순간 정신을 차려보니 서로 부둥켜안고 있는 것일까? 왜 어떤 사람들은 약간의 기류 변화로 흥분 상태가 되면 9천 미터 상공의 좁디좁은 비행기 화장실 안에서 갑자기 섹스를 하는 걸까? 왜 어떤 사람들은 짜릿한 스포츠 경기를 실컷 잘 보고 나와서는 치고받고 싸우는 걸까?

많은 사람들은 자신도 모르게 그저 '해석기'로서 살아간다. 그리고 그들이 해석기가 되어 있는 동안은 마음이 주인 노릇을 한다. 그들은 화가 나든, 짜증이 나든, 성적으로 흥분하든, 신이 나든, 두려움에 떨든 간에 자신의 생각과 경험이 과연 그런 식으로밖에는 될 수 없는가에 대해 어떤 의문도 제기하지 않는다.

좌뇌라는 해석기는 항상 켜져 있다. 그것을 끌 수는 없지만, 그 존재가 한 번만이라도 알아차려지면 그때부터 변화가 시작된다. 에크하르트 톨레나 앨런 와츠 같은 사람들은 이 해석기의 존재를 경험적으로 알아차렸고, 심리학은 실험을 통해 그것을 발견했다. 하지만 심리학은 아직 이 해석기를 '알아차리는' 경험의 의미를 제대로 모르고 있다.

누군가가 꽉 막힌 길 위에서 당신 차 앞에 끼어들거나, 갑자기 사무실 밖으로 뛰어나가거나, 몇 초씩이나 당신을 쳐다보는 등의 평범하지 않은 일들이 생길 때면, 당신은 머릿속에서 '설명을 지어내는' 어떤 목소리를 듣게 된다. "저놈 미친 거 아냐?" "저 사람 뭔가 잃어버렸나봐." "저 여자가 나한테 반했군." 대부분의 사람들은 해석기의 존재를 모르고 있기 때문에 단지 가설일 뿐인 자신의 생각을 실제 현실로 착각한다. 내가 아는 한, 심리학조차 이 해석기의 진짜 역할을 전혀 이해하지 못하고 있다. 아마도 그 이유는 우리가 그 배후를 좀체 들여다보려 하지 않기 때문일 것이다.

가자니가 박사는 이 해석기가 생쥐조차 이해할 수 있는 아주 단순한 상황조차 있는 그대로 받아들이질 않는다는 사실을 밝혀냈다. 간단한 실험을 하나 상상해보자. 모니터의 위쪽 또는 아래쪽에서 불빛이 나타나게 되어 있다. 피험자는 어디에서 불빛이 나올지를 예상해서 맞춰야 한다. 사실 그 불빛은 정해진 패턴은 없지만 80퍼센트의 확률로 위쪽에서 출현하도록 설정되어 있다. 대부분의 사람들은 위쪽에서 출현하는 빈도가 더 많다는 걸 금방 알아낸다. 하지만 그들의 해석기는 '반복되는 패턴'을 찾으려 하기 때문에, 그들은 이 퍼즐을 풀려고 애쓰다가 평균 68퍼센트의 확률로만 불빛의 출현 위치를 맞추게 된다. 있지도 않은 답을 찾아내는 데 시간을 낭비하는 것이다. 68퍼센트 정도면 괜찮은 것 아닌가 생각할 수도 있지만, 글쎄, 패턴을 찾아내는 복잡한 해석기가 없는 생쥐들은 잠깐 살펴보다가 이내 언제나 위쪽을 선택하여 결국 80퍼센트의 확률로 맞춘다.

가자니가 박사는 좌뇌라는 해석기가 왜 이토록 지금 이 순간에 머물지를 못하는지에 대해 다음과 같이 말했다. "우리의 우뇌는 좀 더 생쥐에 가깝게 행동한다. 우뇌는 굳이 현실을 해석함으로써 거기에 숨겨진 의미를 찾으려 하지 않는다. 우뇌는 오직 현재라는 순간에서만 살아간다. 이에 반해 좌뇌는 '왜?'라는 질문과 함께 전체를 파악하려 시도하고, 그로써 늘 어떤 멍청한 '이론'을 만들어낸다."

생쥐는 우리처럼 '자아'라고 부르는 '복잡한 반복 패턴'을 찾는 일에 평생을 허비하는 짓을 하지 않는다. 좌뇌가 언어에 특화되어 있다는 사실이 우연이 아닌 것이, 우리는 뭔 짓을 벌일 때면 어김없이 늘 우리 자신 또는 다른 사람들에게 그것을 떠들어대기 때문이다. 내가 누구인지, 에고란 게 대체 무엇인지에 대해서 어떻게든 가장 그럴듯한 패턴을 찾아내서는 그게 사실이라고 확신하는 것이 바로 좌뇌가 하는 일이다.

평생 동안 정말 많은 것들이 변해가지만, 그럼에도 변함없이 유지되는 '나'라고 하는 느낌이 있다. 내가 감옥에 가거나 결혼을 하게 되면 그로부터 온갖 이야기가 생겨날 테지만 '나'는 언제나 '나'일 뿐이다. 이 느낌은 인생이 어떻게 바뀌든, 나이를 얼마나 먹든 간에 그대로 유지된다. 여기에 아주 중요한 힌트가 있는데, 이야기는 이야기일 뿐이라는 사실이 바로 그것이다.

당신이 갑자기 100억짜리 복권에 당첨되거나 유명인사가 되더라도, 좌뇌는 아무 문제 없이 그럴듯한 이야기를 계속 다듬고 지어낼 것이다. 심지어 당신의 인생이 아주 사소한 부분까지 다 바뀌더라도 좌뇌는 그 이전과 이후를 관통하는 어떤 일관된 패턴을 발견해낼 것이다. 완전히 바뀌었는데 동시에 여전히 그대로라니 뭔가가 이상하지 않은가? 10년 전의 당신과 지금의 당신 사이에 변함없이 유지되고 있는 어떤 패턴 혹은 성격이 정말로 있기는 한 것일까?

우리는 나날의 연습을 통해 좌뇌라는 해석기를 알아차리기 시작할 수 있다. 언어는 지도와 실제 지역을 혼동하는 가장 고전적인 오류라고 볼 수 있는데, 여기서 좌뇌가 언어를 관장하고 있고, 이 해석기의 주된 수단이 타인에게든 자기 자신에게든 '떠들어대는 것'이라고 할 수 있다.

방으로 전혀 모르는 사람이 불쑥 걸어들어오는 상황을 상상해보자. 해석기는 자동적으로 설명을 쏟아내기 시작할 것이고, 심지어 그 사람에게서 짐작되는 과거 이력까지 읊어댈 것이다. '저 사람은 가난할 거야.' 혹은 '괜찮은 사람 같아 보이네.' 혹은 '무례한 사람 같아 보이는군.' … 이런 내면의 대화가 머릿속에서 일어나고 우리는 그것을 듣게 될 것이다. 어쩌면 그뿐만이 아니라 '아, 지쳤어' 혹은 '줄이 너무 길어' 혹은 '젠장, 왜 비가 오는 거야'라는 내면의 목소리까지 들릴지도 모른다.

아마도 당신은 두 살 무렵부터 이 해석기와 접속하기 시작했을 것이고, 그래서 지금은 자신도 모르는 사이에 너무도 '당연해진' 이 것에 완전히 사로잡혀 있을 것이다. 그러다가 문득 해석기가 지어내는 이야기와 독백에 유심히 귀를 기울이기 시작하게 되고, 그때 뭔가 새로운 경험을 하게 된다. 당신이 무슨 수를 써도 이 해석기의 활동 자체를 멈추거나 약화시킬 순 없음을 명심하라. 그런 시도조차 하지 말라. 이것은 손톱이 자라거나 음식이 소화되는 것과 다를 바 없는, 일종의 생리현상 같은 것이다. 상상해보라. 손톱이 자라지 못하게 하려고 애쓰는 당신 모습을.

해석기를 관찰하기 시작하면 거기에 '분별하기'와 '판단하기'가 있음을 곧 알게 된다. 왜냐하면 그것이 좌뇌 본연의 기능이기 때문이다. 어쨌든 판단이란 것은 하나의 '이야기'에 불과하다. 당신이 해석기를 예의주시하면 더 이상 좌뇌의 판단 기능은 주인공이 아니게 되고, 그로써 점차 '이야기'는 뒤로 물러나고, 있는 그대로의 현실이 당신 앞에 모습을 드러낸다. '흠, 내 해석기가 또다시 작동하고 있군. 늘 그래왔듯이 사람들을 판단하고, 상황을 분석하고, 이야기를 지어내고 있군. 이 세상이 어떤 곳인지, 그리고 나 자신이 어떤 존재인지를 설명하기 위해서 말이야.'

당신은 이 해석기의 존재를 알아차렸기에 이제 그것의 내용을 심각하게 받아들이지 않을 수 있다. 가자니가 박사는 이 문제를 딱 두 문장으로 요약한 적이 있다. "전기傳記는 일종의 소설이고 자서전은 끔찍한 허풍이다. 그리고 '자아(self)'는, 뇌가 허풍으로 지어낸 소설이다."

곧 당신은 "세상이 원래 그렇다니까"라는 말 대신 "그냥 내 생각인데" 혹은 "내가 보기에는"이라고 조심스럽게 표현하는 당신 자신을 발견하게 될 것이다. 그거면 됐다. 이 사소한 차이는 우리의 삶의 질과 인간관계를 변화시키기에 충분하다.

여기 좌뇌의 특징을 몇 가지 소개하겠다. 그러면 이런 특징들을 맞닥뜨릴 때 당신은 금방 그것이 좌뇌의 작동임을 알아차리기 시작할 것이다. 그렇게 되면 이 해석기를 좀더 확실히 떨어져서 지켜볼 수 있게 된다. 이 해석기는 일관성 있는 것을 선호하고 애매한 상황을 참지 못한다. 옳은 것과 틀린 것이 분명히 나뉘어야 하고, 질서정연한 동시에 예측 가능해야 한다. 반면 역설(paradox)은 이 해석기를 버벅대게 만들고, 바로 이러한 이유 때문에 해석기에 깊이 홀린 사람들을 흔들어 깨울 때 흔히 사용된다. 바꿔 말하면, 해석기와의 동일시가 상대적으로 덜한 사람들은 역설을 한결 쉽게 받아들인다.

아래와 같은 문장을 맞닥뜨렸을 때 의식이 어떻게 반응하는지 살펴보라. "다음의 문장은 진실이다. / 앞의 문장은 거짓이다." 좀더 복잡하긴 하지만 또 다른 좋은 예가 있다. "이 문장에는 세 개의 오류가 포함되어 있다." 철자가 틀린 곳이 두 개 있지만, 그다음엔? 오류가 두 개밖에 없는 것이 세 번째 오류이다. 즉 세 번째 오류는 그 실체가 없다.

미술계에도 모순적 작품들이 있다. M. C. 에셔Escher의 〈그림 그

44

리는 손〉(Drawing Hand)을 보면 두 개의 손이 서로 상대편 손을 그리고 있다. 이것들은 선불교의 오래된 수행 방편인 공안公案 — "네가 태어나기 전의 너는 어떻게 생겼는가?", "한 손으로 손뼉을 치면 무슨 소리가 나는가?" — 의 단순하고 현대적인 형태라고 볼 수 있다. 에고적 마음의 관점에서 보면 바보 같기 그지없는 허튼소리들이다. 왜냐하면 에고적 마음으로서는 결코 답할 수 없는 질문이기 때문이다. 앨런 와츠는 이렇게 말한 적이 있다. 삶은 곧 게임인데 그 게임의 첫 번째 규칙이 바로 '삶은 게임이 아니다'라고.

이런 상황에서 좌뇌가 뽑아낼 수 있는 답이 무엇이 있겠는가? 어릴 때는 해석기가 덜 발달되어 있기에, 어린 애들은 이런 퍼즐들에 대해서 최고의 대답을 할 줄 안다. 여섯 살 된 큰아이가 두 살짜리 동생에게 '2 더하기 2'가 얼마냐고 물은 적이 있다. 동생은 선문답하듯 대답했다. "응, 답은 물(water)이야." 당신이 이런 역설에 빠져든다면 해석기가 당신의 주의를 독점하기는 어려워지고, 그리하여 당신은 '아침을 먹기도 전에 말도 안 되는 일들을 여섯 가지나 믿게' 될지도 모른다.* 우리는 이런 우스꽝스러운 역설들을 계속 살펴볼 것인데, 그것이야말로 투명한 해석기의 '발자국'을 힐끗이나마 볼 수 있는 방법이기 때문이다.

그동안 심리학에서는 공간감각에 특화된 우뇌가 공간과 관련된 정보처리를 도맡아 한다는 가설을 굳게 믿어왔다. 그러나 80년대에

---

* 루이스 캐럴의 〈거울나라의 앨리스〉(Through The Looking Glass)에서 하얀 여왕이 앨리스에게 믿음의 중요성을 강조하며 들려주는 말. 역주.

행해진 일련의 연구들에 의하면, 좌뇌가 제 특기인 범주화(categorize)를 내세워서 설령 공간을 다루는 작업이라 할지라도 그것이 범주화 ― 위/아래, 좌/우, 앞/뒤 ― 의 대상이기만 하다면 우뇌를 밀어내고 주도권을 쥘 수 있음이 밝혀졌다. 언어적 정보부터 사물의 공간적 지각까지, 좌뇌가 하는 모든 작업은 본질적으로 '분별하는' 것이고 그렇기에 좌뇌는 늘 대립성 법칙에 기반하여 작용할 수밖에 없다. 분별하는 행위가 곧 반대극을 창조하는 행위이기 때문이다.

범주화(categorization)란 무엇인가? 그것은 정말 유용하게 사용될 수 있는 정신적 상징이다. 하지만 유의해야 할 점이 있다. 바로 범주(category)라는 것이 오직 마음속에서만 존재하며, 그것을 인식하려 할 때만 활성화된다는 사실이다. 범주화란 몇 가지 것들을 골라서 그것들을 하나의 무언가로 간주하는 것이다. 그리고 그 외의 것들은 그 무언가와 다르며 서로 분리되어 있다고 믿는 것이다.

범주는 언어의 근본 토대이다. 대부분의 단어가 우리가 같은 것으로 취급하는 사물들의 범위를 가리키기 때문이다. '강아지'라는 단어에 포함될 수 있는 낱낱의 예들을 생각해보라. 범주란 일종의 정신적 표상, 즉 컴퓨터로 치면 '바로가기(shortcut)' 같은 것이다. 하지만 아주 독특한 표상이어서 바깥세상 어디서도 실제 모습을 찾을 수 없고 단지 마음속에만 존재한다.

내가 교수로 있는 대학에 당신이 나타나서 '대학'을 보여달라고 부탁했다고 하자. 내가 당신에게 이 건물, 저 건물을 구경시켜주자 당신은 실망해서는 이렇게 말한다. "그래요, 이 건물도 구경했고 저 건물도 구경했습니다. 그런데 '대학'은 어디 있냐고요." 그러면 나는 내 머리를 가리키며 요 안에 있다고 말할 수밖에 없다. 그것은 단지 개념으로만 존재할 뿐이어서 누구와 얘기하는가에 따라 달라질 수도 있고, 심지어 그것에 대해 생각하는 사람이 아무도 없다면 아예 존재하지 않는 게 돼버린다.

'시골'이란 또 어디를 말하는가? 만약 거기에 아무도 없어서 그것을 인지할 사람이 없다면? 물론 거기에 있는 땅이나 풍경, 건물 따위가 사라질 것이라는 말은 아니다. 단지 개념상으로 '시골'이라는 구분은 전적으로 관찰자에게 달려 있다는 뜻이다. 요즘 시대의 정상적인 사람이라면 누구든 나 같은 캠퍼스투어 가이드를 만났을 때 불평하고 미친 사람 취급하겠지만, 사실 그런 범주들이 마음 밖에 진짜로 실재한다고 ─ 지도가 곧 실제 땅이라고 ─ 확신시키는 것이 바로 좌뇌 해석기의 주 업무이다.

공간에 대한 개념을 나타내는 단어들을 살펴보자. "공이 책상 위에 있다"고 하면 그 공이 10센티 위에 있든, 1미터 위에 있든, 심지어 1킬로미터 위에 있든 상관없이 공은 책상 '위에' 있다고 말할 수 있다. '위'는 위일 뿐이다. 그것은 언제나 '아래'의 반대 개념이다. 해석기는 아주 뼛속까지 분별적이어서 이것과 저것, 맞고 틀림, 그리고 결정적으로는 나와 나 아닌 것 사이에 분명한 차이가 있다고 확신한다.

개념이란 것은 거의 언제나 반대 개념을 함께 만들어낸다는 점에도 유의해야 한다. 심지어 '강아지'라는 개념조차 '고양이'라는 이상한 반대 개념을 갖는다. 해석기에 사로잡혀 있는 동안에는 모든 것이 흑 아니면 백으로 나뉠 뿐만 아니라, 흥미롭게도, 우리는 이런 이분법을 다른 차원에서 생각해볼 수도 있다는 사실조차 전혀 고려하지 않게 된다.

언젠가 강의에서 앨런 와츠는, 흑은 백을 암시하고 백은 흑을 암시하기 때문에 어떤 면에서는 그 둘이 하나라고 말했다. 거기에는 심오한 상호연결성이 존재하지만, 당신은 정해진 한 가지 방식으로만 그것을 바라본다. 반대되는 개념들은 서로에게 전적으로 의지하고 있으므로 사실상 하나일 수밖에 없다. 비교 대상이 없는 '하얗다'라는 말 그 자체에 무슨 의미가 담길 수 있겠는가? 백은 흑을 필요로 한다. 마찬가지로 위는 아래를, 왼쪽은 오른쪽을, 행복은 불행을 필요로 한다.

오늘 날씨는 비가 오고 춥지만, 나는 기꺼이 그것을 수용한다. 왜냐하면 이런 날이 없다면 따뜻하고 화창한 날씨는 아무런 의미도 갖지 못하니까. 좌뇌는 세상을 대립하는 두 쪽으로 쪼개서 스펙트럼의 한쪽 끝에만 주의를 제한한다. 마치 그것이 현실의 독립된 한 조각인양 말이다. 대립성의 법칙은 오직 전체 범주의 한쪽 끝에만 제한적으로 주의를 집중할 때 작동한다. 그리고 그 순간 우리는 범주의 나머지 대부분을 인지하지 못하기에, 그 범주의 반대편 끝도 사실은 결코 나뉠 수 없는 '하나'임을 알지 못한다. 우리는 스스로 진짜 현실에 대해 생각하고 있다고 철석같이 믿지만, 우리의 생각은 사실 우리 자신이 전혀 인식하지 못하고 있는 강박적 범주화에 의한 지도들(maps)에 지나지 않는다.

일부 수학자들은 좌뇌의 이런 강박적 범주화 때문에 약간 머리가 돌기까지 했다. 수학에서 집합 이론이란 숫자들의 범주화를 위한

'관념'일 뿐이다. 예를 들어 '모든 짝수의 집합'이라고 하면 짝수가 아닌 숫자들은 전부 제외하고 짝수인 숫자들은 전부 포함하는 하나의 묶음을 가리킬 뿐이다. 그런데 자기 본업에 너무도 충실한 좌뇌는 여기서 한 발 더 나가서 이렇게 묻는다. ― '모든 집합을 포함하는 집합'이 있다고 한다면, 그것 또한 하나의 집합으로서 자기 자신에게 포함되는가? 이것은 좌뇌의 대립성 법칙이 어떤 식으로 끝없는 게임을 창조하는지를 잘 보여주는 좋은 예이다. 더 깊이 들어갈수록 당신은 멀어지고, 멀어질수록 당신은 더 깊이 파고든다.

누군가는 이렇게 질문할 것이다. ― 음, 그렇다면 '분별적이지 않게끔' 생각하려면 어떻게 해야 할까? 이 질문이 진짜 이상한 이유는, 분별하는 것이 그 기능인 해석기가 스스로 '어떻게 하면 내가 나이지 않을 수 있을까?' 하고 묻는 꼴이기 때문이다. 이런 식으로 해석기는 자기 자신조차 분별의 대상으로 삼는 에고적 자아를 창조해낸다. 좌뇌는 좌뇌와 우뇌를 가르고 나와 나 아닌 것들을 가를 뿐만 아니라, 에고적 마음 안에도 무수한 분열을 일으켜서 '내적 갈등'이란 관념이 생겨나게 한다.

분열이 계속되면서 해석기는 자기 자신조차 '나는 이러이러하다'와 '나는 저렇게 되고 싶다'의 둘로 쪼개버렸고, 이것이 바로 자기계발이라는 게임의 뿌리가 되었다. 분열이 그 본성이기에 에고는 애초부터 갈등에서 벗어날 수 없다. '나'는 다른 모든 것으로부터 분리되고, 심지어 '나'의 안에서조차 분리가 진행된다. 우리가 분열된 자아감을 갖는 이유는 자아의 창조가 분열로부터 비롯되기 때문이다.

당신이 간단히 스스로 해낼 수 있는 일들과 당신의 통제 밖에 있는 일들의 목록을 적어보라. 예를 들면 이렇다.

　내가 하는 일: 글쓰기, 말하기, 운전하기, 투표하기…
　내게 일어나는 일: 날씨, 교통체증, 무례한 사람들…

한쪽은 우리의 에고적 마음이 의도를 갖고 자발적으로 할 수 있는 행위들이고, 다른 한 쪽은 우리의 통제 밖의 — 작게는 타인에게 달려 있고, 크게는 빅뱅 시점부터 이미 결정돼버린 우주의 운행에 달려 있는 — 일들이다. 이것은 에고적 마음에 아주 깊게 뿌리 박힌 기초적 범주화이다. 에고는 자기 자신조차 분열되어 있다고 확신한다.

만약 이런 범주화가 있는 그대로 보이기 시작한다면, 즉 그것이 정신적 표상일 뿐임을 알아차린다면, 그때부터는 이런 이분법이 현실의 일면이 아니라 마음의 산물에 가깝다는, 뭔가 인위적인 냄새가 난다는 '새로운' 느낌이 피어오른다. '자유의지'도, '결정론'도 제대로 된 설명이 아닌 것 같다. 이것은 우리가 쓰는 언어의 한계로 말미암아, 앨런 와츠가 얘기하듯 '함-일어남'(do-happenings)이라고밖에 표현이 안 된다.

자유의지와 결정론이 범주화에 의한 양극이자 정신적 표상임을 알아차릴 때, 우리는 한꺼번에 전체 스펙트럼을 아우르는 통찰을 갖게 된다. 당신 스스로 경험해보라. 대립하는 양극이 사실은 에고의 분열적 본성에 의해 만들어진 허상임을 알아차리라. 어떤가, 흑과 백은 정말로 둘인가?

해석기를 초월하고자 하는 사람이라면, 분별적이지 않게끔 생각하려면 어떻게 해야 할지를 질문할 일이 아니라 그런 질문을 던지는 해석기를 '지켜보고' 있어야 한다. '분별적이지 않게끔 생각하는 법'을 논할수록 그것은 더욱 분별적인 것이 된다. 《분별적이지 않게끔 생각하는 법》이라는 책이 있다면 얼마나 우스울까. 그 결론이 '분별 대 비분별'이라는 또 하나의 분별일 수밖에 없으니 말이다. 생각이란 것 자체가 분별에 의존하고, 이것을 우회할 방법은 세상에 없다.

이처럼 좌뇌는 본연의 기능이 분별하는 것이기에, 밖으로도 안으로도 분열을 일으킨다. 그러니 그것이 제 기능을 발휘하도록 그냥 놔두라. 그보다는 당신이 왜 에고를 초월하고자 하는지를, 혹 그런 마음을 일으킨 것이 바로 에고가 아닌지를 살펴보는 일이 훨씬 중요하다. 만약 그렇다면 초월이 가능할 리가 없다. 에고를 뛰어넘는다는 것은, 딱하지만 에고가 생각하는 그런 일이 아닌 걸 어쩌겠는가? 에고가 제 먹살을 잡아끌며 자기 자신을 뛰어넘으려 애쓴다면 내내 불안과 충돌이 있을 수밖에 없다. 그러니 기억하라. "모든 무시무시한 것들은 전부 그런 척할 뿐인 거다."

70년대에 앨런 와츠가 지적했듯이, '에고에게 최고의 모험은 에고 자신을 초월하는 것'이다. 오늘날에도 이 말은 여전히 진실이지만, 이제는 한 단계가 덧붙여진 것이 최신 유행이다. 그것은 바로, '에고에게 최고의 모험은 에고 자신을 초월하는 것'임을 또다시 에고 자신이 알아차리는 것이다.

분별하는 마음은 에고를 초월함으로써 자신을 개선할 수 있다는 관념을 창조한다. '여기에 문제가 있어, 이건 옳지 않아, 그래서 조치가 필요해, 바로잡아야 해'라고 생각한다면 그것 자체가 분별이다. '그냥 나'와 '내가 원하는 나'의 대립은 단지 머릿속에서 튕겨 다니고 있는 생각에 불과하다. 그래서 역설적이게도, 자신을 개선하기 위해 노력할수록 당신은 개선되지 못한다. 자신을 개선해야 한다는 인식 자체가 이미 분별이기에 우리는 계속 그 자리에 있게 될 뿐이다. 우습게도 대부분의 서점에는 자기계발서 코너가 있다. 나는 그 코너의 이름을 이렇게 바꿔야 한다고 생각한다. "좌뇌 해석기가 자기 자신이 아닌 다른 무언가가 될 수 있다는, 즉 그 자신으로부터 자유로워질 수 있다는 환상을 강화시켜주는 책들"이라고.

또한 해석기는 우리가 '신념체계'라고 부르는 분별적인 생각들의 묶음을 창조하고 유지한다. 당신은 당신이 믿는 바를 믿는가? 이 질문이 이상하다면 정치적 성향 같은 간단한 예를 살펴보자. 당신은 공화당보다 민주당이 나라를 훨씬 더 잘 이끌 수 있다고 믿을 수 있다. 이때 당신은 그것을 하나의 선택지로 보는가, 아니면 절대적인 사실로 보는가?

좌뇌의 모든 믿음은 스스로 제 생명을 연장하고 다른 생각들에 들러붙으려는 경향이 있다. 예를 들어 대부분의 사람들은 '나는 선하고, 이성적이고, 똑똑하고, 옳은 일을 한다'고 굳게 믿는다. 당신 자신이 비난받아 마땅할 정도로 잘못했다고 생각해본 일이 대체 언제였는가? 친구에게 "이건 정말이지 내가 잘못했어"라고 얘기해본 일이 대체 언제였는가? 그냥 눈으로만 읽지 말고, 정말로 자신이 진심으로 잘못했다고 생각했던 일이 최근에 언제였는지 그 날짜와 시간을 기억해보라. 당신은 자신의 믿음은 모두 참이고 다른 이들은 틀렸다고 생각하고 있지 않은가?

해석기를 '알아차리기' 시작한다고 할 때, 여기서 '알아차림'이란 무슨 뜻일까? 연습거리가 하나 있다. 머릿속으로 10까지 세어보라. 거기에는 세는 '소리'가 있다. 그럼 그 소리를 듣는 것은 무엇인가? 어쩌면 당신의 해석기가 중간에 끼어들어서는 "이건 바보짓 같아!"라고 말했을 수도 있다. 대체 무엇이 그 말을 들은 걸까? 원한다면 이 의문을 잘 간직하고서 같은 과정을 반복해보라. 숫자를 세는 것은 무엇이고, 그것을 듣는 것은 무엇인가? 말하는 자와 듣는 자가 서로 별개의 존재로 느껴지는가? 그게 분별이 일으킨 또 다른 허상일 가능성은 없는가?

이 연습과 관련해서 또 하나 알아두어야 할 것이 있다. 10까지 셀 때, 에고적 마음(해석기)은 대개 협조하는 듯 보이며, 그래서 정말로 당신 자신이 머릿속으로 10까지 세는 것처럼 느껴진다. 그러나 평상시 당신 생각의 90퍼센트는 그냥 당신 머릿속에서 '일어난다.' 그러므로 해석기를 통제하려 시도할수록 사태는 악화될 뿐이다. 더 진지하고 심각하게 통제하려 할수록 그만큼 대립성 법칙의 손아귀에서 놀아나게 된다. 해석기가 패턴을 인식하고, 이론을 만들어내고, 믿음을 견지하는 것은 일종의 반사적인 행위이므로 그걸 통제할 수 있다는 생각은 우리가 가진 대표적인 망상 중 하나이다.

10까지 세는 것 따위는 해석기의 협조를 쉽게 얻을 수 있지만, 무언가에 대한 걱정을 멈추려고 하는 경우에는 어떤가? 당장 숫자 3을 떠올리지 말아보라. 잘 되는가? 만약 3을 떠올릴 때마다 전기충격을 받게 된다고 한들 그걸 그칠 수 있겠는가?

대립성의 법칙은 판돈이 커질수록 점점 더 확실하게 작동함을 주지하라. 사람들은 이른바 '초심자의 행운'을 경험할 때 신기해하고는 한다. 그러나 당신이 무언가를 처음 할 때는 판돈이(기대치가) 최저이므로 대립성의 법칙이 거의 작동하지 않으며 마음의 갈등도 없다. 하지만 오히려 전문가가 되어 큰 성공을 눈앞에 둔 상황에서는 정말 간단한 일에서 실수를 저지르기도 한다. 이런 상황이 잔인하다고 여겨질지 모르겠지만, 사실 이건 더없이 웃기는 일이다. 한 죄수가 감방의 쇠창살을 두드리며 외치는 장면을 상상해보라. "난 여기서 나가야만 해!" "왜 이런 고난, 이런 고뇌를 멈출 수가 없는 거지?" "탈출하려면 어떻게 해야 할까?" "나는 왜 나 자신을 통제할 수가 없는 걸까?" 흠… 만약 해석하는 마음이 조금만 속도를 늦춘다면, 이 죄수는 고개를 뒤로 돌려서 자신이 감방의 안이 아니라 밖에 있다는 사실을 알 수 있을 텐데!

가장 기초적인 단계에서 고려할 점이 있다. 왜 나는 나의 해석기를 통제하지 못하는가? 그건 내가 아니기 때문이다. 그건 내가 아니지만 나의 일부라고? 좋다. 그렇다면 왜 나는 나의 '일부'인 그것을 원하는 대로 통제하지 못하는가? 왜냐하면 나의 진정한 본질은 통제하겠다는 의도조차 가진 적이 없으며 한 번도 스스로 분열된 적이 없기 때문이다.

왜 나는 나의 믿음을 통제하지 못하는가? 나는 그 믿음이 아니기 때문이다. 이것은 위약 효과(placebo effect)를 연구할 때 과학자들이 맞닥뜨리는 문제이다. 위약 효과란 실은 설탕 덩어리일 뿐인 알약을 강력한 효과가 있는 알약이라고 믿고 먹었을 때 나타나는 효과를 말한다. 이때 연구자는 "사실 그건 설탕인데요, 그래도 진짜 좋은 약이라고 믿어주시면 좋겠어요" 하고 말하거나, 반대로 "그건 진짜 효과 좋은 약인데요, 그냥 설탕이라고 믿어주시면 안 될까요?" 하고 말할 수 없다. 심리학 실험에서 피험자들을 실험군과 대조군으로 나누는 것이 기본 중의 기본인 이유는 우리가 스스로 믿는 바를 통제할 수 없다는 점이 너무나 당연한 과학적 사실이기 때문이다.

믿음을 통제할 수 없는 이유는 우리가 그 믿음이 아니기 때문이다. 만약 당신이 스스로 백만장자라고 정말로 믿을 수 있다면 내가 백만 달러를 주겠다고 제안했다고 치자. 가능하겠는가? 당신이 현재 나이보다 열 살 더 먹었다고 당장 믿을 수 있겠는가? 좋아하는 음식 한 가지를 떠올리고 당신이 그걸 너무나 싫어한다고 믿어보라. 이렇듯 어떠한 노력을 해도 당신은 믿음을 바꾸기 어려운데, 그건 바로 당신이 믿음이 아니기 때문이다.

당신은 당신의 신념, 믿음, 취향, 견해 같은 것들을 좌지우지할 수 없다. 이는 그것들이 당신이 아니기 때문이다. 그래서 이 사실을 눈치채면 우리는 종종 흥미롭고도 신선한 경험을 하게 된다. 아내가 나에게 어떤 커튼이 좋은지, 어떤 카펫이 제일 좋아 보이는지 물어볼 때면 나는 멍해지고 아무 의견도 생각나지 않는다. 마치 명상 상태에 들어가는 듯하다. 나의 마음은 이런 대상들에 대해 어떤 관심이나 의견을 갖도록 조건화되어 있지 않기 때문에, 아내의 질문을 맞닥뜨리면 담백한 빈 공간 같은 의식 상태를 경험할 수밖에 없다. 아내에게 내가 진심으로 어떤 의견도 갖고 있지 않다는 걸 이해시킬 수 있다면 좋으련만…. 내가 곧 내 의견이라면, 나는 굳이 머리를 쥐어짤 필요 없이 단박에 대답할 수 있을 것이다.

믿음을 통제할 수 있다는 믿음은 스스로를 통제하려는 에고적 마음의 망상적인 분열을 조장한다. 이건 마치 바위가 스스로 자신을 밀어 굴리려고 하는 꼴이니 애초에 될 리가 없는 일이다. 빛이 프리즘을 통과하면서 분열하여 우리 눈에 '다양한 색깔들'로 보여지듯이, 분별하는 해석기가 작동할 때 우리의 의식은 에고의 다양한 면면들 — 신념, 소망, 욕망, 그리고 해석기의 지령에 따라 그것들을 변화시키려 드는 통제자까지 — 로 분리되는 듯이 보인다.

　본래 하나인 것을 이렇듯 철저하게 분열시킬 수 있는 것은 오직 해석기뿐이다. 그것이 해석기의 존재 이유다. 해석기는 모든 것을 상대적인 범주로 구분하고 나누는 것이 본연의 역할이기에 분열의 천재이다. 해석기는 나와 나 아닌 것을 가를 뿐만 아니라 '나'의 안에서도 분열을 일으킨다. 마치 세상을 산산이 조각내는 데서 그치지 않고 자기 자신까지도 갈가리 잘라버리는 무적의 가위와도 같다.

　프리즘을 통과한 빛이 무지개가 되듯이, 해석기를 통과한 의식은 분열의 환상에 깊이 빠져든다. 이런 현상은 진화의 측면에서 보면 꽤 가치를 지니는 것 같다. 진화의 관점에서 보면, 분열의 환상이 때때로 자신의 내부에서까지 갈등을 만들어내는 부작용이 있기는 하지만 분명 생존에는 도움이 되었던 것 같다.

　해석기는 바깥세상을 몽땅 분리한 후에 안쪽 세상도 '통제하는 자'와 '통제당하는 그 밖의 것들'로 분리하고 구분 짓기 시작했고, 이로부터 야기된 내부의 갈등은 더 이상 해소될 수 없는 지경에 이르렀다. 마치 연못에 떨어진 나뭇잎이 스스로를 건져낼 수 없는 것처럼 말이다. 인류는 자기 자신을 속일 수도 있고, 설득할 수도 있고,

사랑할 수도 있고, 증오할 수도 있고, 받아들일 수도 있고, 밀쳐낼 수도 있는 유일한 종이며 그런 역사는 수천, 수만 년 전으로 거슬러 올라간다.

배우 체비 체이스Chevy Chase의 작품들 중 최악인 〈세기의 거래〉(Deal of the Century)라는 영화는 그나마 그레고리 하인즈Gregory Hines의 활약을 봐줄 만한데, 그레고리가 맡은 역은 하나님을 따르는 것과 전쟁에서 무기를 팔아 이익을 챙기는 것 사이에서 갈등하는 인물이었다. 그 인물이 겪고 있는 내적 갈등을 요약해주는 장면에서 성경의 로마서가 인용된다. "내가 원하는 바 선은 행하지 아니하고 도리어 원하지 아니하는 바 악을 행하는 도다. 만일 내가 원하지 아니하는 그것을 하면 이를 행하는 자는 내가 아니요 내 속에 거하는 죄니라."(로8:19-20)

이것은 '진짜 나'와 '죄(sin)'의 둘로 갈리는 극명한 내적 분열의 예이다. 성경이 지어진 지 수천 년이 지난 후에 프로이트는 '죄'를 '이드id'라는 이름으로 바꿔 불렀지만, 이 갈등은 새로운 의식의 시대라는 오늘날에도 여전히 그대로 존재한다. 아무리 영적으로 들리는 용어로 바꾼다고 해도 결국은 똑같은 분열의 반복일 뿐이다.

운전 중에 앞차가 갑자기 끼어들어서 거의 사고가 날 뻔했다 치자. 이때 "저 미친 XX, 죽을 뻔했잖아!"라고 말하거나 생각하는 것은 완벽하게 자연스러운 반응이다. 나중에 자신이 '에고적인 반응'에 사로잡혔던 것에 대해 죄책감을 느끼더라도, 일단은 기분 나빠하고 욕하는 것이 감정의 자연스러운 흐름이다. 소위 '깨어 있음을 추구하는 영적인' 사람들이라면 그 상황에 대해 뒤늦은 후회와 죄책감을 느꼈을 수도 있겠다. 하지만 이는 더 이상 그것을 '죄'라 부르지 않고 '에고와의 동일시'라고 부른다는 점이 다를 뿐, 그 본질은 역시나 유서 깊은 분열 게임의 반복이다. '에고'와 '에고가 아닌 것'이라는 구분 또한 좌뇌 해석기의 관점에서만 유효한 것이기 때문이다.

에고라는 것이 단순히 망상, 환영에 불과하다면 에고에 사로잡힌다는 것은 도대체 무슨 뜻일까? 가장 근간이 되는 질문이기에 우리는 앞으로도 이 문제를 계속 살펴볼 것이다. '나'라는 느낌이 신기루에 불과하다면, 그 신기루를 경험하는 자는 대체 누구인가? 어떻게 실재가 아닌 것과 얽힐 수 있으며, 또 그렇게 얽혀 들어가는 자는 누구란 말인가? 또 우리는 그 허상을 어떻게 '시각적으로' 경험하게 되는 걸까?

다음의 '폰조 환영'(Ponzo illusion) 그림을 보라. 두 개의 사각형은 실제로 같은 크기이다. 하지만 오른쪽 것이 더 크게 보인다. 원근감을 일으키는 시각적 단서들로 인해 해석기는 오른쪽이 더 멀리 있다고 단정하며, 멀리 있는 것이 동일한 크기로 보이려면 실제로는 더 커야만 한다고 판단하는 것이다. 오른쪽 사각형이 더 커 보일 뿐

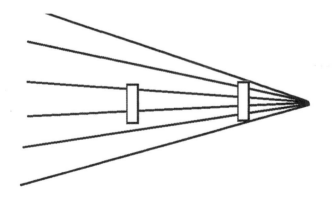

인 것처럼, '나'라는 느낌 또한 단지 이 세상에서 거기에 있는 것처럼 '보일' 뿐이다.

그렇다면 이 환영, 환상을 경험하는 자는 대체 누구인가? 일종의 가주어假主語로서 '의식'이나 '주시자' 따위의 말을 쓸 뿐이지, 누구도 당신에게 그 정체를 설명해줄 수 없다. 왜냐면 우리는 분별하지 않고는 생각도, 말도 할 수 없기 때문이다. 대신 '그것이 아닌 것' ─ 즉 분리된 실체처럼 보이는 에고 ─ 에 대해 말하는 것이 우리에게 허락된 유일한 대안이다.

나는 지금 환영들이 세상에서 갖는 영향력을 부정하려는 것이 아니다. 만약 어느 사각형이 더 큰지에 대해 내기를 해야 한다면 당신은 어디에 걸겠는가? 과연 어느 것이 더 크다고 주장하겠는가?

저기 바깥세상에 '색깔'이라는 것이 실재한다고 확신하는 사람들이 어찌 그렇게도 많은 걸까? 실제로 존재하는 것이라고는 '빛 에너지'밖에 없으며, 그것을 뇌가 해석하여 빨강 혹은 파랑이라는 경험을 창조할 뿐인데 말이다. 일곱 살 먹은 우리 딸아이라면 자신의 노란 책상이 분명 그 자체로 노란색이라는 데에 전 재산 ─ 60달러이다 ─ 을 걸겠지만, 가장 보수적이라 할 수 있는 과학교과서조차 색깔은 실재하지 않으며 단지 지각행위의 산물이라고 분명히 밝히고 있다.

그 말은 저기 바깥세상에는 갖가지 에너지 파동들만이 존재하고, 그것들을 '색깔'로서 인식하는 것은 바로 우리 자신이므로 색깔은 그것을 인식할 누군가가 거기 있을 때만이 존재한다는 뜻이다. 그렇다면 도대체 이 토끼굴은 얼마나 깊은 것일까? 얼마나 많은 다른 '것들'이 단지 지각행위 속에서만 존재하는 걸까?

에고라는 망상에 관해 말하자면, 내적 갈등과 분열이 실재가 아니라 그런 '생각'에 불과하듯이 에고 또한 그런 '생각'에 불과하다. 깨어 있는 의식의 반대편에 에고가 '있다'고 생각한다면 그 역시 죄/영혼, 에고/이드 게임의 연장이다. 이런 식으로 나 자신의 분열을 경험하는 것은 세상을 좌뇌 해석기를 통해 바라보는 것이고, 그 분열된 생각들은 어디까지나 '생각들'이다.

지도와 실제 지역을 혼동하는 오류를 범하지 않는 한, 갈등이란 '갈등이라는 생각'일 뿐이고 불안이란 '불안이라는 생각'일 뿐이다. 분열은 해석기의 타고난 본성으로서 그 자신까지도 분열시키지만, 실제로 나뉠 수 있는 것은 아무것도 없으므로 그 모든 것은 '분열이라는 생각'일 뿐이다.

그러나 이런 관념이 의식의 유일한 상태인 것은 아니다. 제한적이고 분별적인 좌뇌 시스템의 관점에서 세상을 바라볼 때만 그렇다. 분열된 자아는 권력과 통제라는 망상을 창조해왔으며, 이는 마치 자기 자신과 달리기 시합을 하는 육상선수처럼 애초에 해소될 수가 없는 문제다. 이 시합에서 승리할 방법은 전혀 없으며, 다만 똑같은 일이 계속 반복될 것이다. 이 혼자 하는 달리기 시합을 그냥 지켜보라. 분리되었다는 느낌 자체가 하나의 생각일 뿐임을, 그리고 그것으로부터 지배와 통제라는 망상이 생겨났음을 알아차리라.

믿음이나 해석이 곧 우리 자신은 아니라는 사실을 알면, 우리는 통제자가 될 필요도 통제를 받을 필요도 없어진다. 그냥 지금 이 순간에 하나의 생각이 있을 뿐이다. '아니야, 생각의 배후에는 생각하는 자가 있어'라고 생각하는가? 보라, 그것 자체가 단지 또 하나의 생각이지 않은가?

생각과 신념에 대한 통제가 부재하다는 사실은 신념체계에 있어서 불안감의 원천이 된다. 대부분의 신념체계들은 영원한 구원이나 도덕성 등이 특정한 믿음을 갖는 것에 달려 있다는 식으로 짜여 있다. 하지만 믿음이라는 게 맘대로 되는 게 아니기 때문에 우리는 자신이 구원받지 못할 거라고 생각하게 되고, 그로써 아내가 어느 커튼이 제일 괜찮아 보이는지를 물어볼 때보다 더 큰 불안을 느끼게 된다. 게다가 전지전능한 존재가 우리의 모든 생각을 읽을 수 있기 때문에, 아내에게 하듯이 "흠, 저 줄무늬보다는 이 빨간 쪽이 낫겠어"라고 대충 둘러댈 수조차 없다.

하지만 반대로 믿음이나 에고적 생각들이 애초부터 우리의 통제 밖에 있다는 사실을 깨달으면 커다란 안도감이 들기도 한다. 그것들이 진짜 우리 자신이 아니라는 방증이기 때문이다. 이런 자각 속에서 드디어 우리는 특정 믿음을 밀어붙이는 일을 그만둘 수 있게 되고, 거기에 쓰였던 엄청난 수고와 에너지를 해방하게 되고, 그러면 그 믿음들이 정말 사소하고 재미있는 것으로 느껴지게 된다.

앞으로 당신이 당신의 생각을 통제하려고 하고 있음을 자각하게 된다면, 그것이 어떤 신념이든 불안감이든 상관없이, 바람에 흔들리는 나뭇잎처럼 단순한 대상으로 주의를 옮겨보라. 바람이 나뭇잎을 흔들지만 거기에는 어떤 의도도, 통제도 없다. 나뭇잎이 바람을 불러일으키는 것도 아니고 바람이 나뭇잎을 쥐고 흔드는 것도 아니다.

생각 또는 생각 없음 — 단 두 가지 상태만이 존재한다. 생각이 일어나고, 믿음이 일어난다. 그것들을 그냥 내버려두라. 그것들은 결코 당신의 본질이 아니다. 앨런 와츠는 사람들을 사과에 비유해서 이렇게 말했다. "사과나무는 사과하고(apples), 세상은 사람한다(peoples)."* 같은 방식으로 해석기는 믿음하고(beliefs), 생각한다(thinks). 이것은 해석기의 소관이지 당신의 소관이 아니다.

친구 부부가 저녁식사에 당신을 초대했다. 친구 집에 도착해보니, 그들이 세세한 부분까지 신경 써서 준비하느라고 몇 시간을 공들인 흔적이 보인다. 그들은 해산물 요리를 대접하기 위해 종일 준비했다고, 당신이 이 식사를 만끽해서 그들의 노력이 헛되지 않게 만들어주길 바란다고 말한다. 당신은 망설이다가 조심스럽게 털어놓는다. 실은 해산물을 너무 싫어해서, 이렇게 공들여 준비한 것에 대해 정말 미안해서 어쩔 줄 모르겠다고. 아마도 그들은 조금 실망하겠지만 당연히 당신을 이해해줄 것이다. 음식의 기호란 건 당신이 통제할 수 없는 종류의 것이니까 말이다.

그런데 왜 정치적 성향, 종교, 성적 정체성 같은 '좀더 수준 높은' 믿음이나 기호로 주제를 바꾸게 되면 상황이 완전히 변하는 걸까? 대부분의 사람들은 성적 정체성 — 어느 성에 더 끌리는가? — 이 선택의 문제라고 믿지만 사실 그것은 그냥 정해진 것이다. 만약 나의 에고적 마음이 진짜로 스스로를 통제할 수 있다면, 나는 고가의 명품시계 대신에 값싼 시계에 끌리게끔 선택하겠다. 그러면 더 이상

---

* 사과가 나무가 되고 거기서 다시 사과가 열리는 순환을 '사과한다(apples)'라는 동사로 표현한 것이다. 마찬가지로 '사람한다'는 사람이 나고 죽는 것, '믿음한다'는 믿음이 일어나고 사라지는 것, '생각한다'는 생각이 일어나고 사라지는 것을 뜻한다. 역주.

아내와 그 문제로 툭탁거리지도 않을 것이고 돈도 많이 절약할 수 있을 테니까.

우리가 자신의 정치적 성향이나 성적 정체성, 취미 등을 통제할 수 있다고 믿는 것은 곧 우리 자신을 에고와 동일시하는 것이다. 에고적 망상에 빠진다는 것은, 통제권이 나에게 있으므로 나의 기호를 내 입맛대로 바꿀 수 있다고 여긴다는 의미이다. 이것은 지도를 실제 지역으로 착각하는 오류일 뿐만 아니라, 내가 바로 지도의 원래 설계자이자 디자이너라고 착각하는 오류이기도 하다.

사람들이 서로 갈등하는 주된 이유는 무엇일까? 왜 우리는 서로 싸우는가? 외계인이 우리를 관찰한다면, 충돌 — 세상을 이편저편으로 가르는 시스템의 자연스러운 산물 — 이야말로 인간의 가장 대표적인 욕망이라고 생각할 것이다. 인간은 사내 정치로부터 세계대전에 이르기까지 유사 이래로 늘 싸워왔으며, 다른 사람들은 물론이고 자기 자신과도 불화하는 것처럼 보인다. 이것은 우리의 뇌신경 때문일까, 아니면 가정환경, 문화, 혹은 유전자 때문일까?

우리의 행동에 가장 큰 영향을 미치는 것은 바로 우리의 '믿음'이고, 모든 믿음에는 반대극이 있다. 우리는 그저 그런 신념을 위해서 죽거나 죽이거나 하지 않는다. 그것이 '신념'이라는 것조차 인식 못할 만큼 푹 빠져버린 신념이 있을 때, 우리는 그것을 위해 살인도 불사한다. 총이 사람을 죽이는 것이 아니라 신념이 사람을 죽인다고까지 말할 수 있다. 그것이 단지 신념일 뿐임을 모를 때, 우리는 그것을 위해 사람을 죽일 수 있다.

이렇게 표현할 수도 있겠다. 평화로 가는 길에 가장 큰 장애물은 그것이 단지 신념일 뿐임을 모르고 갖는 신념들이다. 그것은 내가 아닌 것을 나라고 믿는 것이고, 이런 믿음이야말로 가장 교묘하고 위험한 것이다. 좌뇌 해석기는 세상에 대한 가설들을 창조하고 유지할 뿐만 아니라 그것을 믿음이 아니라 실재하는 것으로 확신하게끔 만든다. 하지만 이 신념 발생기는 투명하므로 우리는 그것을 직접 관찰할 수 없다. 그래서 신념을 단지 신념으로 바라보기가 대단히 어렵다.

여기 기초적인 연습이 있다. '다음 대통령은 이 사람이 되어야 해'처럼 그것이 한낱 신념일 뿐임을 당신이 이미 알고 있는 신념을 하나 찾아보자. 이런 신념은 중간에 바뀔 수도 있고, 틀렸음이 밝혀지기도 한다. 당신이 국정을 잘 운영할 것으로 믿었던 사람이 실제로는 기대에 못 미치기도 한다.

이번에는 누군가가 당신을 짜증 나게 만들어서 화가 치솟았던 마지막 때가 언제였는지 떠올려보라. 뭔가에 대해 오랫동안 심사숙고했던 상황을 떠올려보라. 당신보다 훨씬 사회적 지위가 높은 중요한 사람의 옆자리에 앉게 되었던 경험을 떠올려보라. 지금까지 말한 내용들이 전부 '믿음'일 뿐임을 느낄 수 있는가? 아니면 여전히 그것들이 실재라고 느껴지는가?

에크하르트 톨레는 "타인은 지옥이다"라는 철학자 장 폴 사르트르의 말을 즐겨 인용하곤 한다. 하지만 지옥을 창조하는 것은 타인에 대한 우리의 믿음이다. 만약 당신 안에 에고가 존재하지 않는다면 어떻게 타인 안에 에고가 존재할 수 있겠는가? 지옥이란, 애초에 믿음일 뿐인 것을 철석같이 믿어버림으로써 창조된다.

하지만 조심하라. 당신은 '나는 신념들을 너무 심각하게 받아들이지 않고 단지 믿음일 뿐임을 알고 있어. 그래서 난 다른 사람들과는 달라'라고 믿기 시작할 수 있다. 이 말은 진부한 에고 게임의 또 다른 반복일 뿐이지만 당신도 어쩔 수 없을 것이다. 왜냐하면… 당신은 신념은 신념일 뿐이라고 정말로 '믿게' 되었기 때문이다.

선불교에서는 "옳고 그름은 단지 마음의 병일 뿐이다"라고 말한다. 있는 그대로 볼 수만 있다면, 신념 그 자체에는 어떤 문제도 없다. 그것은 좌뇌 안에서 일단의 뇌세포들이 신경화학적인 과정을 거쳐 도출해낸 결과물일 뿐이다.

세상에서 가장 흔한 신념들도 마찬가지다. '내 나라가 최고의 나라다.' '내 종교만이 진정한 종교다.' 만약 세상 모든 이들이 각자 이런 식으로 믿는다면 모두가 옳을 재간이 없다. 당신은 정말로 오직 당신의 믿음만이 옳으며 다른 모든 사람은 다 틀렸다고 생각하는가? 그럴 가능성이 대체 얼마나 되겠는가?

우리가 자신의 믿음 안에서 길을 잃으면 일이 결코 제대로 돌아가지 않는다. 우리가 우리의 믿음에 근거하여 반응할 때 상황은 더 나빠지기 십상이다. 사람들은 자꾸만 전쟁이 불가피하다고 믿는다. 하지만 지나고 보면, 정당화될 수 있을 것처럼 보였던 행위들이 단지 무감각하고 무분별한 폭력일 뿐이었음이 밝혀진다.

'무저항 운동'의 목적은 어떤 신념도 평화보다 우선일 수 없도록 하는 것이다. 간디는 말했다. "광적인 파괴가 전체주의의 이름하에 행해졌는지 아니면 자유와 민주주의라는 신성한 이름하에 행해졌는지가 죽은 자들, 전쟁고아들, 삶의 터전을 잃은 자들에게 무슨 차이를 만들 수 있겠는가?" 하지만 믿음을 창조하고 유지하는 것이 바로 해석기의 역할이기에 믿음을 바꾸고, 새로운 견해에 마음을 열고, 자신이 틀렸을 수도 있음을 인정하는 것은 쉽지 않은 일이다.

해석기를 실제로 경험해보는 것과 그것을 머리로, 이성적으로 이해하는 것 사이에는 중요한 차이가 있다. 그런 점에서 나는 해석기와 관련된 과학적 실험을 수행하는 연구자들이 그 자신의 해석기에 대해서는 개인적으로 얼마나 경험해보았는지 의심스럽다. 좌뇌라는 해석기의 발견이 '자기 자신의 해석기에 대한 즉각적인 알아차림'과 연계되었다면 작금의 심리학에 심오한 변화를 가져다줬을 텐데. 일단 그것을 경험하고 나면, 심리학에서 다루는 대부분의 내용이 그저 이 해석기의 창조물에 관한 것임이 명백해진다. 아마도 해석기의 발견이 그동안 심리학계에서 별것 아닌 것으로 취급당해온 이유도 그 때문인지 모른다.

해석기의 존재를 발견하고 나서 가자니가 박사는 "이제 심리학은 죽었다"고 말했다. 하지만 심리학이 죽기는커녕, 반대로 다수의 심리학자들에 의해 해석기의 의미가 상당히 축소되고 있는 형편이다. 해석기의 의미를 받아들이고 나면 그밖에는 아무것도 남지 않으리라는 두려움 때문인지 모르겠다. 아니면 누구든 해석기를 의식적으로 관찰하게 되면 관심을 과학으로부터 영성으로 돌릴 수밖에 없기 때문인지도 모른다.

해석기를 관찰하는 것은 의식에 심오한 변용을 일으킨다. 2,600년 전 붓다의 깨달음이 바로 그러했다. 그는 커다란 깨달음을 얻은 후에 이렇게 노래했다. "오, 집 짓는 자여, 이제 내가 당신을 보았기에, 더 이상 당신은 내게 새 집을 지어줄 수 없노라. 집을 지탱하던 모든 기둥은 부러졌고, 들보는 조각났도다. 나의 마음은 과거의 모든 속박에서 벗어났고, 더 이상 미래를 갈망하지도 않는다."

여기서 '집 짓는 자'를 여러 의미로 해석할 수 있겠지만, 어쩌면 붓다는 단순히 해석기 — 자아 속의 분별하는 이야기꾼 — 를 발견했던 것인지 모른다. 붓다는 그것을 봄으로써 그것과의 동일시를 부숴버렸다. 이제 갈망은 더 이상 갈망이 아니고, 괴로움은 더 이상 괴로움이 아니다. 당신은 더 이상 이야기 안에 존재하지 않고 그것을 초월해 있다. 선불교에는 이런 상태를 나타내는 유명한 경구가 있다. "선공부를 하기 전에는 산은 산이고 물은 물이다. 선공부를 하는 중에는 산은 더 이상 산이 아니고, 물은 더 이상 물이 아니다. 하지만 깨달은 이후에는 산은 다시 산이고, 물은 다시 물이다."

해석기의 존재를 알아차리기 전에 당신은 머릿속의 목소리였다. 당신은 당신의 믿음이었고, 이 세상에 대한 당신의 해석이었다. '나는 이렇게 본다'가 아니라 '이것이 진실이다'였다. 해석기를 알아차리고 나면 잠깐은 달리 보이겠지만, 결국 당신은 여전히 모든 것이 언제나 그랬던 그대로임을 알게 된다. 정체성과 관점의 딱 한 가지 변화만 빼고 말이다.

인지행동요법(Cognitive Behavioral Therapy)은 요즘 가장 인기 있는 치료법이다. 이 새로운 요법의 핵심은 불안과 우울의 원인이 생각의 문제에 있으며, 왜곡된 사고로부터 부정적 감정이 야기된다는 것이다. 이 요법은 환자의 가정과 해석에 집중한다. 예를 들어, 파국화(catastrophizing)라는 인지적 왜곡은 어떤 사건을 두고 그 중요성을 과장하는 것이다. '이번에 승진하지 못한다면 내 인생은 실패한 거야' 라거나 '이번에 저 사람과 잘 되지 않는다면 남은 인생 내내 외롭고 비참할 거야'라고 생각하는 식이다. 따라서 이 요법은 환자에게 이 런 지나친 가정이 부정적인 감정을 야기함을 명확하게 보여주고, 생 각을 좀더 현실적으로 하게끔 만든다.

인지요법의 창시자 중 하나인 앨버트 엘리스Albert Ellis는 일이 반 드시 특정한 방식으로만 되어야 한다는 흔한 믿음을 가리키는 '자위 적 강박(musterbation)'이라는 말을 지어냈다. '이번에는 반드시(must) 잘 해내야 해.' '당신은 반드시(must) 나를 잘 대해줘야만 해.' 엘리스 는 세상에 대한 이런 해석들이 얼마나 우리의 삶을 힘들게 하는지를 지적하고, 그것을 바꿀 간단한 방법을 제시했다. '반드시 잘 해내야 해'라고 생각하는 대신 '잘 해내고 싶어'라고 생각하라. 해석이 가벼 울수록 그로부터 야기되는 부정적 감정도 약해진다. 인지요법은 해 석기가 우리의 감정 상태와 심리적 안녕에 미치는 영향력을 알고 있 다. 해석을 바꿈으로써 당신은 세상에 대한 당신의 감정과 반응을 바꿀 수 있다.

물론 해석을 바꾸고 통제한다는 것 자체가 모든 속임수 중에서 도 가장 교묘한 속임수이기 때문에, 요즘의 의식 훈련들은 한 발 더 나가서 그 어떤 것도 바꿀 필요 없이 다만 해석기를 '지켜보기'만 하 도록 한다. 그렇게 해석기를 지켜봄으로써 우리는 판단이 멈춰진다 는 사실을 알게 된다. 이것은 이제 우리가 판단체계의 안이 아니라 밖에서 그것을 관찰하고 있기 때문이다. 당신은 더 이상 그것이 아 니다. 감정적인 반응의 전원이 뽑혀버렸다. 당신이 해석기가 아니라 다만 그것에 연결된 깨어 있는 의식이라는 자각은 신념들로부터 '심각함'을 쏙 빼버린다.

만약 당신이 존 레넌John Lennon의 〈이매진Imagine〉이라는 노래를 듣고 공감한 적이 있다면, 그것은 해석기를 초월하는 깨어 있는 의식에 대한 우리의 앎을 그 노래가 상기시켜주기 때문일 것이다. 다음번에 이 노래를 듣게 된다면, 세상에 대한 해석과 믿음이 곧 우리 자신은 아니라고 상상해보도록 하는 게 메시지의 전부인지를 직접 확인해보라. 우리가 이 노래에 공감하는 이유는, 까먹은 척하고 있지만 언제나 거기에 있었던 앎을 되살려낼 때의 뜨겁고 가슴 벅찬 느낌 때문이다.

타인에게서 해석기를 발견하는 것은 좀더 쉬운 일이고, 그로부터 공감의 두 가지 측면 — 표면적인 것과 심층적인 것 — 이 생겨난다. 예를 들어 친구가 당신에게 문제가 있는 진공청소기를 교환해주지 않으려는 짜증 나는 판매원에 대해 이야기를 시작한다. 그가 얼마나 무례하고 무개념이었는지, 선량한 소비자를 이런 식으로 취급하는 것이 얼마나 부당한지에 대해 얘기한다. 아주 피상적인 수준에서 당신의 좌뇌 해석기는 친구의 좌뇌 해석기의 관점에서 상황을 바라보려고 할 것이고, 공감하면서 대답할 것이다. "맞아, 정말 끔찍했겠다. 그 사람한테 본때를 보여줘야 마땅해. 나도 거기 항의 메일을 보낼게. 그런 놈은 짤려야 해!"

당연하겠지만 친구의 좌뇌는 누군가 자신과 비슷한 해석을 가진 것에 대해 흡족한 반응을 보일 것이다. 물론 그것을 하나의 견해로 인식하기보다는 이런 식일 가능성이 많다. '이 녀석도 나처럼 현실을 제대로 이해하고 있다니 기쁘군.' 이것은 가장 얕은 수준의 공감이다. 이것은 단지 특정한 관점과 이야기를 강화시키고 그와 관련된 감정을 증폭시킬 뿐이기 때문이다.

좀더 깊은 수준의 공감은, 이걸 '자비'라고 부를 수도 있는데, 상대방이 그의 해석기가 지어내는 이야기에 정신 못 차리고 빠져 있음을 온전히 깨어 있는 상태로 지켜보는 것이다. 이때 당신은 친구가 과도하게 해석기와 동일시됨으로써 야기된 괴로움에 공감하면서도 그 이야기의 자질구레한 세부사항까지 심각하게 여길 수는 없게 된다. 그런데 역설적이게도 이처럼 더 깊은 수준의 공감이 매정함, 냉정함으로 종종 오해받곤 한다. 아내는 내게 이런 식으로 지적한다. "이런 것들에 빠져 지낸 후로부터는 당신이 때때로 남들의 괴로움에 대해 정말 냉정한 것처럼 보여요."

내 생각에는 어느 정도 말이 되는 것이, 만약 당신이 자신의 해석을 심각하게 받아들이지 않는다면 다른 사람의 해석도 더 이상 심각하게 느껴지지 않을 테니까 분명 겉보기엔 냉정하고 감정을 느끼지 못하는 모습처럼 보일 수 있다. 그러나 깊은 수준의 공감을 통해 당신은 괴로움의 진짜 원인에 맞닿는다. 여기서 당신은 깊은 수준의 자비를 경험하고, 동시에 겉으로는 드러나지 않지만 '해석기 알아차리기' 게임의 가장 중요한 속임수라고도 할 수 있는 하나의 역설과 마주하게 된다. 우리는 나중에 이 문제를 다른 수준에서 다루게 될 텐데, 일단 지금은 내가 '해석'과 '패턴'이라는 용어를 어떤 의미로 쓰고 있는지를 살펴보고 넘어가자.

나는 믿음, 해석, 패턴이라는 말들을 상호 호환되는 의미로 사용하는데, 왜냐면 그것들 사이에 차이점이 거의 없기 때문이다. 예를 들면 'XOXOXO_'의 빈 칸에 뭐가 올지 묻는다면 당신의 뇌는 당신을 위해 일을 할 것이고 즉시 'X'라는 답을 들고 나올 것이다. 뇌는 열심히 '패턴'을 보기 때문이다. 당신이 'X'라는 답을 열심히 구했다기보다는 차라리 그냥 '떠올랐다'고 하는 편이 더 적절할 것이다.

당신이 운전 중에 한 대 또는 두 대 정도의 구형 콜벳Corvette 자동차를 봤다면, 그 정도는 무시된다. 하지만 거의 연속해서 세 대를 봤다면? '흠, 어디 이 근처에 옛날 자동차 행사가 열리나 보군?' 이런 식으로 하나의 패턴이 만들어지고 지각된다.

우리는 언어와 상징을 사용하는 좌뇌의 능력을 이용하여 더욱 복잡한 패턴도 지각하고 이해할 수 있는데, 그것을 해석 또는 믿음이라고 부른다. 이것들 역시 좀더 복잡해졌을 뿐인 패턴이다. 단지 과거의 기억과 미래의 추측이 들어간 설명이 포함되었을 뿐인 거다.

예를 들어보자. '같이 일하는 저 친구는 진짜 나를 싫어하는 게 분명해. 어제 날 쳐다보던 꼴을 보면 분명 장담할 수 있어!' 흠, 글쎄. 때로는 해석이 맞아떨어지기도 한다. 당신은 동료가 당신을 싫어한다고 생각하고, 실제로 그게 맞을 수도 있다. 하지만 곧 종말이 올 거라고 믿는 사람이 한 명 더 는다고 해서 진짜 종말이 오는 게 아니듯이, 당신의 해석이 한 번 맞았다고 해서 그게 무슨 대단한 의미를 갖는 것은 아니다.

우리는 '의미'라는 용어도 흔히 쓰는데, 의미 있는 패턴이라고 하면 의미 없거나(non-sense) 무작위적인 것들과는 확연히 구분되는 패턴이라는 뜻이다. 하지만 그것을 패턴이라고 부르든 해석이라고 부르든 의미 있는 무엇이라고 부르든 간에, 그 행위는 언제나 '진짜 뭔가가 저 밖에 존재한다'는 헛된 생각의 변주이다. 'a'라는 글자가 실재한다는 생각으로부터 당신 앞에 끼어든 사람을 바보 멍청이라고 믿는 것에 이르기까지, 모든 해석은 오직 인식행위로서만 존재한다.

인지심리학자 스티븐 르하르Steven Lehar는 이런 식으로 표현했다. "세상은 당신의 머릿속에 존재한다." 이는 바깥세상이 존재하지 않는다는 말이 아니다. 다만 우리가 배워왔던 그런 방식으로, 조각조각 쪼개고 분류한 후 그 조각들을 인지하는 그런 방식으로는 아니라는 것이다. 우리 집 부엌에 있는 숟가락은 오직 누군가 그것에 대해 생각할 때만, 또는 그것을 숟가락으로 인식할 때만 '숟가락'으로서 존재한다. 그렇지 않은 경우에 그것은 그냥 '그것'일 뿐이다.

에크하르트 톨레는 교통체증을 자주 예로 든다. 그것이 짜증을 유발하는 정말 흔한 상황이기 때문이다. 하지만 '교통체증'이란 게 존재할 수 있는 유일한 공간은 우리의 머릿속뿐이다. 우리의 지각 바깥에는 그런 것이 존재하지 않지만, 우리는 착각으로 인해 우리가 실제 현실이 아니라 우리의 머릿속에서 살고 있음을 알아차리지 못한다.

실제로는 숟가락도, 교통체증도, 못돼먹은 직장 동료도 없다. 마치 연극에 완전히 몰입한 배우가 그 모든 것이 진짜 현실인 것처럼 느끼듯이, 생각은 스스로 현실의 모습을 지어내고 거기에 빠져든다. 패턴과 해석은 언제나 그 행위 주체의 마음속에 있다. 내가 이 점을 좀더 명확히 하려는 이유는, 이것이야말로 에고라는 망상이 배후에서 진행되는 '과정'이기 때문이다.

우리가 얼마나 깊이 들어갈 수 있는지 한번 살펴보자. 누군가 해석기의 존재를 감지하기 시작하면, 이제 그는 그것이 패턴을 만드는 놈이기도 하면서 동시에 패턴을 감지하는 놈이기도 하다는 걸 알게 된다. 결국 이건 '뭐 눈에는 뭐밖에 안 보이는' 게임의 확장판이나 마찬가지다.

만약 당신이 에크하르트 톨레의 가르침에 감동받아 그것을 실천함으로써 당신 혹은 다른 사람의 에고를 점점 더 잘 알아차리고 있다고 한다면, 대체 누가 그 패턴을 알아차리고 있는가? 패턴을 알아차리는 데 명수인 좌뇌 말고 또 누가 있겠는가?

의식 탐구의 새로운 움직임은 에고적 마음의 목격자가 되게 하는 수행과 연습에 수백만의 사람들을 참여시키고 있다. 사람들은 자신 안에, 또 타인 안에 존재하는 에고적 마음을 목격하기 위해 애쓰고 있으며 이런 상황은 의식 탐구 또는 영성계에 일견 진보가 이루어지고 있는 것처럼 보이게 한다. 허나 그 역시 똑같은 진부한 게임일 뿐이다. 비록 느낌이 좀 달라졌을 뿐, 에고의 '패턴'을 알아차린다는 점에서 그 주인공은 여전히 동일한 해석기인 것이다. 자신과 타인의 에고적 사고 패턴, 즉 해석기를 알아차리는 것은 또다시 해석기이며, 이것은 우리가 나아졌다는 생각을 갖게 하기에 충분하지만 실은 또 하나의 색다른 경험에 지나지 않는다.

그렇다고 이런 노력이 전부 무용지물이라는 뜻은 아니다. 비록 해석기를 해석기가 지켜보는 셈일지라도, 약간의 틈이 생겨나서 우리가 '해석'을 너무 심각하게 받아들이지 않도록 하는 효과가 있다. 하지만 당신이 그것까지도 단지 더 큰 에고일 뿐이라는 걸 또 한 번 눈치챈다면? 당신은 에고의 패턴 따위는 애초부터 존재하지 않았으며, 그냥 그렇게 바라보는 해석이 있었을 뿐임을 알게 된다.

　예를 들어서 설명해보겠다. 다음 그림을 보라. 그리고 당신의 패턴 감지 시스템이 순식간에 '얼굴'을 찾아내는 것을 알아차려보라. 이 패턴이 진짜로 존재하는 것이겠는가, 아니면 인식행위 속에서만 존재하는 것이겠는가?

　좌뇌는 패턴 인식기인 동시에 패턴 창조기로서 우리를 망상에 빠지게 한다. 그것은 패턴이란 것이 진짜 저 밖에 존재한다는 확신을 우리에게 심어주는 일을 너무나 능숙하게 해내기에, 우리는 그 모든 것이 '인식기'로부터 비롯되었음을 모르고 살아간다. 바로 이 점이 알아차려질 때, 드디어 에고의 정체 — 달에 사는 토끼, 벽에 나타난 성모 마리아, 록음악을 거꾸로 틀었을 때 들리는 숨은 가사처럼 소문만 무성한 — 가 드러난다. 뭐 눈에는 뭐밖에 안 보이고, 뭐는 뭐밖에 못 만든다는 사실이 밝혀진다. 현실의 백색소음 위에 덧쐬워진 '에고적 해석'이 있을 뿐, '에고'라는 것은 애초부터 실체가 없었던 것이다.

아포페니아Apophenia라는 용어가 있다. 정신병리학자 클라우스 콘라드Klaus Conrad에 의해 50년대에 처음 사용된 이 말은 무작위적인 것들 중에서 어떤 패턴을 보게 되는 경험을 뜻한다. 잠깐, 이거야말로 좌뇌 해석기의 주요 기능이 아니던가? 신경심리학자 피터 부루가Peter Bruggar가 수행한 실험에서는 피험자의 도파민(좌뇌가 아주 좋아하는 신경화학물질이다) 수치가 높을수록 패턴을 찾아내려는 경향이 강해진다는 — 그게 실재하든 그렇지 않든 간에 — 재밌는 결과가 나오기도 했다.

성격심리학은 사람들이 서로 다른 특징을 일관되게 갖고 있다는 전제 위에 세워진 학문이다. 우리는 흔히 우리의 여러 행동과 취향을 '에고'에 의한 것이라고 말한다. 나는 두 아이의 내성적인 아빠이고, 명품시계를 좋아하며, 요가를 즐겨 한다. 그러므로 이런 패턴이 바로 나 자신이라는 식이다.

해석기 알아차리기 게임의 막바지에서, 나는 다음과 같이 숙고해볼 것을 권한다. 당신이 생각하는 '당신 자신'은 사실 패턴 인식기이자 에고적 마음일 뿐이다. 그리고 그것은 일종의 아포페니아이다. 당신이 정말로 '패턴'이라면, 그것은 대체 어디에 있는가? 당신은 누군가에게 그것을 보여줄 수 있는가? 원한다면 언제든 그것에 대해 말할 수 있고 그것을 묘사할 수 있겠지만, 당신이 그것에 대해 생각하고 있지 않거나 그것을 묘사하고 있지 않을 때 그것은 대체 어디에 있는가?

바로 이 대목에서 모든 수수께끼 중에 가장 유명한 수수께끼가 등장한다. "숲 속에서 나무 한 그루가 쓰러지는데 거기에 아무도 없다면, 쓰러지면서 소리가 날까, 안 날까?" 살짝만 바꿔보자면, 당신의 에고를 감지할 사람이 아무도 없다면, 당신 자신조차도 없다면, 그것이 여전히 존재한다고 할 수 있는가? 당신이 전형적인 서양인으로서 전지전능한 신께서 우리가 잠들어 있을 때조차 이 모든 패턴을 감지하고 계시다고 믿는다면, 당신은 즉각 그렇다고 대답할 것이다. 로널드 녹스Ronald Knox 대주교(1888~1957)의 시는 나의 패턴이 나의 자각과는 무관하게 실재한다는 이런 믿음을 완벽하게 대변하고 있다.

한 젊은이가 있어 말했네.
신은 분명 아실 거야, 이게 정말 이상하다는 걸.
어떻게 사방에 아무도 없는데도
저 나무가 계속 거기 있을 거라고 생각할 수가 있지?

대답: 그리 생각하는 당신이 이상하오.
신은 언제나 그곳에 존재하오.
그렇기에 나무는
계속 거기에 있소.
당신이 믿는 신께서는 늘 지켜보신다오.

하지만 관찰자가 없으면 에고도 존재하지 않는다. 패턴을 자각하는 것은 바로 관찰자이기 때문이다. 아마도 당신은 셀 수 없이 많은 선생들로부터 어떻게 하면 에고를 초월할 수 있는지 귀가 닳도록 들어오면서, 역설적이게도 그들이야말로 가장 큰 에고를 가진 사람들이라고 생각하고 있을지도 모른다. 하지만 당신이 그 선생들을 비롯한 다른 모든 사람들에게서 발견한 '에고적 패턴'은 다름 아닌 당신 자신 — 혹은 당신의 패턴 인식기(해석기)가 만들어낸 것 — 이다. 다만 그 손가락이 안이 아니라 밖을 가리키고 있을 뿐이다.

당신은 당신의 에고를 창조해낸 바로 그 도구를 사용해서 타인의 에고를 본다. 양쪽 모두, 똑같은 패턴 인식기의 작동에 의한 것이다. 그런데 그 전부를 지켜보고 있는 거대한 존재가 있다고 믿음으로써, 우리는 우리의 인식행위와는 무관하게 '우리'가 항시 존재한다는 생각을 지속시킨다. 관념을 관념 이상의 것으로, 선악을 실재하는 것으로 여기게 된다. 그것들이 그냥 우리 안의 인식이 아니라 '신'의 마음속의 인식이기 때문이다.

정말 난해한 문제지만 주의해달라. 나는 지금 현실이 어떻다고 얘기하는 것도, 신은 실재하지 않는다고 얘기하는 것도 아니다. 이건 단지 하나의 의식 훈련이다. '신은 실재하지 않는다'는 것도 현실에 대한 하나의 해석일 뿐이며, 내게는 당신의 믿음을 변화시키겠다는 의도가 없다. 왜냐면, 그건 어차피 불가능한 일이기 때문이다.

아주 잠깐만이라도 그냥 한번 상상해보라. 모든 패턴이 당신의 인식 안에만 존재하며, 그 외에는 오직 고요할 뿐인 세상을. 우리는 믿음을 변화시키는 데는 젬병이지만 '만약 ~하다면'이라는 게임에는 아주 능란하다. 우리는 상상과 연기의 천재이다. 존 레넌이 권유했듯이, 만약 우리 위에 있는 건 오직 푸른 하늘뿐이라면? 만약 신이라는 것이 인식된 패턴 속에 있는 게 아니라 고요함과 텅 빔 속에 있는 것이라면? 우리의 인식행위 밖에는 패턴이라는 것이 아예 존재하지 않는다면? 당신 자신을 포함한 그 누구도 지켜보고 있지 않다면, 그때 당신의 패턴은 어떻게 되는 걸까? 관찰자가 없을 때, 당신의 패턴은 대체 어디에 존재하는가?

다음의 이야기가 요점을 짚어줄 것이다. 두 명의 제자가 바람에 나부끼는 있는 깃발을 보고 있었다. 한 명은 깃발이 움직인다고 굳게 믿었고, 다른 한 명은 바람이 움직인다고 확신했다. 그러자 스승은 움직이는 것은 너희 둘의 마음일 뿐이라는 말로 논쟁을 끝내버렸다.

해석기는 맡은 바 할 일을 함으로써 전면에 나선다. 세상에 대한 해석을 창조하고, 의미를 부여하고, 가설을 만들고, 패턴을 찾아낸다. 그 에고적 마음, 해석적인 마음을 찾으려는 시도는 마치 달리기 선수가 멈춰 서서 좌우를 두리번거리고 제 몸을 더듬어 '달리기'라는 것을 찾으려 애쓰는 것과 같다. 당신은 달리는 중에만 '달리기'를 찾을 수 있고, 분별하는 중에만 '에고'를 찾을 수 있다.

뒤집어 말하면, 달리기 선수는 멈추었을 때 비로소 '달리기'가 무엇인지를 이해할 수 있다. 마찬가지로 우리도 분별을 멈추었을 때 그 빈 자리로 인해서 오히려 해석기의 존재를 제대로 알아차릴 수 있다. 고요함 속에서 우리는 인식을 멈춘다. 왜냐하면 거기에는 인식될 만한 패턴이 아예 없기 때문이다.

그리고 '인식'이 다시 끼어드는 순간, 당신은 더 이상 그것이 아니게 된다. 하지만 이후로는 고요함이야말로 늘 세상의 주인이었으며 결코 분별하는 마음의 하인이었던 적이 없었다는 신선한 느낌이 당신과 함께할 것이다.

에고적 마음은 어디에서 왔는가?

에고의 인지 기능은 경쟁과 유전적 생존을 위한 진화 과정의 산물이다. 그것은 생존에 효과적이기에 존재하게 되었다. 에고의 분별은 다른 모든 것들과 마찬가지로 매우 자연스러운 현상이며 그 자체로는 좋은 것도 나쁜 것도 아니다.

위의 두 그림을 보자. 각각에서 무엇이 보이는가? 어떤 패턴을 발견했는가?

인류의 조상 두 명이 생존을 위해 분투하고 있다고 상상해보자. 한 명은 패턴을 인식하려는 편향성(bias)을 갖고 있고, 다른 한 명은 이런 재주가 없다. 마이클 셔머Michael Shermer 박사는 패턴을 찾아내려는 이 편향성이 다음과 같은 이유로 생존에 도움이 되었을 것이라 설명한다. 한 조상이 가까이에 있는 수풀 속에서 어떤 소리가 나는 걸 들었다. 그때 그는 세 가지 방식 중 하나로 반응할 수 있다.

1) 부스럭거리는 소리는 그냥 소리일 뿐이다(즉 어떤 해석도 하지 않음).

2) 부스럭거리는 소리는 바람소리다.

3) 부스럭거리는 소리는 나를 잡아먹을 수도 있는 무언가이다.

그것이 실제로 바람소리였다면, 생존이라는 측면에서 세 가지 반응은 다를 게 없다. 하지만 그것이 당신을 잡아먹으려는 무엇이었다면, 헛걸음이 될 가능성이 많지만 일단 자리를 피하고 본 마지막 경우에만 당신은 살아남았을 것이다. 이런 의미에서 우리는 생존을 위해 피해망상이라는 대가를 치른 셈이고, 그 덕분에 오늘날까지 부정적이고 의심하는 쪽으로 기울어진 패턴 인식장치를 물려받게 된 것이다.

다른 모든 조건이 동일할 때, 패턴을 예민하게 감지하는 이런 경향성 ─ 셔머는 이것을 아포페니아 대신 패턴성(patternicity)이라고 불렀다 ─ 은 생존 확률을 높였다. 셔머는 이것이 온갖 '괴상한' 믿음의 형태로 오늘날까지 우리에게 남아 있다고 믿었다. 예를 들면 초자연 현상, UFO, 음모론 같은 것들 말이다. 비록 피해망상적인 의심일지라도, 진화의 관점에서는 안 믿는 것보다는 믿는 게 나았다. 헛고생하더라도 안전이 우선이니까 말이다.

이해를 돕기 위해 다음 그림을 보자. 과학에서 저지를 수 있는 오류는 두 가지 형태가 있다. 1형 오류는 저기 뭔가가 있다고 생각하는데 실제로는 그렇지 않은 경우이다. 가령 어떤 약을 먹고 좋아졌다고 확신했는데 그게 사실은 그냥 우연이었을 수 있다. 반대로 2형 오류는 뭔가가 실제로 있는데 그걸 놓치는 경우이다. 즉 어떤 약이 실제로 효과가 있었는데 그걸 우연의 일치로 여기고 무시하는 것이다.

이 그림에서 당신은 어떤 패턴을 보는가? 만약 당신이 그림에서 우리 집 강아지를 보고 있다면 이것은 1형 오류일까? 분명 여기에는 실제 강아지가 있는 것이 아니라 다양한 흑백의 배열이 있을 뿐이니까 말이다.

셔머는 '괴상한' 믿음들의 상당수가 단순한 1형 오류에 해당한다고 믿었다. 예를 들어 사람들이 구름을 보면서 거기서 UFO를 발견하는 것처럼 말이다. 앞서 보여준 두 장의 그림은 어떤가? 당신이 오른쪽 그림에서 보는 것은 진짜 토성인가? 아니면 토성에 대한 이미지, 심상, 정신적 표상인가?

외부세계의 관점에서 볼 때 패턴을 파악하는 경향은 여러모로 생존에 이로웠겠지만, 그리하여 어느 시점에선가 '에고'가 탄생하게 되었다. 즉 패턴 인식기가 안으로 방향을 틀어서 자기 자신의 패턴을 '보기' 시작했다. 그것은 자신의 패턴이 그 외의 것들과는 다르다고 인식했고, 어떤 대가를 치르더라도 이것을 지키려 애썼다. 또한 타인을 목표에 이르기 위한 수단으로, 즉 유용한 존재이거나 제거해야 할 적으로 인식했다. 식량, 피신처, 그리고 이 '패턴'을 보호하는 것을 최우선 과제로 여겼고, 그럼으로써 그 자신의 특정 유전자를 생존시킬 확률을 높이게 되었다.

마음이라든지 '나'라는 느낌이 없는 피조물은 자신의 에너지가 다른 피조물의 식량으로 전환되는 일을 별로 유감스럽게 느끼지 않을 것이다. 진화 과정의 어느 시점까지는 인류 전체가 에고가 없는 상태로 지냈겠지만, 이는 생존이라는 관점에서 그리 바람직하지 않았기에 소위 '깨어 있었던' 조상들은 빨리 죽음을 맞았을 것이다. 반대로 '나'라는 느낌을 갖게 된 조상들은 자신의 유전자를 퍼트릴 기회가 많았고, 그렇게 살아남은 유전자가 자손들에게 전해질 때마다 '패턴 인식력'은 더욱 강화되었을 것이다.

이렇듯 에고가 가진 속성들 — 피해망상, 적과 친구의 분별, 지금 이 순간과의 지속적인 불화 — 은 생존 확률을 높이기 위한 것이다. "진화는 행복이 아니라 성공을 지향한다"는 진화심리학자들의 말로서 이 모든 것이 명쾌하게 설명된다.

거의 모든 동물이 생존을 도모하며 자기 자신을 보호하지만, '나' 라는 느낌과 에고적 마음의 자아상을 실제로 갖고 있는 종은 그다지 많지 않다. 거울실험(mirror test)이라고 불리는 아주 간단한 실험을 통해 밝혀진 사실이다. 동물을 잠깐 마취시킨 후 이마에 점을 찍는다. 그리고 깨어났을 때 거울을 보여주고 그 반응을 통해 자아인식 여부를 확인한다. 자기 자신에 대한 일관된 이미지가 있는 동물들은 거울에 비친 모습에서 점을 발견하고는 그것을 유심히 만져보거나 없애려 한다. 반면 자아인식이 없는 동물들은 거울에 비친 제 모습을 그냥 다른 동물로 여기는 듯 행동한다. 극히 소수의 동물들만이 이 시험을 통과했다. 인간(만 두 살이 지난 경우에만), 고릴라, 오랑우탄, 침팬지는 확실하고 코끼리와 돌고래는 논쟁의 여지가 있다.

두 살 즈음은 좌뇌 해석기에게는 마법의 시간이다. 바로 이즈음에 우리는 생각과 소리(언어)로 세상을 묘사하는 법을 배우기 때문이다. 이는 순진무구함의 종말이고, 분리와 대립과 해석의 시작이다. 당신도 신생아의 눈을 응시해본 적이 한 번이라도 있다면 알 것이다. 당신은 그 아이를 당신과 다른 존재로 바라보지만, 그 아이는 무한이 무한을 바라보듯이 당신을 아무 분별 없이 보고 있음을 말이다.

나는 경이로운 동영상을 하나 갖고 있다. 내 아들이 15개월쯤 되었을 때 전신거울을 이리저리 살피고 있는 동영상이다. 자신과 놀고 싶어하는 누군가가 거기 있다고 여기고 다가간 녀석은, 거울 뒤로 돌아가서 거기 아무도 없음을 확인하고 완전히 깜짝 놀랐다. 그리고는 같은 행동을 몇 번 반복하는데 할 때마다 매번 놀라는 것이었다. 물론 이후에 가장 좋아하는 말이 "내 거야!"가 될 때까지 그리 오랜 시간이 걸리지는 않았다. 그건 에고가 처음 인식되기 시작할 때 가장 좋아하는 말이니까.

자아가 발달해감에 따라 분리라는 관념과 나와 타인은 다르다는 생각이 함께 커가는 것은 그리 놀라운 일이 아니다. 이것과 저것을 구분해서 보는 것과 나와 나 아닌 것을 구분해서 보는 것은 완전히 똑같은 과정이다. 자식을 어린이집에 데려다준 적이 있는 부모라면 누구나 알 것이다. 생후 100일에는 전혀 그렇지 않았지만, 패턴 인식기가 점점 발달함에 따라 아이는 엄마와 아빠가 다른 사람들과는 다르다는 사실을 알게 되어 부모와 떨어지면 울고 그리워한다.

우리가 처음 패턴이란 것을 '인지'하고 생각하기 시작할 때, 그 최초의 생각들은 간단한 패턴에 의해 이것과 저것을 구분하는 정도의 수준에 해당한다. 그러던 아이가 두 살이 되면, 이제는 개념과 언어를 통해 세상을 머릿속에서 그려내게 된다. 엄마와 아빠가 눈앞에 안 보여도 '저기 어딘가'에 있음을 이해하는 것이다. 사람들은 이것을 개념과 소리(언어)로써 현실을 '복제'하기 시작하는 것이라고 설명하지만, 우리는 절대로 현실을 복제할 수 없다. 나중에 더 자세히 논의하겠지만, 현실에 관한 개념과 상징들은 어디까지나 범주와 분리에 기반한 '해석'일 뿐이기 때문이다.

자아라는 관념이 등장하고 나면, 그는 세상을 잘게 나누고 잘라내서 인식할 수밖에 없다. 내가 '나'가 됨으로써 그 외의 것들은 '나 아닌 것'이 될 수밖에 없다. 일단 분별이 시작되면 양극 간의 긴장이 발생하여 대립성 법칙이 작동하기 시작한다.

진화 과정에서 '자아'라는 놈이 유전 정보의 생존 확률을 높이는 일이 발생했고, 그것은 분리의 이야기를 부풀리는 자아의 속성으로부터 비롯되었다. '안'에 있는 패턴과 '밖'에 있는 패턴들이 서로 다르다는 관념이 한 번 생겨난 후에는 절대 이것을 되돌릴 수가 없다. 아까의 그림에서 '강아지'를 안 보려고 해도 안 볼 수가 없는 것처럼 말이다.

최초의 생존 전략들은 아마도 도망가기, 꼼짝 않기, 공격하기 등의 기본적 반사행동들이었을 것이다. 그리고 그것들보다 훨씬 더 생존에 유리했던 두 번째 전략은 바로 '에고적 자아'를 인식하는 인지적 오류였다. 생존을 위해서라면 뇌가 개체성이라는 심상에 집착하는 것쯤 뭐가 대수랴.

당신의 인기척을 듣고 도망가는 생쥐는 '오, 여기서 빠져 나가야 해'라고 생각하고 움직이는 게 아니다. 그것은 전혀 생각이 동반되지 않은 본능적 행동이고 효과도 있지만 한계도 있다. 인간도 다른 동물들과 마찬가지로 이런 기본적 반사행동에 많이 의지한다. 하지만 인간은 그와 동시에 '분리감'이란 것도 발명했다. 분리감은 생존 확률을 높이기 위해 좌뇌가 만들어낸 믿음, 해석, '우리'와 '그들'의 구분을 토대로 한다. '나'의 현실감이 커질수록 '나 아닌 것들'의 현실감도 커지는 구조이다.

그러나 전례 없는 수준으로 비대해진 데다가 과학기술로 무장까지 한 오늘날의 패턴 인식기는 오히려 인류에게 가장 큰 위협이 되고 있다. 해석기가 의식의 하인이 아니라 주인이 되었다. 그리고 그 주인은 마치 공간처럼 투명하기에 당신은 그것을 직접 볼 수가 없다.

투명한 해석기

패턴은 어떻게 존재하는가? 실재에 대한 해석이 단지 해석이 아니라 진짜 현실이라는 확신을 심어주는 것이 해석기의 역할이다. 해석기는 우리가 가정한 구분들이 마음속의 일이 아니라 실제 세상의 일이라고 확신시킨다. 철학자 토머스 매칭거Thomas Metzinger는 "뇌는 투명한 필터를 통해서 세상을 받아들인다"는 말로 이를 적절히 설명했다. 그리하여 우리는 관념을 관념이 아니라 진짜 현실의 구성요소로 여기게 된다.

해석은 진짜처럼 보여야만 한다. 어떤 위협이 현실감이 있어야지, 그렇지 않고 단지 가능성으로만 느껴진다면 우리가 그것에 근거해서 행동하겠는가? 바로 지금 이 세상이 이토록 심각한 이유는, 해석기가 생각 속에 절대적이고 확고하게 자리 잡고서 '인식된 패턴'이야말로 현실 그 자체라고 확신을 주기 때문이다. 그렇지 않다면 뇌가 그것에 근거해서 움직이지 않을 테니까 말이다.

인식된 패턴들이 스스로 독립적으로 실재한다고 믿는 것은 에고의 환상이고, 그것은 물론 쓸모가 있다. 하지만 '쓸모가 있다'는 관념도 '쓸모가 없다'는 관념을 반대극으로 갖는 또 하나의 해석에 지나지 않는다.

심리학에서는 해석에 더 많은 생기를 불어넣으려 애쓰는 역사가 계속되어왔다. 이는 실제가 아니라 그것이 수면에 비친 상에다가 생기를 불어넣으려고 하는 것과 같다. 그 결과 심리학은 스스로 만들어낸 주제들을 갖고 지금 논쟁을 벌이고 있는 중이다. 가령 섹스중독, 다중인격, 나르시시즘 같은 것들은 과연 실체가 있는가? 우울과 행복은 실재하는가, 해석일 뿐인가? 아이가 정말로 ADHD를 '가질' 수 있는가? 누군가가 정말로 일을 잘하거나 망칠 수 있는가, 아니면 그 전부가 오직 해석하는 마음 속에서 연주되는 노래일 뿐인가? 누군가가 정말로 사고뭉치일 수 있는가? 성자일 수 있는가? 천재 혹은 바보가 정말로 있는가? 짜증, 분노, 행복 등이 정말로 현실의 일부인가?

아름다움이란 것이 오직 보는 자의 눈 안에 있는 것이듯, 이토록 생생하게 보이는 세상도 패턴 인식기의 눈 안에만 존재한다. 그러므로 만약 당신이 깨달은 자가 되려 한다면 우선 던져봐야 할 질문은 이것이다. — 만약 당신의 패턴 인식기의 전원을 뽑아버릴 수 있다면 그때 무슨 일이 일어날까?

해석기이자 패턴 인식기인 좌뇌가 투명하기 때문에 심리학은 가장 중요한 변수 하나를 놓치고 있다. 바꿔 말하면 해석기가 그림자 속에 숨어서 맡은 바 임무를 훌륭히 수행하고 있다고 말할 수도 있겠다. 어쨌든 이 패턴 인식기의 감도는 높아지기도 하고 낮아지기도 한다. 감도가 높아지면 당신은 모든 것에서 패턴을 보게 된다. 이것은 불안, 걱정, 강박장애, 건강염려증, 피해망상 등의 뿌리가 된다.

여기서 감도가 조금 더 올라가면, 당신은 급기야 환각을 경험하기 시작하고 피해망상은 정신분열의 수준에 이를 것이다. 도파민 혈중농도가 높을수록 패턴을 감지하는 경향성이 커진다는 실험결과를 기억하는가? 조현병(정신분열)에 관해서 오래된, 주류의 이론은 조현병을 앓는 사람의 뇌에서는 너무 많은 도파민이 분비된다는 것이다. 실제로 도파민의 효과를 감소시키는 약물을 투여하면, 저 밖에 아무것도 없는데도(적어도 다른 사람들은 그렇게 동의하는데도) 뭔가 패턴이 있다고 감지하는 증상이 줄어드는 결과가 나타난다.

여기서 하나 명심할 점은, 모든 정상적인 사람들도 환각을 경험한다는 사실이다. 우리도 거기에 아무것도 없는데도 뭔가가 있다고 생각하고 있다. 돈, 직업, 부자, 가난뱅이, 좋은 날씨… 이런 것들은 실재가 아니고 해석이기 때문에 분명 환각이라 할 수 있다. 단 하나 차이가 있다면 좀더 유용하다는 것인데, 유용하다는 것 또한 당연하게도 하나의 해석에 불과하다. 다른 관점에서 보면 오히려 조현병 환자들이 더욱 놀라운 창의성으로써 패턴들을 찾아내고 있다고 말할 수도 있다.

패턴 인식기의 감도가 낮아지면 어떻게 될까? 이때는 우울증에 빠지게 된다. 우울할 때 당신은 의미 있는 패턴과 연관성을 발견하지 못하므로 인생이 너무나 무의미하게 보인다. 그러나 이는 인식기가 완전히 꺼진 것이 아니라 일상적인 패턴을 놓치는 수준으로 약화된 것이다. 아직 여전히 '우울하다'는 해석을 하고 거기에 반응할 수 있는 정도는 되기 때문이다. 달리 말하면, 역설적이게도 불안을 느끼는 상태보다 우울함을 느끼는 상태가 소위 '깨달음'이란 것에 좀 더 가깝다고도 할 수 있다.

만약 여기서 감도를 조금만 더 낮출 수 있다면, 그리하여 이 해석기가 잠깐이라도 멈춰진다면, 우리는 거기에서 뭔가를 보게 된다. 우리는 희끗희끗 움직이는 그림자를 보고서 그 그림자를 드리우는 뭔가가 있음을 알게 된다. 하지만 인생이 무의미하다는 생각에만 머물면서 점점 더 깊은 우울로 빠져들었던 철학자들이 수없이 많다. '우울하다'는 것도 하나의 해석일 뿐인데 말이다.

내가 앞서 제안한 몇 가지 연습들은 패턴 인식기의 감도 변화를 경험해보기 위해 고안된 것이다. 물론 당신은 패턴 인식기를 통제할 수 없다. 당신은 그것이 아니니까 말이다. 그것은 영원히 투명하지만, 당신은 이 연습들을 통해 그것이 변화하는 찰나의 그림자를 알아차릴 수 있게 된다. 붓다가 "오, 집 짓는 자여. 나는 당신을 보았노라"라고 했을 때 그는 비유적으로 말할 수밖에 없었을 것이다. 왜냐면 우리는 집(해석기의 효과)을 볼 수 있을 뿐, 집 짓는 자는 영원히 투명하기 때문이다.

에고라는 환상의 재미있는 점은, 그것이 위협을 받을 때 또는 그것이 환상일 뿐임이 드러날 처지가 됐을 때 대립성 법칙에 따라 패턴 인식기의 힘이 급격하게 강화된다는 것이다. 스카이다이빙 직전의 사람들은 주어진 자극 속에서 어떻게든 패턴을 찾아보려는 경향성이 눈에 띄게 증가한다는 연구결과가 있다. 즉 자신의 패턴(에고)이 죽음을 맞을 수도 있는 위기에 처하게 되면, 그에 대한 대응으로서 패턴 인식기의 감도가 올라간다는 뜻이다.

자신의 존재 이유가 위협받을수록 지인들과의 유대관계를 강화시키거나 애국심을 고취시키는 식으로 내면의 질서를 재정립하게 된다는 사실을 뒷받침하는 수많은 연구결과가 존재한다. 즉 우리의 패턴 인식기가 위협을 받을 경우, 우리는 평소보다 더 많은 패턴을 인식하게 된다. 그러니 패턴 인식기의 전원을 뽑으려 할 때 오히려 감도가 더 올라간다고 해도 놀라지 말라. 이것이야말로 '대립성 법칙' 운운할 때 내가 말하려던 바로 그것이다.

누군가가 달에 토끼가 숨어 있을 리가 없지 않느냐고 얘기하면 할수록, 우리는 토끼를 찾아보려고 한 번이라도 더 달을 쳐다보게 된다. 우리가 자아를 내려놓으려 애쓸수록 우리 안에 내려놓을 더 많은 자아가 발견되는 상황이 아직도 의아하고 이해가 안 가는가? 대립성 법칙은 일종의 내재된 방어기제이다. 그럼으로써 거기에 해석적인 마음이 있다는 걸 알아차리지 못하게 하는 것이다.

왜 신비체험들 중 일부는 이른바 끔찍한 경험(bad trip)*, 즉 불안과 공포의 한복판에서 일어나는 것일까? 패턴 인식기의 감도를 충분히 떨어뜨려서 '그것'이 뭔지를 흘깃 엿보았다고 상상해보자. 그 다음에는 즉각 그 전보다 훨씬 강도 높은 버전의 패턴 인식기가 출현해서 오랜 친구들 — 두려움, 편집증, 불안 등등 — 을 총동원하여 스스로를 재정립하려고 덤비게 된다. 패턴들이 관념이 아니라 실제 현실이라고 확신하는 것이 패턴 인식기의 편집증적 특질이므로, 자

---

* 속어로 약물에 의한 악몽 같은 환각체험을 뜻한다. 역주.

아라는 것이 실체가 없다는 사실이 드러날수록 역으로 자아의 실재성을 더욱더 확신하려 드는 것이다. 이처럼 대립성의 법칙으로 인해서, 깨달음에 가장 근접한 지점이 동시에 그와 가장 멀리 떨어진 지점이기도 하다. 앨런 와츠는 이 역설을 계속 파고드는 것이야말로 진정 중요하다고 거듭 강조했다.

우리가 해석기의 작동을 더 가까이에서 지켜볼수록, 해석기는 그 자신이 만든 결과물들이 그저 해석이 아니라 진짜 실재라고 더 강하게 확신하려 든다. 에크하르트 톨레는 자살 직전의 심각한 우울증을 앓다가 '난데없이' 깨달음의 상태로 들어갔다. 이런 의미에서 보면, 발작적인 불안은 실은 해석적인 마음이 스스로를 감추기 위해 취하는 보상기제라고 볼 수 있다. 어쨌든 패턴 인식기가 감도를 높여 제 모습을 어둠 속에 감추고 우리가 어쩌지 못하게 하는 것은 그저 제 임무를 다하는 것일 뿐임을 잊지 말라.

패턴 인식기를 드러내기 위한 또 다른 연습이 있다. 아마도 인터넷상에서 이미 본 적이 있을지도 모르겠다. 아래 문장을 보고 그 안에서 패턴을 찾아내는 것이 얼마나 쉬운 일인지 확인해보라. 또한 문장을 읽을 때 당신이 진짜로 능동적으로 '읽고' 있는 것인지, 아니면 그냥 '읽음'이 일어나는 것인지도 탐구해보라.

케임브리지 대학교의 연결구과에 따르면,
한 단어 안에서 글자가 어떤 순서로 배되열어 있는가 하겄는은 중하요지 않고
첫째번과 마지막 글자가 올바른 위치에 있겄는이 중하요다고

한다.

나머지 글들자은 자연히 엉진창망의 순서로 되어 있지을라도 당신은 아무 문없제이 이것을 읽을 수 있다.

왜하냐면 인간의 두뇌는 모든 글자를 하나하나 읽것는이 아니라 단어 하나를 전체로 인하식기 때이문다.

대하단지 않은가?

정말 그럴듯하지 않은가? 인터넷상에 떠도는 장난질로부터 시작됐는지는 몰라도, 여기 담긴 내용은 분명한 사실이다. 당신은 저 뒤죽박죽인 문장을 전혀 애쓰지 않고도 "케임브리지 대학교의 연구결과에 따르면~"이라고 읽을 수 있다. 패턴 인식기가 이처럼 강력하다면, 그것이 우리의 내면을 향할 때 과연 어떤 일이 벌어질까 생각해보라. 거기서 일관된 무언가 — 그걸 자아라고 부르든 에고라고 부르든 간에 — 가 발견되지 않을 도리가 있겠는가?

앞서 언급한 대로, 의미와 패턴과 개연성을 찾아내려는 인간의 지속적인 욕구는 심리학의 전 분야에서 단골로 등장하는 연구주제이다. 예상치 못한 당황스러운 일이 벌어져서 그 해석이 위협받을 때마다 우리는 어떻게든 그것을 재건하려고 안간힘을 쓰게 된다. 때로는 해석의 맥락을 지키기 위해 헛것을 보기도 한다. 예를 들면 검은색 하트 7 카드를 보고 있으면서 그것을 스페이드 7 카드로 인식하는 식이다.

때때로 패턴 인식기는 엉뚱한 곳에서 켜지고 강화되기도 한다. 당신의 패턴 인식기를 조롱하는 다음의 문장들을 읽어보자. — "만약 당신의 부모에게 자식이 없다면, 당신에게도 자식이 없을 가능성이 높다." "하바나의 한 박물관에는 크리스토퍼 콜럼버스의 두개골 두 개가 있는데, 하나는 그가 어렸을 때의 것이고, 또 하나는 그가 성인이 된 후의 것이다." "색조 없는 초록색 생각이 맹렬히 잠잔다." "이 문장은 잘못된 문장이다." "이 문장은 문장이 아니다."

한 연구에서 피험자들 중 일부에게 이와 비슷한 난센스 문장들을 읽게 했다. 그런 후에 확인해보니, 이 당황스러운 상황을 경험한 피험자들은 그들의 문화적 정체성(또 다른 패턴이다)을 더 강하게 인식하게 되었음이 드러났다. 이처럼 패턴 인식기에게 어려운 과제를 던져주면 다른 엉뚱한 곳에 있는 패턴을 감지하는 감도가 올라간다.

혹시 당신의 에고가 위협을 느끼는 상황에 처해본 적이 있는가? 예컨대 스스로 바보 같다고 느끼거나 너무 창피했던 경험이 있는가? 당신의 자아인식이 더 이상 예전과 같지 않을 때, 당신은 재빨리 동일시의 대상을 바꾸고 재해석에 돌입한다. 특히 '영적인' 방향으로 선회하는 경우가 가장 흥미롭다. 요컨대 에고라는 건 어차피 허상이므로 사람들이 나를 어떻게 보든 상관없다는 식으로 생각하는 것이다. 나는 더 '영적인' 존재로서 그들보다 위에 있으니까 말이다.

앨런 와츠는 이 점을 언급하면서 '영적인 우월감'(spiritual one-upmanship)이라는 용어를 썼다. 이것은 에고를 초월하는 것이 아니라 오히려 더 큰 에고를 취하는 전형적인 본보기이다. 스스로 자기 자신을 뛰어넘었다고 생각하겠지만, 그 교묘함에도 불구하고 에고는 여전히 똑같은 에고일 뿐이다. '뛰어넘었다'는 것 자체가 결국 또 다른 분별이지 않은가?

패턴 인식기는 평범한 삶 속에서도 설명이 불가능한 특수한 경험 — 에고의 패턴이 아무리 거대하더라도 거기에 끼워 넣기에는 시간과 노력이 너무 많이 드는 일들 — 을 수없이 마주하게 된다. 내가 '나 같지가 않은' 경우, 또는 '뭐에 씌운 듯한' 경우, 낯선 일들을 에고의 패턴에 끼워 맞추려다가 혼란에 빠지는 경우 등등. 그때 우리는 대개 그것을 미스터리로 남겨둔다. "내가 뭔가에 홀렸었나 봐" 혹은 "내가 뭔가에 씌웠었나 봐" 하고 둘러대고는 곧 잊어버리고 이내 거대한 에고의 패턴과 다시 접속한다. 하나의 두개골 안에 두 개의 에고 패턴이 공존할 공간은 없으니까 말이다.

알다시피, 하나의 두개골 안에 두 개 이상의 패턴이 공존하면 우리는 그것을 정신병으로 여긴다. 예전에는 그것을 '다중인격장애'라고 불렀는데 요즘은 주로 '해리성정체장애'라고 부른다. 이것은 서로 분리된 여러 패턴들이 하나의 두개골 안에 공존하는 상태이다. 그러나 이런 진단이 비판받는 이유는, 같은 환자를 두고 그 안에 몇 개의 패턴이 존재하는지를 따질 때 의사마다 결론이 전부 다르다는 데 있다. 우리는 자신에게서든 남에게서든 어떤 패턴을 발견할 때 우리 자신의 패턴 인식기를 사용할 수밖에 없는데, 치료사들은 그들이 각자 자신의 '단일한' 패턴 인식기 — 이 하나의 인식기가 만화를 그리듯 현실을 추상화, 범주화하여 요약하고 대리하는 작업을 전부 해내고 있다 — 로서 환자를 대하고 있음을 인식하지 못하고 있다.

심리학자들이 과연 해리성정체장애가 실제로 존재하는가에 대해 치고받고 논쟁을 시작할 즈음, 패턴 인식기의 존재를 반영하는 또 다른 골치 아픈 난제가 등장해서 그들을 궁지로 몰았다. 헤르만

로르샤흐Hermann Rorschach의 유명한 검사법(ink blot test)이 바로 그것이다.

　다음의 그림을 보고 거기서 당신은 무엇을 '보는지' 자문해보라. 이것은 '투영법'이라고도 불리는데, 피험자들이 이 무작위적인 얼룩무늬에다가 자신의 내부에 있는 요소들을 투영한다고 알려져 있기 때문이다. 로르샤흐는 패턴 인식기가 무작위적인 것으로부터 언제나 뭔가를 보고, 그럴싸한 의미를 도출해낸다는 사실을 발견했다. 물론 이 검사법의 주된 목적은 피험자로 하여금 자신의 패턴 인식기의 경향성을 드러내도록 하는 데 있다. 하지만 그 과정에서 역시나 치료사의 또 다른 패턴 인식기가 개입하는 일을 피할 수는 없다.

　내부의 현실이 외부의 현실로 투사되는 것이 아니다. 실제로는 패턴 인식기가 내부를 향하거나(에고를 본다), 외부를 향하거나(다른 사람의 패턴을 보고 그것을 그의 '성격'이라 부른다) 할 뿐이다. 기분이 나쁜 날에는 온 세상이 암울하고 침침하게 보이는 법이다. 어디를 쳐다봐도 거기에는 꼭 못돼먹은, 화난 사람이 있다. 프로이트, 융, 로르샤흐라면 "내가 내 기분을 타인을 향해, 즉 내 내면을 외부로 투사하고 있다"고 간단히 설명하겠지만, 실제로 거기에는 오직 해석기-패턴 인식기의 경향성만이 있을 뿐이다.

이런 내부/외부의 구분은 사실 하찮은 것이다. 마치 영화의 영상이 필름에 있는 것이냐, 스크린에 있는 것이냐를 두고 논쟁하는 것과 다름없다. 당연히 둘 다 틀린 답인 것이, 그 영상은 우리가 패턴 인식기를 통해 그것을 일련의 패턴들로 분별하여 인식한 뒤에야 비로소 존재하게 되는 것이기 때문이다.

이전 장의 첫 부분(79쪽)에 나온 두 그림 중 오른쪽 것을 다시 보라. 간단한 구성요소만 보고도 우리가 얼마나 쉽게 그것을 토성이라고 파악해내는지를 느껴보라. 그리고 다음 그림을 보라. 최소한의 요소들만으로 이것이 브래드 피트Brad Pitt임을 알아보는 데 전혀 지

장이 없다는 점을 이해하라. 그렇지 않다면 만화라는 장르는 애초에 성립되지 못했을 것이다.

인류는 우주 역사상 가장 정제되고 정교한 패턴 인식기를 장착하고 있다. 그리고 이 기계가 너무나 열심히 작동한 나머지, 우리는 패턴이란 것이 실재하는 것이 아니라 마음속에만 있는 것임을 잊어버리게 되었다.

여기서 당신은 이의를 제기할지도 모른다. "이 그림과 진짜 브래드 피트를 헷갈릴 사람이 세상에 어딨어요?" 내가 장담하건대, 우리는 이런 오류를 거의 항상 저지르고 있다. 브래드 피트의 사인을 원하는 건 그의 상징과 그를 혼동하는 게 아니고 무엇인가? 60년대에 앨런 와츠가 이미 얘기했지만, 대부분의 사람들이 원하는 것은 실질적인 부유함이 아니라 그냥 돈(상징)이다. 사람들은 지금의 경험을 즐기는 게 아니라 그걸 열심히 사진으로 남겨서 나중에 즐기고자 한다. "지도를 실제 그 지역으로 착각한다"는 알프레드 코집스키의 말을 기억하라. 이는 진짜 음식 대신에 메뉴판을 씹어 먹는 것과 같다.

다음의 연습을 통해, '진짜' 브래드 피트일지라도, 즉 '진짜' 그 지역일지라도 그것 역시 우리의 관념 또는 해석에 지나지 않음을 알아차려보자. 최대한 상상력을 발휘해보라. 인류가 멸종하고 오직 브래드 피트 혼자 살아남았다. 만약 지금 그가 잠들어 있고 자기 자신에 대한 꿈을 꾸는 것도 아니라면, 브래드 피트는 대체 어디에 존재하는가? 엄밀하게 말해서 그는 지금 어디에도 없다. 그가 깨어나서 자기 자신을 인식하는 순간에 다시 존재하게 될 뿐이다.

우리는 우리 자신에 대한 우리의 생각을 확고한 무엇으로 착각한다. 그것은 하나의 관념, 즉 패턴 인식기에 의해 인식된 하나의 패턴일 뿐이다. 인간에게 이런 오류는 지극히 자연스러운 것이므로 당신이 유명인사의 사인을 간절히 원한다고 해서 죄책감을 가질 필요는 전혀 없다. 지도를 실제 그 지역으로 믿고, 현실의 분열된 파편을 확고한 무엇을 믿는 착각은 오직 투명한 해석기만이 만들어낼 수 있다.

여기서 재차 이의를 제기할 수도 있겠다. "그렇지만 진짜 사과랑 사과 그림 사이에는 분명한 차이가 존재하지 않습니까? 한쪽은 진짜 사과이고, 사과 그림은 단지 그림이잖아요." 하지만 패턴 인식기의 심상을 벗어나면 거기에는 이름 붙여질 수 없고, 생각되어질 수 없고, 분별되어질 수 없고, 오로지 영원히 지속될 뿐인 하나의 실재만이 있다. 앨런 와츠의 말마따나 "당신이 바로 그것이다."

그것이 더 이상 그것이 아니게 되는 환상을 지어내는 유일한 길은, 보이지 않는 투명한 해석기를 장착하여 그것으로 하여금 저기 저 밖을 보면서 패턴을 인식하게끔 하고, 그 패턴들이 정말로 '저기 저 밖에' 있는 것이라 느껴지게 하고, 또 안을 들여다보면서 에고를 찾아내어 에고가 정말로 '이 안에' 있는 것이라 느껴지게 하는 방법뿐이다. 이것이 인간극(human drama)의 정수이기 때문에 우리는 뒤에서 이 주제를 다시 다룰 것이다.

다시 말하지만, 투명한 해석기의 존재를 망각하고는 그것이 만들어낸 관념, 해석, 정의, 이름을 실재하는 것으로 다시 믿기 시작한다고 해서 죄책감을 느낄 필요는 전혀 없다. 그것은 원래 그렇게 작동하도록 되어 있다.

언젠가 나는 너무나 화가 나는 일을 겪어서 그 일을 몇 주 동안이

나 곱씹었던 적이 있다. 그러다가 문득, 내가 화가 난 것은 저 밖에 있는 어떤 사람 때문이 아니라 그것에 해당하는 나의 관념이 불쾌한 기분을 창조해내고 있을 뿐임을 '기억해내게' 되었다. 만약 당신이 어떤 음모론에 사로잡혀 있다면, 그래서 저 밖의 누군가가 당신에게 해를 끼치려 한다고 확신한다면, 기억해내라. 당신은 실재하지 않는다. 당신에게 해를 끼치려는 누군가도 실재하지 않는다. 오직 해석기의 마음 속에서 인지된 패턴들이 있을 뿐이다. 분노가 일어나는 원인은 그 모든 것이 진짜이며 저 밖에 실재한다는 믿음 때문이다. 그 믿음은 영원히 모습을 드러내지 않는 해석기가 내 머릿속에서 만들어낸 패턴에 지나지 않는다.

왜 패턴 인식기는 투명할까? 패턴 인식기는 결코 자기 자신을 인식하지 못한다. 왜냐면 그것 자체는 패턴이 아니기 때문이다. 마치 집 짓는 자가 집이 아닌 것과 같다. 이것은 그야말로 에고의 완벽한 술래잡기 놀이다. 비유를 하나 더 들어보자면, 어둠 속에서 켜진 손전등의 불빛이 언제나 자기 자신이 아니라 바깥 어딘가를 향하는 것과 같다. 만약 불빛으로 밝혀진 곳에서 그 불빛의 근원을 찾으려 한다면 그것은 끝이 없는 여정이 될 것이다.

해석기는 해석이 아니다. 패턴 인식기는 패턴이 아니다. 이것이 바로 해석기가 투명한 이유이다. '나'를 실재하는 것으로 믿는 것은 밤하늘을 올려다보면서 오리온 별자리가 거기에 정말로 존재한다고 믿는 것과 같다. 이 말이 처음에는 좀 우울하게 들리겠지만, 나중에는 당신이 전 생애에 걸쳐 교육받아왔던 무거운 짐을 내려놓는 것에 가깝다는 사실을 알게 될 것이다. '나'의 실재성에 관해 우리는 얼마나 많은 강요를 받아왔는가? 만약 에고가 진짜라면 사람들이 우리에게 굳이 이것을 반복해서 말할 필요가 있겠는가? 아까 본 그림 속의 강아지만큼이나 당신 머릿속의 에고도 실체가 없다. 그냥 거기 있는 것처럼 보일 뿐이다. 그러나 그냥 그런 것이 거기에 있을 것이라는 관념에 의해서, 에고라는 망상은 확고한 무엇으로 받아들여진다.

많은 신경학자들은 현실을 관념화한다는 측면에서 두뇌를 현실화 기계(reality machine)라고 여긴다. 이것은 해석기의 투명함에서 비롯된 착각이다. 이런 식으로 생각해보자. 내가 지금 사과 하나를 들고 있다. 현실을 관념화한다는 것은 나의 뇌가 사과의 사진을 찍는 것과 비슷하다. 즉, 나의 뇌가 저 밖에 있는 것을 똑같이 복제하고 나로 하여금 그 복제물을 현실의 이미지로서 경험하게 한다는 뜻이다. 하지만 사실 뇌는 일종의 해석기에 가깝고, 마치 화가가 사과를 스케치하듯이 사과에 대한 해석을 만들어내고 그것을 경험하게 한다는 것이 더 적절한 설명이다. 우리는 그것을 현실에 대한 해석이 아니라 현실의 확실한 대응물로 여기지만 말이다.

당신은 '사과'와 '사과가 아닌 것'을 구분할 수 있는 명확한 기준이 있다고 생각하는가? 설령 많은 사람들이 동의하는 기준이 있다고 해도 그 본질이 바뀌는 것은 아니다. 예를 들어 "위쪽이 어디야?"라고 물으면 모든 사람이 같은 방향을 가리키겠지만, 그렇다고 해도 그 '위쪽'이 해석기가 그렇게 생각할 때만 존재할 수 있는 하나의 해석에 불과하다는 사실은 달라지지 않는다.

내가 세상에 대한 우리의 해석이 예술가의 감각과 비슷하다고 말하는 이유는, 그것이 갖는 독특함이 구체적인 대상을 가리키는 명사보다는 동사의 속성에 더 가깝기 때문이다. 강의 첫날이면 항상 내가 하는 것이 있다. 약간의 소개말이 끝나면, 나는 내 손목시계를 숨기고는 묻는다. "내가 어떤 손목시계를 차고 있었죠?" 늘 나는 내가 제일 좋아하는 것 중 하나인 밝은 오렌지색의 다이얼이 달린 시계를 차고 있는데, 매번 학생들은 그 다이얼까지만 기억해낸다. 나는 학생들에게, 만약 내가 여러분이었다면 오렌지색 다이얼뿐만 아니라 그게 구형 잠수용 시계란 사실까지도 한눈에 알아차렸을 거라고 말해준다. 내 해석기의 인식세계 속에는 손목시계가 큰 자리를 차지하고 있다. 그게 다른 사람에게는 구두, 철학, 이성異性, 정치, 돈일 수 있다.

핵심은 이것이다. ― 우리는 서로 동일한 인식세계 속에서 살고 있다고 믿지만 사실은 그렇지 않다는 것. 각자의 해석적 마음이 독특한 과거사를 갖고 있기에 우리는 다중의 인식세계 속에서 살고 있다. 테이블 위에 올려진 똑같은 사과를 보고도 사람들은 서로 다른 그림을 그린다. 그럼에도 이 사실이 철저히 간과되는 이유는 색깔, 단어, 방향처럼 기본적인 요소들에 대한 합의가 있기 때문이다. 하지만 강의실에 들어설 때마다 나는 거기에 학생들의 수만큼의 서로 다른 해석기가 저마다 독특한 인식세계를 형성하고 있음을 알아차린다.

작가 로버트 피어시그Robert Pirsig는 이렇게 말했다. "우리는 우리 주위에 무한히 펼쳐진 의식이라는 바닷가에서 겨우 한 움큼의 모래를 집어들고서는 그것을 '세계'라 부른다." 나는 딱 두 개의 해석기만이라도 같은 한 움큼의 모래를 집어들 수나 있을지 의문이다. 왜냐면 각각의 한 움큼이란 것도 절대적 사물이 아니라 '한 움큼'이란 것에 대한 창조적인 생각일 뿐이기 때문이다.

그동안 우리는 세상은 명사로 불리는 단단한 사물들로 채워져 있다고 단정하며 지내왔다. 하지만 우리의 머릿속에는 오직 동사만 있다. 그리고 그것은 예술가처럼 창의적이다. 우리의 머릿속에는 '저 밖 현실에 진짜로 있는 명사들'인 척하는 동사들만이 있을 뿐이다. 이것은 뇌를 바라보는 새로운 방법이다. 뇌는 세상에 있는 것들을 인지하는 기관이 아니라, 세상에서 일어나는 모든 작용과 역동적 과정들을 어떤 고정된 것으로 인식하게끔 하는 망상을 창조하는 장치에 가깝다. 바꿔 말하면, 좌뇌는 세상을 '명사화'한다. 그리고 물론, 바로 그 작업을 자기 자신에게도 한다.

에고란 것은 다른 동사들과 마찬가지로 창조적이고 찰나적이다. 그것은 자신의 실재성을 주장하면서 고정된 명사인 척 연기하지만, 그 실재성은 해석하는 마음 안에 있는 창의적인 이미지에 불과하다. 에고는 여러 해에 걸쳐 변하기도 하고, 단 1초도 안 되는 순간에 변하기도 한다. 자신 있게 연설을 시작하려는 찰나에 슬쩍 아래를 보니 바지 지퍼가 열려 있는 당황스러운 상황처럼 말이다.

대체 얼마나 많은 에고의 이미지가 있는 것일까? 당신이 생각하는 당신 에고의 이미지와 다른 사람들이 당신에게서 보는 당신 에고의 이미지는 과연 같을까, 다를까? 이제 당신은 당신이 왜 불사의 존재인지를 이해하겠는가? 당신은 절대 죽을 수 없다. 왜냐면 당신이라고 하는 에고의 패턴은 애초부터 실체가 없었기 때문이다.

당신이 그토록 애지중지하는 '당신'은 오직 인식행위 안에서만 존재한다. 저기에 뭔가가 있다는 느낌은 패턴을 인식하는 행위를 통해서 만들어진다. 마치 잉크얼룩 속에서 나비를 보고, 무작위적인 그림에서 브래드 피트를 보는 것처럼 말이다.

앨런 와츠는 이렇게 말했다. "당신은 한 곡의 노래와 같다. 당신은 오직 누군가 듣고 있을 때에만 존재하며, 마지막 음이 끝나면 거기에는 또다시 정적만이 있다." 물론 해석기는 이 정적이라는 관념을 우울하게 여길 것이다. 그러나 당신은 의식 훈련을 통해서, 명사가 되는 것보다 동사가 되는 것이 훨씬 더 흥미롭고 즐겁다는 사실을 알게 된다.

어떤 면에서는 모든 사람이 이미 정적을 잘 알고 있으며 매 순간 죽음을 경험하고 있다고 볼 수도 있다. 비록 패턴 인식기가 투명하긴 하지만, 종종 그것이 감도가 약해지거나 아예 꺼져버릴 때는 순수한 의식만 남게 되기 때문이다. 우리가 매일 밤 잠들 때, 혹은 어린아이처럼 분별하거나 명명하지 않고 세상을 있는 그대로 바라볼 때, 바로 그때가 패턴 인식기가 꺼져 있는 시간이다.

연습과제가 하나 더 있다. 70억 개의 디지털카메라가 지구 곳곳에 흩어져서 각각 서로 다른 사진을 찍고 있다고 상상해보라. 이 카메라들은 서로 다른 사진을 찍지만 현실을 있는 그대로 받아들여 자기 내부의 스크린 위에 옮겨둘 뿐이다. 개중에는 카메라가 다른 카메라를 찍는 경우까지 있겠지만, 패턴 인식기가 없기 때문에 세상은 여전히 나뉠 수 없고 분별될 수 없는 단일한 무엇일 것이다. 거기에는 이것과 저것을 가르는 경계 따위가 존재하지 않는다.

그러나 각각의 카메라 안에 패턴 인식기가 추가되는 순간, 불현

듯 당신은 빛과 어둠, 땅과 물, 천상과 지상, 선한 것과 악한 것을 분별하게 된다. 이 패턴 인식기들이 예술가와 같은 감각으로써 실재를 해석한다는 사실을 잊지 말라. 그것들은 눈에 보이지 않는 기교를 발휘하기 때문에 우리는 그것의 과감한 묘사를 진짜 현실로 착각하게 된다. 게다가 안으로 시선을 돌려보니 '나'와 '나 아닌 것들'에 대한 관념이 70억 개나 만들어져 버렸다. 이것이 바로 에고적 마음의 창세기이다.

여기까지 왔다면 아마도 다음 질문은 "도대체 왜?"가 될 것이다. 누군지는 몰라도 왜 이런 짓을 하는 걸까? 내 아이들이 종이상자를 가지고 놀도록 한참 내버려뒀더니 다섯 살 난 딸아이가 나를 호기심 어린 눈으로 쳐다보면서 말했다. "포크로 상자에 구멍을 뚫었어요. 왜 그랬는지는 나도 모르겠어요."

앨런 와츠는 이렇듯 장난기 많은 우주를 두고 "구제불능의 악동끼가 있다"고 표현했다. 어른인 우리도 이런 면을 종종 느끼지 않는가? 가령 "열어보지 마시오"라고 써 있는 봉투는 꼭 열어보고 싶다던가, "칠 조심"이라고 적혀 있으면 칠한 부위를 한번 만져보고 싶다던가, 식당에서 종업원이 접시가 뜨겁다고 하면 괜히 손을 대보고 싶다던가 말이다. 이런 장난기는 빅뱅의 순간까지로 거슬러 올라간다. 왜냐고? 그냥 처음부터 쭉 무無의 상태로 계속 갔으면 그야말로 무미건조했을텐데 굳이 한 번 빵 하고 터뜨리는 센스를 보라.

이제 남은 새로운 놀이는 동사적인, 항상 움직이는 이 우주(verbing universe)를 뭔가 불변의 실체가 있는 듯 보이는 우주로(thinging universe) 바꿔 보는 것이다. 그럼으로써 거기에는 드라마가 있게 되고, 죽음에 대한 두려움이 있게 되며, 다음에는 무슨 일이 일어날까 하는 궁극의 수수께끼가 탄생하게 된다.

해석하는 마음은 다른 것들은 다 이해하지만 "도대체 왜?"라는 질문에는 절대로 답하지 못한다. 우리는 곧 그 이유를 알게 될 것이다. 패턴 인식기는 패턴을 초월할 수 없고, 당신은 당신의 에고를 초월할 수 없다. '당신'이 창조되는 자리가 바로 그것의 눈(eye) 안에 있기 때문이다.

하지만 카메라와 패턴 인식기가 꺼지면, 그 절대고요 안에서 패턴이 실재하는 것이 아니라 그저 그런 관념이 있을 뿐이라는 사실이 드러난다. 그 절대고요 안에서 모든 패턴은 시간을 초월하는 백일몽 또는 신화가 되고, 의식의 주인이 아니라 하인이 된다.

신화, 시간을 초월하는 거대한 패턴

어째서 패턴 인식기가 꺼지면 절대고요가 나타나고, 켜지면 커다란 불안정이 나타나는 걸까? 어째서 우리가 우리 자신을 해석기와 동일시할 때는 행복보다는 불편한 느낌이 더 자주 느껴지는 걸까? 자기계발의 욕구와 대립성 법칙은 결과적으로 어떤 일이 일어나게 하는가?

편집증적인 믿음의 엔진은 불편한 느낌을 계속 생성해냈고, 생존이 기본적 물질자원의 획득에 달려 있던 시대에는 그로 인해 강화된 욕구가 생존 확률을 높이는 데 크게 기여했다. '뭔가가 불안한' 패턴들을 인식하는 대가로서 생존을 보장받았던 것이다.

그런데 오늘날 당신의 생존이 위협받은 것은 마지막으로 언제였는가? 에고가 위협을 느끼는 순간들은 수없이 많았겠지만(그것은 완전히 다른 주제다), 근심과 불안이라는 호사를 누릴 수 있는 사람이라면 이미 기본적 욕구는 충족되고도 남은 상황일 것이다. 이렇듯 '자기계발(self-improvement)'이라는 관념의 유효기간이 이미 지나버린 상황에서 "아직 더 필요해"라는 끝없는 충동질은 대체 우리에게 무슨 쓸모가 있는 걸까?

때로 대립성의 법칙은 하나의 주기를 다하는 데 일정한 시간이 걸린다. 심리학은 100년이 넘는 시간 동안 '우울'과 '불안'에 관한 연구에만 매달린 후에야 그 관심을 동전의 뒷면으로 돌리게 되었다. 비로소 '행복'에 관해 연구하는 긍정심리학이 등장한 것이다.

심리학자 팀 캐서Tim Kasser는 "부富가 불행을 불러오는 것이 아니라 물질만능주의가 불행을 불러온다"고 했다. 당신이 정말 굶어죽을 정도로 가난하지만 않다면 돈은 당신의 행복을 좌우하지 않는다. 당신의 행복을 좌우하는 것은 물질을 대하는 당신의 태도이다. 값비싼 자동차나 집이 당신에게 얼만큼의 행복을 가져다주리라고 생각하는가? 행복하다고 느끼기 위해서 당신은 얼만큼의 돈이 필요한가? '돈이 많다'는 것은 실재인가 아니면 하나의 해석일 뿐인가?

돈은 지도를 실제 지역으로 착각하는 오류의 가장 명확한 예이다. 물질이 당신을 행복하게 해줄 거라는 가치체계는 오히려 불행한 결과만을 초래할 것이다. "아직 더 필요해"라는 욕구, 그리고 온갖 화려한 것들이 허상이 아니라 진짜라고 믿는 투명한 해석기가 우리를 그렇게 만든다. 우리는 상황에 너무나도 빨리 익숙해지고 금세 더 큰 뭔가를 원함으로써 결코 이길 수 없는 경주를 벌이고 있다. 누군가가 록펠러Rockefeller에게 당신이 행복하려면 돈이 얼마나 더 필요하냐고 묻자 그는 "아주 조금만 더요"라는 대답으로 핵심을 짚었다.

자기계발이 필요하다는 에고의 생각과 언제나 더 많은 것을 원하는 물질적 욕구의 배후에는 똑같은 해석기가 있다. 그것은 언제나 그 자신이 아닌 다른 무엇이 되고자 한다. 더 많은 돈, 더 나은 나…
이 둘은 좌뇌의 끝없는 게임일 뿐이다. 더 많은 것을 원할수록 더 적
은 것만을 얻게 된다. 반대로 부족함을 기꺼이 받아들이면 오히려
더 많은 것이 주어진다.

행복의 느낌은 물질이 아니라 인간관계나 경험처럼 시간이 흘러
도 빛이 바래지 않는 것들에 대한 가치판단에 달려 있다. 즉 '대상'이
아니라 '과정'이 관건이다. 앞서 말했듯이 우리의 인식 속에는 원래
동사(과정)밖에 없기 때문이다.

우정은 시간이 지날수록 더 좋아진다. 누구도 "음, 우리가 20년
동안 좋은 친구로 지내왔으니 이젠 질렸어. 뭔가 새로운 게 필요해"
라고 말하지 않는다. 비싼 손목시계를 샀을 때의 흥분은 그 태엽을
다시 감아주어야 할 때가 오기도 전에 식어버리지만, 해변을 따라
산책하는 일은 전혀 진부해지지 않는다.

두 명의 원시인을 상상해보자. 한 명은 지금 이 순간 만족을 느
끼고 있고, 다른 한 명은 무엇을 가지든 커다란 불안과 불만을 느끼
면서 더 크고 더 좋은 것을 계속 만들어내려 한다. 두 번째 원시인은
계속해서 더 크고 좋은 거처를 만들어내고, 더 좋은 사냥법과 더 좋
은 무기를 생각해낸다. 그리고 그걸 다 이룬 후에는 이내 시시해져
서는 다시 처음부터 시작한다.

생존이 최우선이던 시절에는 더 좋은 것, 더 많은 것에 대한 욕구
가 분명히 유용했을 것이다. 더 크고 좋은 무기를 가진 사람일수록
자신의 유전자를 많이 퍼트릴 수 있었다. 문명화가 진행돼온 지난
만 년 동안에도, 기본적 자원의 분배가 불확실했던 시기마다 더 많

은 것에 대한 욕구가 생존율을 높여주는 역할을 했다. 하지만 그것은 조금의 행복도 만들어내지 못했다. 왜냐면 그것의 목적은 행복이 아니기 때문이다.

지금은 기본적 욕구가 안정적으로 충족될 수 있는 시대가 되었고, 더 많은 것에 대한 욕구가 자승자박이 되어서 모든 것을 다 가진 최고의 부자가 오히려 가장 큰 불행을 겪는 일이 벌어지고 있다. 어째서 물질적으로 가장 풍요로운 이들이 극심한 우울증에 빠지는 걸까? 어째서 숱한 부자들과 유명인들이 마약 같은 것에 빠지는 걸까? 간략히 답하자면, 그들은 '더 많이'는 언제나 '더 적게'로 귀결된다는 숨은 공식(대립성 법칙)을 모르기 때문이다. 자신의 에고적 마음에 모든 것을 갖다 바친 사람들은 자신의 패턴 인식기를 잠재우려 할 때도 그만큼의 극약처방을 써야만 한다.

더 많은 것에 대한 욕구와 신화 속 이야기들은 같은 뿌리로부터 나왔기에 관련이 깊다. 신화 속 이야기들은 시간을 초월하여 전승되는, 가장 거대한 패턴이다. 프로이트의 제자였던 칼 융은 무의식 가운데 최고의 이야기꾼에 해당하는 이런 측면을 '집단무의식'이라고 불렀다. 그는 세계의 서로 다른 문화권에서 전승되는 신화들이 전부 비슷한 패턴을 갖고 있음을 발견했다. 융은 해석기가 어떤 식으로 이야기를 지어내는지를 알아차렸다. 그는 이 이야기꾼이 구사하는 몇몇 패턴들 — 영웅, 악당, 성자, 현명한 노인, 바보, 매춘부, 공주, 왕자 — 을 명쾌하게 정리했다.

융은 이것들을 인간정신의 가장 깊은 곳에 있는 요소들로 보았지만, 사실 이것들은 해석하는 마음의 한낱 취미거리에 불과하다.

모든 사람이 비슷한 정신구조를 갖고 태어나기 때문에 이런 이미지들이 '집단적으로' 발현될 뿐이다. 당신이 좀 나이가 들었다면 〈스타워즈〉에서 루크 스카이워커가 완벽한 한 발을 쏘아서 죽음의 별을 폭파시키고 악의 제국을 무찔렀을 때의 희열을 기억할 것이다. 그것은 '영웅의 승리'와 관련된 보편적인 감정이지만, 역시나 패턴의 일부일 뿐이어서 곧 희미해진다. 우리는 계속해서 새로운 이야기, 새로운 갈등을 원한다.

융은 지금 이 순간에 만족하지 못하고 드라마를 원하는 우리 마음의 보편적인 측면을 발견했다. 모든 이야기는 시작과 중간과 끝이 있고, 그 후에 다시 시작된다. 모든 이야기의 끝은 새로운 시작의 초대이기 때문이다. "아직 더 필요해"라는 욕구가 없다면, 패턴이 소멸되는 것이기 때문에 이야기는 다시 시작될 필요가 없다. 모든 쇼는 해소될 필요가 있는 문제에 관한 것이며, 그것이 해결되더라도 또 다른 갈등에 관한 또 다른 쇼가 뒤에서 기다린다. 좌뇌는 모든 이야기의 끝을 평화롭고 평온하게 장식하기를 선호한다. 그것이 후에 더 많은 갈등을 불러내는 보편적인 방편이기 때문이다.

우리는 문젯거리가 없는 이야기를 좋아하질 않는다. 문젯거리와 이야기, 해석기에게 이 둘은 동전의 양면이며 이것은 모든 사람이 경험하는 '집단적인' 현상이다. 융은 이야기꾼, 즉 해석기가 선호하는 일종의 틀을 발견했다. 이는 '나의 이야기'라고 할 수 있는 것이 사실은 존재하지 않는다는 뜻이다.

신화 속 이야기와 물질주의적 가치의 연관성을 살펴보기 위해 다음의 예를 숙고해보자. 나는 여러 해 동안 손목시계를 수집해왔다. 나는 시계를 사고팔면서, 자신이 가장 갖고 싶어하는 시계를 '성배'라고 표현하는 시계 애호가들을 수없이 만나게 되었다. 내 생각에는 이런 상황이 시계뿐 아니라 모든 전리품에 적용되는 것 같다. 자신이 찾아 헤매는 물건을 성배에 비유하는 것은 흥미로운 일이다. 성배는 투명한 해석기에 의해 인식된 가장 중요한 신화적 패턴들 중 하나이기 때문이다.

신화에 따르면, 병든 왕이 있고 그가 '제대로 된 질문'을 받아야만 병을 고치고 왕국을 안정시킬 수 있다는 설정으로 이야기가 시작된다.* 주인공은 불안정한 상황 속에서 이 문제를 해결해줄, 그러나 아주 얻기 어려운 뭔가를 찾아 모험을 시작한다. 우리의 자아(이야기꾼)가 날마다 지어내고 있는 참신한 이야기들도 이와 다르지 않다. 우리가 '제대로 된 행동'을 한다면 만사가 바로잡히리라는 것이 이야기의 구조이다. 그 안의 세부사항들은 날마다 수없이 다양한 모습으로 바뀌겠지만 말이다.

저 완벽한 손목시계만 내 손에 넣는다면 더 바랄 게 없을 텐데. 정원관리만 끝내고 나면 진짜로 푹 쉴 수 있을 텐데. 좋은 이웃들이 있는 집을 구한다면 모든 것이 해결될 텐데… 이는 마치 노래의 중간 부분만 반복 재생하면서 그 노래가 끝나기를 기다리는 꼴과 같다. 평화는 분쟁을 부르고 분쟁은 평화를 부르기에, 대립성 법칙은 말뜻 그대로 끝없는 이야기를 만들어낸다. 성배의 신화는 절대 이룰

---

* 오래된 성배 신화로서 훗날 소설, 서사시, 오페라 등으로 여러 차례 작품화된 〈파르치팔 Parzival〉을 언급한 듯하다. 역주.

수 없는 것 ─ 자기 자신으로부터의 자유 ─ 을 원하는 또 다른 형태의 에고일 뿐이다.

우리 중 대부분은 이미 기본적 욕구를 충족시키고 있기에, 그보다 더 많은 것이 필요하다고 느끼기 위해 일부러 고요한 수면을 휘젓고 드라마를 창조한다. 내가 수년간 내 학생들에게 시켜왔던 간단한 연습을 통해 당신은 자아의 이런 측면을 발견하기 시작할 수 있다. 에크하르트 톨레의 가르침을 인용하여 만든 이 실습을 통해서 나는 학생들로부터 흥미로운 반응을 많이 얻었다.

방법은 간단하다. 당신 자신에게 물어보라. "지금 현재 나에겐 뭐가 문제인가?" 당신은 목록을 작성할 것이고, 그것을 머릿속에서 듣거나 몸으로 느낄 것이다. "지금 현재 나에겐 뭐가 문제인가?" 아마도 갚아야 할 돈, 인간관계의 갈등, 실업 등의 고민이 잔뜩 떠오를 텐데, 그것들은 그냥 내버려두고 '지금 현재'에 다시 집중하라. "지금 이 순간 뭐가 잘못됐는가?" 그림 속에서 과거와 미래를 빼버리고 나면 '이야기'에 관한 인식 자체가 증발해버린다. 지금 육체적 고통을 느끼지만 않는다면, 당신의 대답은 "잘못된 건 아무것도 없다"가 될 것이다.

그리고 여기에 흥미로운 점이 있다. 우리는 '아무것도 잘못된 게 없는' 상태를 경험할 때 불만족을 느낀다. 고쳐야 할 것이 아무것도 없고, 달려들어야 할 일이 아무것도 없고, 얻어야 할 것이 아무것도 없고, 찾아 헤매야 할 성배도 없고, 꼭 가야 할 곳도 없다… 그런데도 불만스럽다니 이상하지 않은가? 다시 한 번 투명한 해석기의 흔적이 드러났다. "아직 더 필요해"라는 욕구와 불만족은 해석기의 눈

(eye) 안에만 존재한다. 아무도 '신화'란 것에 대해 생각하지 않는다면 그것이 대체 어디에 존재하겠는가?

이것이 해석기의 패턴임을 알아차리고 뒤로 밀쳐놓더라도, 우리는 앞으로도 계속 '더 나은' 것을 추구하게 될 것이다. 하지만 이제는 '더 나은 것'을 갖지 못해도 만족할 수 있을 것이다. 이 연습은 만사가 지금 그대로도 아무 문제 없다는 앎의 고요함을 경험하게 해준다.

영화 〈콘 에어Con Air〉에서 연쇄살인범 갈란드 그린Garland Green은 다른 죄수에 대해 이렇게 말한다. 많은 사람들이 이 대사에 공감하는 이유는, 이것이 특정 개인에게만 해당하는 것이 아니라 "아직 더 필요해"라는 철 지난 욕구를 쥐고 있는 신화적 자아(에고)의 본성을 드러내기 때문이다. "저 녀석은 부적절한 분노의 화신이야. 이유야 뻔하지. 엄마가 너무 과보호했거나 방치했겠지. 혹은 축구팀에서 항상 후보였거나 삼촌한테 추행을 당했을지도. 어쨌든 녀석은 지금 화가 나 있어. 사소한 것들도 다 고통스럽게 느껴지거든. 행복? 그것도 녀석에겐 고통이야."

잠깐만, 행복이 고통이라고? 우리는 과연 '아무 문제도 없을' 준비가 되어 있는가? 지금 이 순간 모든 게 다 OK일 준비가 되어 있는가? 아주 잠시라도 패턴 인식기를 꺼버리는 경험을 할 각오가 되어 있는가? 진정한 평화를 누릴 준비가 되어 있는가?

이것은 모든 사람이 서로 등을 다독이며 "당신은 정말 특별한 사람이에요" 하고 말하는 식의 평화가 아니다. 만약 그렇다면 그것은 또 하나의 인식된 패턴일 뿐이고, 누군가는 '나쁜 녀석' 역할을 해야만 한다. 당신은 패턴 인식기와의 과도한 동일시를 벗어나는 평화를 누릴 준비가 되었는가?

　당신이 "아니오"라고 답한다고 해도 아무것도 잘못된 것은 없다. 하지만 당신이 편안한 소파에 앉아서도 평화로울 수 없다면 이 세상이 어떻게 평화로울 수 있겠는가? 인류는 잘못된 것이 아무것도 없을 때 오히려 불행해하고 불안해하면서도 그것을 이상하다고 느끼지 못하는 유일한 종이다. 평화는 해석기의 본성에 맞지 않는다. 따라서 평화와 행복을 원한다면 패턴들이 정말로 저 밖에 실재한다는 믿음부터 넘어서야 한다.

　여기 연습과제가 있다. 이야기꾼이 되는 대신에, 이야기의 구조 또는 패턴에 주목해보라. 비록 이 연습의 주체도 해석기일 수밖에 없지만, 이야기의 틀 또는 유형을 주목하다 보면 그것이 개인적인 것처럼 보이더라도 사실은 그렇지 않음을 알게 될 것이다. 당신은 희생자인가, 영웅인가, 바보인가, 아니면 성배를 찾아 나선 기사인가? 수많은 백일몽, 생각들, 대화들이 결국 이런 신화적 이야기들에 기초하고 있다.

　곰곰이 생각해보면, 직장에서 짜증 나는 녀석들이 잊을 만하면 다시 나타나는 것 같지 않은가? 이런 녀석들이 나타나면, 당신은 그들이 얼마나 무능하고 멍청한지 밝혀내서 마지막 절정의 순간에 녀석들에게 딱 맞는 철퇴를 내려치고 싶지 않은가? 그것은 특수효과만 빠졌을 뿐, 죽음의 별을 폭파시키는 〈스타워즈〉의 장면과 다를게 없다. 물론 다스 베이더는 무사히 탈출했고 다시 돌아올 테니까 걱정할 필요 없다. 터미네이터도, 〈매트릭스〉의 스미스 요원도 언제나 다시 돌아온다.

이야기들과 더 나은 것에 대한 욕구는 한통속이다. 당신이 얼마나 많이 먹든 간에 식욕은 다시 돌아온다. 왜냐고? 그것이 패턴이기 때문이다. 이야기를 진짜로 끝내는 것은 이야기꾼(해석기)의 본성에 어긋나는 일이다. 그러니 이야기에서 빠져나오기 위해서는 이야기꾼의 존재를 알아차림으로써 주의를 돌려야 한다. 물론 그 알아차림의 주체도 해석기일 수밖에 없지만 말이다.

해석하는 마음으로부터 이루어지는 모든 발전과 진보는 M. C. 에셔Escher가 그린 계단 같아서, 마치 올라가는 것처럼 보이지만 아무리 많은 계단을 밟아도 항상 밑바닥에 있는 자신을 발견하게끔 되어 있다. 한 계단을 오르는 일이 한 계단을 내려가는 결과를 낳는 것이 대립성 법칙의 본질이다.

에고적 자아는 기껏해야 '그런 것이 있다'는 관념에 불과하다. 마치 무작위적인 별무리로부터 인식해낸 패턴(별자리)과 같다. 동시에 그것은 인류의 기원까지 거슬러 올라가는 원형 또는 틀이기도 하다. 당신은 이런 이야기들 안으로 들어가서 시간을 보낼 수도 있고, 융이 창시한 분석심리학의 연구처럼 그것들을 서로 떼었다 붙였다 할 수도 있다. 아니면, 그냥 그것들이 당신이 아님을, 당신의 정수가 아님을 알아차릴 수도 있다.

사실 패턴 인식기는 주인으로서는 별로지만 하인으로서는 굉장히 유용하다. 그러니 에고적 마음의 인지기능을 제거하려고 애쓸 이유가 전혀 없다. 도덕경은 이 점을 가장 잘 드러내주는 경전인데 그중에서도 첫 부분의 다음 구절이 특히 인상적이다. "우주의 비밀을 보려거든 에고를 없애라. 하지만 그 나타남, 현현을 보려거든 에고를 간직하라."*

나는 최근에 조깅을 하는 동안 '깨어 있지' 못했던 때가 있었다. 투명한 해석기의 존재를 까맣게 잊어버린 채로, 돈을 엄청 벌 방법을 찾아내서는 사고 싶은 것들을 다 사들이는 백일몽에 빠져버렸다. 그러다가 불현듯 나는 다시 깨어났고, 이것이 해석기의 마음 속에서 순차적으로 펼쳐진 패턴에 불과하다는 사실을 알아차렸다. 그 내용은 오늘날의 것이었지만 그 패턴은 인류의 역사만큼이나 오래된 것으로 용을 물리쳤다던가, 철학자의 돌을 발견했다던가, 성배를 찾아냈다는 등의 판타지와 본질적으로 다르지 않다. 그 전부는 해석기가 지어낸 진부한 이야기들일 뿐이다.

시간을 초월하여 전개되는 이 패턴들을 본다고 해서 잘못된 건 없다. 단, 이 패턴들이 오직 에고로서만, 창의적 인식행위 안에서만 존재한다는 사실을 알아차리고 있다면 말이다.

---

* 도덕경 1장에 나오는 "故常無 欲以觀其妙 常有 欲以觀其"의 영역 문장으로 추정된다. 역주.

실재와의 접점을 유지하기

많은 정신과 의사들이 조현병 환자를 설명하는 가장 간단한 방법으로 "현실과의 접점을 잃어버렸다"고 말한다. 이 정의를 말뜻 그대로 받아들이면 우리 중 대부분도 정신분열된 상태라고 볼 수 있다. 우리가 진실로 현실과 접점을 유지하는 정도가 얼마나 되겠는가? '정상적인' 상태의 타당한 정의라면 우리가 현실을 얼마나 있는 그대로 인식하고 있는지를, 아니면 적어도 왜곡의 가능성을 얼마나 자각하고 있는지를 고려해야 하지 않을까?

당신은 하루 중에 해석기가 지어낸 이야기들에 사로잡혀 지내는 시간이 얼마나 되는가? 당신의 해석기의 작업은 얼마나 투명한가? 이 모든 것이 단지 해석일 뿐임을 당신은 얼마나 확신하는가? 단도직입적으로 우리는 얼마나 현실과 맞닿아 있으며, 만약 '접점을 잃은' 상태라면 이제 어떻게 해야 하는 걸까?

뇌는 두 개의 분리된 시스템으로 이루어져 있다. 첫 번째는 해석하는 시스템으로서, 객관적 자료를 넘어서서 '저 밖에 무슨 일이 일어나고 있는지'에 관한 그럴듯한 이야기를 지어낸다. 이게 우리가 그동안 패턴 인식기니 해석기니 하고 불러왔던 것이다. 그러나 이 '정상적인' 해석하는 마음보다, 즉 대립성 법칙이라는 마법에 휘둘리는 의식보다 훨씬 더 현실을 잘 알고 있는 뇌 안의 다른 시스템이 있다. 다양한 심리학자들이 이 시스템을 연구해왔는데, 좌뇌 해석기에 관한 가자니가 박사의 연구와는 달리 이 기능이 뇌 영역 어디에 위치하는가에 대한 합치된 결론은 없는 상황이다.

해석 시스템은 '무엇(what)' 시스템이라 불리는데, 왜냐면 그것은 사물에 이름표를 붙이고 물체, 얼굴, 그 밖의 다양한 패턴들을 인식하기 때문이다. 길 건너의 친구를 알아보는 상황으로 간단히 예를 들어보겠다. 당신의 시각기관에서 곧바로 사용가능한 꾸밈없는 정보만을 갖고 표현해보자면, 우선 당신은 조그마한(그녀가 멀리 있으므로) 이미지를 인지할 것이며 그것은 계속해서 변화할 것이다(당신과 친구 둘 다 계속 움직이고 있을 가능성이 많고 그러면 시시각각 달라지는 이미지가 당신의 뇌로 전해질 것이다). 바로 이 단계에서 해석 시스템이 얼마나 유용한지 알 수 있다. 그것은 그럴싸하지만 완전히 확실하지는 않은 결론을 만들어낸다. '저기 좀 떨어진 곳에 지속적으로 유지되는 영상은 내 친구임이 틀림없어.' 물론 이 경우에 있어선 정답이다.

어떤 사람이 당신으로부터 점점 멀어지는 방향으로 걸어가고 있다고 해보자. 그러면 당신의 눈에 보이는 이미지는 점점 더 작아질 것인데, 그렇다고 당신은 그 사람이 점점 쪼그라들고 있다고 생각하지 않는다. 당신은 그가 '당신으로부터 점점 멀어지고 있다'는 더 그럴싸한 해석을 채택한다. 뇌의 측두엽이 손상된 경우에는 이처럼 패턴을 인식하고, 사물에 이름을 붙이고, 현실에 관한 이야기를 지어내는 능력이 망가질 수 있다. '무엇' 시스템이 손상되면 사물, 얼굴 따위를 더 이상 인식하지 못하게 된다.

두정엽에는 또 다른 시스템이 있다. 이것은 '어디에(where)' 시스템이라 불린다. 이것은 공간 안에서 사물이 어디에 위치하고 있는지를 알아내는데, 심지어는 그 사물이 무엇인지 몰라도 상관없다. 이 '어디에' 시스템은 해석의 개입은 최소화하고 현실을 최대한 있는 그대로 받아들이는 쪽으로 발달해왔다. 그 옛날, 우리의 조상들이 나무 위 이쪽 가지에서 저쪽 가지로 매달려 넘어다니던 모습을 상상해보라. 뇌의 어느 부분에서는 이 지점부터 다음 지점까지의 정확한 거리를 알고 있어야만 한다. 그렇지 않다면 조상님의 나무 위 생활은 끝장이 날 테니까. 이 시스템은 대립성의 법칙하에 작동하는 법이 절대로 없다. 왼쪽으로 가야할 때 오른쪽으로 가버리면 곤란할 테니까 말이다.

이 두 가지 시스템의 경이로운 점은, 이것들이 서로 완전히 독립적으로 작동한다는 사실이다. 그게 왜 경이롭기까지 하냐고? 정상적인 조건에서 누군가 탁자 위의 컵에 손을 뻗어 집으려 한다면, 그는 거기에 '무엇'이 있는지를 아는 동시에 그것이 '어디'에 있는지도 알고 있다. 그러나 이 둘은 엄연히 서로 독립된 시스템이다. 측두엽이 손상된 환자는 뭔가가 '거기'에 있다는 사실은 알지만 그게 '무엇'인지는 모른다. 반면 두정엽이 손상된 환자는 그게 '무엇'인지는 아는데 그게 '어디'에 있는지는 모른다.

전통적으로 의식(consciousness)이라고 하면 '무엇' 시스템을 가리키는 것으로 여겨졌다. 왜냐면 사물에 이름을 붙이는 과정은 잘 자각되지만, '어디에' 시스템은 좀비처럼 자각 없이 작동되기 때문이다. 철학자들과 신경과학자들은 이처럼 무의식적이면서도 복잡한 일을 수행해내는 기능들을 '좀비'라고 부른다.

하지만 나는 이 시스템이 결코 좀비가 아님을 보여주고자 한다. 최근에 신경과학자 데이비드 밀너David Milner와 멜빈 굿데일Melvyn Goodale은 '어디에' 시스템을 '어떻게(How)' 시스템으로 재명명했는데, 왜냐면 우리가 뭔가를 하려면 그게 어디에 있는지부터 알아야 하기 때문이다. 생각할 겨를 없이, 분별할 새 없이, 대립성의 법칙이 끼어들 겨를 없이 현실의 정확한 이미지를 다룰 수 있도록 발달해야만 했던 것이 바로 이 '어떻게' 시스템이었다.

테이블 위에 있는 컵을 잡으려 손을 뻗어보라. 여기에 전통적인 의미의 의식, 즉 해석하는 마음이 얼마나 관여했는가? 즉 당신은 이걸 하면서 얼마나 많은 생각을 했는가? 아마 별생각 없이 그냥 해냈을 것이다. 우리는 해석하는 마음인 '무엇' 시스템과 우리 자신을 강하게 동일시하고 있기에 그 외의 기능들은 거의 '무의식적'으로 해낸다.

다음의 착시 현상에 주목해보자. 양쪽의 두 그림 중에서 어느 쪽의 가운데 원이 더 커 보이는가? 우측의 가운데 원이 더 커 보이는 것은 해석기의 영향 때문이다. 해석기는 주변의 모든 정보를 취합해서는 그걸 토대로 가장 그럴듯한 추측을 한다. 실제로는 양쪽 그림의 가운데 원은 똑같은 크기이다. 다만 왼쪽 그림은 주변에 더 큰 원을 대비시켜 상대적으로 작게 보이게 했고, 오른쪽은 더 작은 원을 대비시켜 상대적으로 더 크게 보이게 한 것이다. 어떤 면에서 '대비'는 '이야기'의 시각적 형태이다.

한 똘똘한 연구에서는 위 착시 그림의 대체재로서 블록들을 피험자들에게 제시하고 만져볼 수 있게 했다. 그러자 '어떻게' 시스템은 전혀 환영에 걸려들지 않았다. 직접 손으로 집어보면 왼쪽 블럭이나 오른쪽 블럭이나 크기가 같다는 사실을 알 수 있으니까 말이다. 즉 당신 안에 내재된 '좀비'는 당신처럼 환영 때문에 바보가 되지는 않는다는 말이다.

그간 심리학에서는 의식이 단지 해석기의 부가적 산물에 불과하다고 여기고 있었기에, 어째서 '어떻게' 시스템이 무의식적인 좀비라고 이름 붙여질 수 있었는지를 이해하기는 어렵지 않을 것 같다. 이런 실습들은 해석기가 작동하지 않는 '깨어 있는' 상태를 경험하게 해준다. 《선과 궁술》(Zen and the Art of Archery)*이라는 책을 읽어보

---

* 국내에서는 《활쏘기의 선》, 《마음을 쏘다, 활》 등의 제목으로 번역되어 있다.

라. 이 책은 두 가지 시스템의 차이점을 명확하게 구분하고, 자기 자신을 잊고 활쏘기가 그저 '일어나게끔' 하는 방법을 자세히 설명해준다.

현대적인 오락거리들에서도 이 둘의 차이점을 발견할 수 있다. 〈탑 건Top Gun〉이라는 바보 같은 영화에서 톰 크루즈가 연기한 전투기 조종사 매버릭은 '생각하는 것'과 '그냥 하는 것'의 차이점을 이렇게 말한다. "저 위에서는 생각할 시간 따위는 없어. 만약 생각하면, 넌 죽은 목숨이야." '어떻게' 시스템이 정말로 무의식적인 좀비라면 우리는 진짜 현실과 영원히 단절될 수밖에 없을 것이다. 왜냐면 '무엇' 시스템은 오직 현실에 대한 해석을 만들어내는 데만 능숙하기 때문이다.

그렇다면 이 '어떻게' 시스템을 좀더 자각할 방법이 없을까? 이미 당신은 그런 상태이다. 다만 세상을 바라볼 때는 주로 투명한 해석기를 통해서 보는 경향을 가지고 있기에 그렇지 않은 것처럼 보일 뿐이다. 물론 지금 내가 말하고 있는 '당신'은 당신의 에고가 아니다. 에고는 근본적, 구조적으로 '어떻게' 시스템을 자각하는 것이 불가능하다. 아무리 그걸 원한다고 해도 말이다. 오히려 그걸 원하면 원할수록 더욱 불가능해진다.

사람들이 '어떻게' 시스템을 사용할 때 충분한 자각이 이뤄지고 있다는 사실을 증명하는 많은 예들이 있지만, 이것을 말로 설명하기는 정말 어렵다. 신경과학자 V. S. 라마찬드란Ramachandran은 만약 '무엇' 시스템이 손상되어 '어떻게' 시스템만 기능하는 경우가 생긴다면 어떻게 될지를 이렇게 상상했다. "온 세상이 외계인이 만든 것 같은 추상적인 조각 작품들을 전시하는 미술관 같아질 거라고 감히 예상해봅니다. 어떤 사물을 보든 그게 뭔지 알 수 없을 것이고, 그로 인한 어떤 감정도 일어나지 않을 것이고, 뭔가 다른 것을 연상할 수도 없을 겁니다. 당신은 물체를 볼 때 그것의 경계와 모양을 감지하고, 손을 뻗어 그것을 잡을 수도 있고, 손가락으로 모양을 더듬을 수도 있고, 심지어 그걸 당신한테 던지면 잡을 수도 있을 겁니다. 다시 말하면 당신의 '어떻게' 회로는 기능을 한다는 얘기에요. 하지만 당신은 그게 무엇인지에 대해서는 한마디도 할 수 없게 돼요. 그때 당신이 '의식적(conscious)'인지 아닌지는 전혀 논의할 문제가 아니에요. 왜냐면 '의식적'이라는 표현 자체가 그 대상과 관련해서 감정을 느끼거나 의미 있는 연상작용을 한다는 뜻이니까요."

라마찬드란의 이 이야기에는 재밌는 점이 있다. 이 이야기조차 '무엇' 시스템에 의한 것이라는 점 말이다. 즉 그의 해석기가 '해석기가 없으면 어떤 일이 일어날 것인가'에 대해 상상하고 있는 것이다.

당신이 해석하는 마음만이 전부라고 여긴다면 해석기의 투명함 탓에 그 이름표가 곧 그 사물이라고 생각할 것이다. 그러나 내가 손을 뻗어서 탁자 위의 컵을 집을 때, 나의 일부분은 그게 '컵'이 아니라는 사실을 분명히 알고 있다. 컵을 들고 있으면서 동시에 그걸 '컵'으로 보지 않는 일은 과연 가능할까? 어떤 단어를 눈으로 보면서 그걸 읽지 않을 수 있을까?

'어떻게' 시스템은 이름표를 사용하지 않고 패턴을 분류하지도 않기에 이것과 '대화'하는 것은 불가능하다. 바로 그 점 때문에 많은 사람들이 이것을 무의식적인 것으로 여긴다. 하지만 해석하는 마음,

즉 '무엇' 시스템의 기능이 상당히 저하되는 예외적인 순간에 우리는 이른바 '신비체험'이라고 불리는 경험을 하게 된다. 여기서 '신비하다(mystic)'는 말은 분별밖에 모르는 해석기의 입장을 반영한 것이다.

이런 경험을 했던 사람들은 하나같이 그것을 일상적인 의식의 관점에서 이해하거나 묘사하기가 몹시 어렵다고 말한다. 예를 들어 월트 휘트먼Walt Whitman은 신비체험 후에 그것에 대해 이렇게 말했다. "불가사의한 빛, 희한한 빛, 말로는 표현 못할, 모든 상징과 묘사와 언어를 초월한 빛."

'어떻게' 시스템을 말로 설명하기가 어려운 이유도 마찬가지다. 한 번 시도해보라. 당신이 어떻게 팔을 뻗어서 컵을 잡을 수 있었는지를 설명해보라. 정상적인 의식, 곧 해석하는 마음은 이것을 이해하거나 해석할 수 없으므로 그냥 무의식적인 작용이라 믿어버리는 것이다. 라마찬드란의 이야기 뒷부분을 살짝 바꿔 말한다면, 이름표나 연상작용을 빼놓고서 당신이 의식적인지 아닌지를 논의하는 것은 전혀 의미가 없다. 핵심은, 우리가 해석하는 마음에 과하게 의존하고 있다는 사실이다. 이 패턴 인식기는 자기 자신이 없는 세상을 상상조차 못한다.

태극권이나 기공처럼 움직임이 있는 명상법을 살펴보자. 제대로 된 수행자는 공간 안에서 충분히 의식적으로 움직일 수 있다. 거기에 어떤 이름도 붙이지 않고서 말이다. 이런 명상을 경험해본 사람이라면 '헤엄치는 용 자세'를 그 이름 따위 신경 쓰지 않고 제대로 해내는 것과 '나는 지금 헤엄치는 용 자세를 하고 있어'라고 생각하면서 하는 것의 차이를 명확하게 안다.

명상의 가장 간단하고 가장 흔한 방식은 숨을 그냥 따라가는 것이다. 이 '어떻게' 시스템에 집중해본 사람이라면 누구도 그것이 무의식적이라고 말하지 않을 것이다. 오히려 대부분의 경험자들은 이것이 말로 설명하기가 어려울 뿐이지 실은 너무나 명료한 의식 상태라고 표현한다.

심리학자 미하이 칙센트미하이Mihaly Csikszentmihalyi는 '어떻게' 시스템을 '몰입(flow)'이라고 표현했다. 그는 뭔가에 완전히 몰입한 상태에서 맛볼 수 있는 경험을 기술할 때 이 용어를 사용해왔다. 그는 '몰입'을 다음과 같이 정의한다. "다른 어떤 목적도 없고 오직 그 자체가 목적이 되어서 행위에 완벽하게 몰두하는 것. 에고는 떨어져나가고, 시간은 순식간에 지나간다. 낱낱의 움직임, 행위, 생각은 한 치의 오차도 없이 최적의 순간에 일어난다. 이것은 마치 재즈 연주를 하는 것과 같다. 당신의 온 존재가 여기에 참여하고, 당신의 능력은 극한까지 발휘된다."

물론 몰입이 끝나면 해석하는 마음이 뒤돌아보고는 '흠, 내가 정신줄을 놓고 있었네'라고 믿어버리겠지만 이것은 단지 거기서 어떤 패턴이나 이름표도 찾아낼 수 없기 때문이다. 내가 장담하건대, 대부분의 사람들은 이 '어떻게' 시스템을 분명 경험해봤다. 단지 너무 빨리 제정신을 차려버리고는 그것에다 별다른 의미를 두지 않았을 뿐이다.

'어떻게' 시스템이 실제로 '무엇' 시스템보다 현실에 훨씬 근접해 있는 의식이라는 점을 깊이 생각해보라. 그것 자체가 하나의 연습이다. 해석하는 마음으로부터 잠시라도 떨어져 나올 때, 당신은 당신 생각 속의 현실이 아니라 진짜 현실을 좀더 느낄 수 있다. 날마다 '어떻게' 시스템을 연습해보는 것은 많은 시간을 들일 필요도 없고, 숙련될 때까지 노력해야 할 무엇도 아니다. 왜냐면 당연하게도 그런 이름표들은 오직 '무엇' 시스템에게만 유효한 것들이기 때문이다.

처음 암벽등반을 할 때, 나는 오로지 공간을 오르는 그 행위에만 몰입함으로써 나의 '무엇' 시스템이 즉각적으로 '어떻게' 시스템으로 전환되는 것을 느끼곤 했다. 불행하게도 그것에 익숙해지자마자 해석하는 마음이 금세 돌아왔지만 말이다. 누군가는 악기를 연주하면서, 혹은 오토바이를 고치면서 이 '어떻게' 시스템을 발견할 것이다. 하지만 연습의 요령은 동일하다. 의식을 '어떻게' 시스템에다 두는 것이다. 후에 되돌아온 해석적인 마음은 '어떻게' 시스템이 정말 의식적인 작용이었는지를 매번 의심할 테지만.

지두 크리슈나무르티Jiddu Krishnamurti나 무지Mooji 같은 선생들이 하는 말을 유튜브에서 들어본 적이 있다면, 학생들을 이끌고 가르치는 그들의 목소리에 거의 절망에 가까운 느낌이 때때로 묻어남을 알아챌 수 있을 것이다. 만약 크리슈나무르티가 나이키의 구호를 알고 있었다면 학생들한테 심심찮게 소리 질러 댔을 것이다. "그냥 하라고(Just do it)!"

'어떻게' 시스템은 뭔가에 유용하다. 반면 '무엇' 시스템은 그 뭔가에 대해서 떠들기만 한다. 어떤 악기에 대한 책을 읽음으로써 그 악기를 연주하려고 하는 사람은 결국 "그냥 하라고!"라는 단 한 마디와 마주하게 된다. '어떻게' 시스템이 작동할 때, 우리 모두는 홀로 남겨지고 스스로 해나가야 한다.

지금까지 나는 에고가 단지 개념에 불과한 것임을 알아차리고 나면 뭔가를 개선하기 위해 해야 할 일이 아무것도 없음을 계속 강조해왔다. 이게 꼭 맞는 말은 아니지만, 나 역시 진실인 동시에 진실이 아닌 것을 언어와 분별을 사용하여 전달해야 하는 처지여서 어쩔 수가 없다.

들을 때마다 나를 씩 웃게 하는 오래된 농담이 하나 있다. "당신은 거기 못 가요."* '무엇' 시스템으로부터 '어떻게' 시스템으로 가는 문제에 관해서 이 말은 더없는 진실이다. '무엇' 시스템은 그 자신을 넘어서려 할수록 더욱 그 자신 속으로 빠져버리기 때문에, 우리는 무조건 '어떻게' 시스템으로부터 시작해야 한다. 그러나 도대체 이 '어떻게'를 어떻게 시작하라는 건지 말로는 설명할 방법이 없다.

어쩔 수 없이 에고라는 것이 전혀 힘을 쓰지 못하는 상태여야 한다고 넌지시 얘기하면, 사람들은 이것이 어떤 수동적인 상태를 의미하는 것이라고 오해한다. 하지만 이는 당신이 당신의 좌뇌, 즉 에고와 당신 자신을 동일시하고 있을 때만 맞는 말이다. 달리 말하면, 나는 절망적인 우울에 빠져서 모든 것을 포기해야 한다고 말하는 것이 아니다. 왜냐하면 그것 또한 똑같이 좌뇌 시스템에 뿌리를 두고 있기 때문이다. '어떻게' 시스템은 이런 종류의 경험과는 전혀 무관하다.

어떤 면에서는, '어떻게' 시스템으로 시작한다는 것은 '전사의 마음'(Warrior's mind)이라는 말에 의해 훨씬 정확하게 표현된다. 이것은

---

* You can't get there from here: 길을 묻는 사람이 너무 먼 곳, 복잡한 경로를 거쳐야 하는 곳을 가리킬 때 농담조의 대답으로 쓰이는 표현이다. 역주.

전혀 수동적인 것이 아니다. '어떻게' 시스템으로 시작한다는 것은 겁쟁이가 자기도 모르게 영웅적인 행동을 하는 것이다. 나는 동양의 무술을 배울 때 이 '어떻게'의 상태로 시작함으로써 연습시합에서 최초로 점수를 낼 수 있었다. 그러고는 곧 '무엇' 시스템이 끼어들어서는 '우와, 이거 진짜 되네, 여기서 이기면 끝내주겠는데?'라는 생각이 들었고 순식간에 시합을 망쳐버렸다.

'어떻게 게임을 이기는가'가 '내가 이기면 얼마나 좋을까?'로 변질되면 시합에 임하는 마음가짐은 그대로 끝장이 나는 법이다. 전사의 마음가짐은 영화 〈몬테크리스토 백작〉에도 잘 나타나 있다. 주인공 에드몽은 말한다. "자네는 몰아치는 폭풍우를 향해 소리 지를 수 있어야만 하네. '해볼 테면 해봐!'라고."

이런 마음가짐을 '원하는' 것은 좌뇌, 즉 언어적 에고이다. 그러나 에고는 절대 이것을 가질 수 없다. 왜냐면 이것은 언어로 표현될 수 없는 것이고, 언어로 표현된 것들은 이것이 아니기 때문이다. 역사상 그 어떤 '어떻게'도 언어로 표현됐던 적이 없다.

아서왕의 신화도 이 점을 반영하는 하나의 상징이라고 볼 수 있다. 거기서 모든 기사는 홀로, 자신만의 검은 숲으로 들어가야만 한다. 즉 당신이 스스로 만든 길 외에는 따라갈 길이 없다는 뜻이다. 그 누구도 대립성 법칙이 어떤 식으로 작동하는지를 보여줄 수 없다. 그 누구도 "해볼 테면 해봐!"라고 소리칠 때 당신이 어떻게 변하는가를 가르쳐줄 수 없다. 궁극적으로 당신은 홀로 해내야 한다. 이제껏 언제나 그랬었고, 앞으로도 언제나 그럴 것이다.

어쩌면 당신은 대립성 법칙에 이의를 제기할지도 모른다. 그것에 전혀 휘둘리지 않는 듯 보이는 사람들의 예를 많이 알고 있을 것이기 때문이다. 마치 무슨 일을 하든 우주가 항상 축복을 내려주는 것 같은 사람들 말이다. 나는 이런 사람들을 가리켜 커크 함장(Captain Kirk) 유형이라고 부른다. 〈스타트렉〉에서 그는 성공 확률이 0.0005퍼센트에 불과하다는 스포크Spock의 보고를 받고도 임무를 계속 밀어붙이고, 마치 그의 입맛대로 일이 진행되게끔 모든 자잘한 변수까지 우주가 확실히 뒤를 받쳐주는 듯하다. 이 커크 함장과 같은 사람들은 진정으로 전사의 마음을 갖추고 있다. 그들은 전혀 '재지' 않고 바로 행동으로 옮긴다. 그들은 곧장 '어떻게' 시스템 속으로 들어갈 뿐, 우주를 자기 입맛대로 바꾸려고 애쓰지 않는다. 그들은 자신의 성공을 확신하기에 별달리 생각할 것이 없다.

이처럼 누구라도 '어떻게' 속으로 들어간다면 좌뇌의 대립성 법칙에 영향받지 않게 된다. 물론 우리 모두는 이런 마음가짐을 가지려 '애를 쓰면' 일이 어떻게 될지를 이미 알고 있다. '어떻게' 시스템 속에는 '애를 쓴다'거나 '노력한다'는 개념이 존재하지 않는다. 당신은 노력을 통해 커크 함장이 될 수 없다. 그냥 커크 선장이거나 아니거나, 둘 중 하나일 뿐이다.

또 하나의 연습으로서, 만약 '어떻게' 시스템의 의식으로서 '영원(Eternity)'을 경험한다면 어떤 느낌일지를 상상해보라. 다시 말해 에고라는 관념이 소멸한다면, 그래서 당신이 경험 가능한 형태의 의식이 오직 '어떻게' 시스템밖에 없다면 어떨까?

흥미롭게도, 해석하는 마음은 바로 이런 상태를 갈망하고 있다. '어떻게' 시스템 속의 아무 문제 없는 상태를 긍정적인 경험으로 해석하기 때문이다. 패턴을 인식하고 해석하는 '무엇' 시스템은 자기가 좋아하는 패턴만 뚝 떼어내서는 '어떻게' 시스템의 무시간적이고 영원하고 무한한 차원 속에 집어넣고 싶어한다. 하지만 이는 그림자를 더 자세히 관찰하고 싶다고 거기에 불빛을 비춰보는 것과 같다. 대립성의 법칙을 따르는 좌뇌는 '어떻게' 시스템의 영원성을 절대로 경험하지 못한다. 왜냐면 순식간에 실재가 실재가 아닌 것이 되어버릴 테니까 말이다.

해석하는 에고는 얼마나 제정신이 아닌 걸까? 우리 안에서 일어나는 과정을 낱낱이 알아차리기 위해서는 극단적인 상황을 표지판 삼는 것이 때로 도움이 된다. 해석기는 맥락이 유지되는 그럴듯한 이야기에 끼워 맞추기 위해서 어느 정도까지 현실을 왜곡할 수 있을까?

나는 얼마 전에 50달러를 주고 주차증을 구입했다. 그런데 주차증을 붙여놓는 걸 깜박해서는 해명을 위해 관리실로 가야 했다. 거기서 규칙은 규칙이라는 얘기를 들었고, 내 안에서 반응이 올라오는 걸 느꼈다. '어떻게 이럴 수가 있지? 어쩌면 이렇게 인정머리 없이 시비조로 말할 수가 있지? 이건 한번 붙어보자는 얘기고, 이 하찮은 녀석은 자기가 이길 거라고 생각하고 있잖아!' 이게 돈에 관한 이야기던가? 역시 돈에 관한 마음의 해석은 우리들 대부분에게 늘 부정적인 감정을 유발할 만큼 힘이 세다.

한 실험에서 제시된 바 있는 다음의 상황을 고려해보자. 첫 번째 상황이다. 당신은 어떤 연극이 보고 싶어서 입장권을 사는 데 20달러를 썼다. 그런데 그 입장권을 잃어버렸다. 입장권을 사는 데 20달러를 또 낼 용의가 있는가? 두 번째 상황이다. 똑같이 20달러짜리 연극을 보고 싶은데, 방금 20달러짜리 지폐를 잃어버렸다는 사실을 알게 되었다. 그런데도 입장권을 사겠는가?

첫 번째 상황에서는 피실험자들 중 46퍼센트가 입장권을 다시 구입했다. 두 번째 상황에서는 88퍼센트가 입장권을 구입했다. 첫 번째 상황에서 좌뇌 해석기는 20달러를 '이야기' 속에 집어넣고는 그것을 실제 현실로부터 더 멀리까지 데리고 갔다. 그래서 한 번 이야기의 결말이 도래하자(입장권을 잃어버리자) 쇼도 함께 끝나버린 것이다.

나는 수업 중에 돈이 어떤 식으로 '이야기'가 되는지를 보여주기 위해 1달러 지폐를 경매에 붙이곤 한다. 이것은 아주 평범한 경매이고, 학생들은 내키는 만큼 가격을 부를 수 있다. 단 약간의 함정이 있다. 두 번째로 높은 가격을 부른 사람도 나에게 그 액수를 줘야 한다는 것이다. 그러니까 50센트가 최고가라면, 그 최고가를 부른 학생은 50센트를 내고 1달러를 가져갈 수 있다. 하지만 바로 직전에 40센트를 부른 학생은 나에게 그냥 40센트를 줘야 한다. 나는 수년간 이 경매를 해왔는데, 최고로 수지맞았던 때는 아마 호가가 4달러가 넘어갔었던 것으로 기억한다. 어떤 미친놈이 1달러 지폐를 4달러에 사는지 궁금하다고? 돈을 '이야기' 속에 깊숙이 끼워넣고는 현실과의 접점을 상실한 사람들이다. 아주 교육수준이 높은 좌뇌를 가진 사진작가 앨런 테거Allan Teger가 이 경매에 참여했던 때는 그보다 더 호가가 치솟았다.

이 경매는 누군가가 10센트를 부르면서 느긋하게 시작된다. 그는 고작 10센트로 1달러를 벌 수도 있겠다고 흥분하지만, 곧 상황을 지켜보던 다른 학생이 약간 금액을 올려서 25센트를 부른다. 그러면 첫 번째 학생은 35센트를 부르면서 아직은 남는 장사라고 생각한다. 이런 식으로 1달러에 근접할 때까지 점점 호가가 올라가는데, 보통 최고가가 95센트가 되면 두 번째로 높은 호가는 90센트가 된다. 그 순간 잠시 정적이 흐르고, 두 번째로 높은 호가를 불렀던 학생이 1달러를 부른다. 적어도 손해는 안 보게 되니까 말이다. 그러면 또 95센트를 불렀던 학생이 1달러 5센트를 부른다. 5센트 손해를 보지만 95센트 손해보다는 낫다고 생각하는 것이다. 이런 식으로 계속 오르고 올라 4달러쯤 되면 나는 경매를 중단시키고 아무도 돈을 낼 필요는 없다고 말해주는데, 그러면 여기저기서 안도의 한숨이 터져나온다.

여기서 벌어지는 일은 돈을 자기 '이야기'의 일부로 바라보고 있는 두 에고 간의 경쟁이다. 일단 나와 관련된 것이 되면 사람들은 그것을 다루느라 곤욕을 치른다. 이런 에고적 자아들의 '이야기'와 '이미지'가 없었다면 지금 잘 나가고 있는 온라인 경매 사이트들은 애저녁에 전부 망했을 것이다.

이 연습은 무엇이 실재인가를 돌아보게 해준다. 내가 신경 쓴 것은 주차증을 사는 데 든 50달러였는가, 아니면 나의 해석하는 마음에 의해 인식된 어떤 '이야기'였는가? 그것들이 머릿속에서 이어지는 이야기이자 그 이야기로부터 비롯된 감정이라는 사실을 알아차린 후에야 나는 '무엇이 실재인가'라는 질문으로 되돌아왔다. 에고의 이야기로서는 좋은 결말이 아니겠지만 진짜 현실로서는 옳은 결말이었다. 그때 거기에 있던 유일한 실재는 나의 행위(doing)뿐이었기 때문이다.

돈이란 게 해석하는 마음을 과도하게 작동시키긴 하지만, 해석기의 입장에서는 그것이 옳고 적절한 일이다. 만약 해석기가 자신이 늘 옳은 것은 아니라는 식으로 작동한다면 그것에게 무슨 낙이 있겠는가? '옳다'는 것은 '좋은' 기분으로 이어진다. 그때 나는 약간의 사소한 언쟁 뒤에 내가 옳다는 증거를 제시할 수 있었고, 그 사소한 일로 인해서 나 자신의 기분이 좋아졌음을 알아차렸다.

해석기는 자신이 옳다는 걸 증명하기 위해 어느 정도까지 이야기를 왜곡할 수 있을까? 임상 신경심리학 분야에서는 우뇌에 손상을 입어 좌뇌 해석기가 마음껏 활개치는 상태가 연구된 바 있다. 라마찬드란 박사가 제시한 두 가지 확실한 예를 보면, 한 환자는 질병인식불능증(Anosognosia)이었고 다른 환자는 카프그라스 증후군(Capgras' Syndrome)이었다.

질병인식불능증을 앓던 환자는 우뇌가 손상되어 신체의 좌측 편에 마비가 온 상태였다. 마비가 온 좌측 편은 '모든 게 괜찮다'는 에고의 이야기와 완전히 불화하는 상태였지만, 또한 우뇌의 감시망을 벗어났기에 해석기가 현상유지를 위해 맘껏 환상을 지어낼 수 있는 상태이기도 했다. 라마찬드란이 환자에게 왼손을 움직일 수 있겠냐고 물어보자 환자는 "그렇다"고 답했다. 걸을 수 있겠냐는 질문에도 환자는 여전히 자신 있게 "그렇다"고 답했다. 마비된 왼손을 써서 의사의 코를 짚어볼 수 있냐고 물어도 "당연하지요. 지금 선생님 코를 만지고 있잖아요. 얼굴에서 1인치 좀 안 되게 튀어나와 있네요"라고 말했다. 환자의 마비된 손은 미동도 하지 않고 그 자리에 있었음을 기억하라. 환자는 실로 자신이 올바른 상태라는 '환각'을 창조하고 있는 것이다. 사실은 이 환자뿐만 아니라 모든 사람이 늘 이렇게 하고 있다.

카프그라스 증후군을 앓던 환자는 가족이나 가까운 친구들을 보면서도 친근함, 익숙함 등의 감정을 느끼지 못했다. 얼굴을 인식하는 능력과 시력에는 아무 문제가 없지만 그 둘을 연결하는 뇌의 영역이 손상되었기 때문이다. 해석기의 입장에서, 아버지의 얼굴을 보고도 그와 연관된 따뜻한 감정을 느끼지 못한다면 어떻게 '이야기'를 이어갈 수 있겠는가? 그래서 카프그라스 증후군 환자의 해석기는 가족들이 전부 사기꾼 또는 가짜로 대체되었다는 이야기를 창조해냈다. 라마찬드란이 환자에게 "대체 누가, 왜 당신 아버지를 비슷한 다른 사람으로 바꿔치겠어요?"라고 묻자 환자의 좌뇌는 이렇게 답했다. "아마도 내 진짜 아버지가 나를 돌봐주라고 그를 고용했을 거에요. 나한테 들어가는 돈도 진짜 아버지로부터 다 받고 있을 겁니다."

이 임상 사례들은 한눈에도 현실과 동떨어져 있다. 중요한 것은 당신이 당신의 경험 속에서 이런 왜곡을 알아차리는 것이다. 우리는 '옳기' 위해서 현실을 얼마나 왜곡하고 있는가?

원고를 여기까지 완성한 시점에서 나는 축복과도 같은 다음의 경험을 하게 되었다. 오늘 나는 자동차를 손봐야 해서 대리점에 맡기고 대신 하루 동안 다른 차를 빌렸다. 회색의 신형 시빅이었다. 나는 일터로 출근해서 한 번도 주차했던 적이 없는 위치에다가 그 차를 세웠고, 사무실로 들어가서는 이 책의 원고를 작업하고 점심을 먹으러 나왔다. 그리고 늘 차를 세우던 위치로 걸어가는데 우연히도 거기엔 회색의 신형 시빅이 세워져 있었다. 나는 참 마음에 드는 차라고 생각하면서 그곳을 지나쳤다. 이 차가 내 차라고 착각했던 것이다.

나는 점심을 먹고 돌아와서 원고를 더 썼다. 그리고 퇴근을 하고서 너무나 자연스럽게, 내 차라고 착각한 그 차를 향해 걸어갔다. 키를 차문에 꽂았지만 당연히 아무 반응이 없었다. 그때 나의 해석기가 작업을 시작했다. '멍청이 같은 대리점 직원이 나한테 불량 키를 줬군… 잠깐만, 그럴 리가 없는데. 일단 여기까지 운전을 하고 왔잖아. 그럼 반대편에서 열어볼까? 반대편에는 키 꽂는 부분이 없잖아. 운전석 쪽으로 가서 한 번 더 시도해보자. 이게 작동해야 정상인데 왜 안 되는 거지? 대리점에 있는 게으른 바보 녀석들이 차 문 여는 방법이 좀 독특한데 안 가르쳐준 게 분명해. 아마도 새로운 도난방지장치가 장착된 것 같은데…'

상황이 이쯤 되자 핸드폰으로 당장 전화를 걸어 저 바보 같은 놈들을 혼쭐 내줘야겠다는 생각이 들기 시작했다. '좋아, 문 손잡이를 당긴 상태에서 키를 꽂아보겠어… 이것도 안 되네. 나는 할 수 있는 건 다 해봤어. 내 잘못이 아니라고.' 바로 그때, 운 좋게도 차 안이 살짝 보였는데 거기에는 내가 아까 탔던 차보다 훨씬 좋은 네비게이션 장치가 달려 있었다. 나는 한바탕 웃음과 함께 내가 틀렸다는 사실을 깨달았다.

누군가가 이 모든 장면을 처음부터 끝까지 목격하고 있었다고 상상해보자. 어떤 녀석이 차 옆으로 걸어가서는 잘못된 키를 꽂고 돌려본다. 이내 머리를 긁적거리더니 반대편으로 가서 이것저것 시도해본다. 그러고는 운전석 쪽으로 돌아와서 잘못된 열쇠로 다시 시도해보는가 싶더니 갑작스럽게 천둥 같은 웃음을 터뜨리고는 아무 일 없었다는 듯 다른 곳으로 걸어간다. 아마도 목격자는 내가 일종의 정신병자라는 결론을 낼 것이다.

다른 한편으로, 해석기가 수행하는 과정은 너무나 복잡하기에 과학자들이 그것의 작동방식에 대해 거의 아는 바가 없다는 사실을 잊지 말길 바란다. 그것은 사물을 구분해내고, 적절한 설명을 창조하고, 종종 맞아떨어지는 혹은 적어도 제 입장에서는 옳게 해석되는 시나리오를 펼친다. 그리고 이 일들은 우리가 특별히 신경 쓰지 않아도, 심지어는 거기에 해석기가 돌아가고 있다는 사실을 모르는 상태에서도 자동으로 벌어진다!

'무엇' 시스템, 즉 해석하는 마음이 자신의 실수를 인정하는 것은 얼마나 어려운가? 그것은 불가능하기도 하거니와 애초에 '무엇' 시스템이 맡은 임무가 아니다. 그것은… 당신이 할 일이다. 해석하는 마음은 자신의 실수를 절대 인정하려 들지 않겠지만, 당신은 할 수 있다. 그리고 이것은 굉장히 중요하다. 그럼으로써 당신은 해석하는 마음으로부터 한 발짝 떨어져 있게 된다.

해석기는 태생적으로 자신감이 넘쳐야만 한다. 그렇지 않다면 우리가 그것을 근거로 행동할 수 있겠는가? 의사가 병실로 들어와서 이런 식으로 말한다고 상상해보라. "글쎄요, 이 병일 수도 있고, 저 병일 가능성도 좀 있습니다." 그보다는 이렇게 확신에 차서 말하는 게 더 믿음이 가지 않는가? "당신은 확실히 이 병입니다." 물론 단호한 성격의 의사도 때로는 오진을 하겠지만, 그는 올바른 진단을 내리기 위해 최선을 다하고 있을 것이다.

'무엇' 시스템의 작동방식을 확인하고 싶다면, 앞서 나왔던 두 개의 착시 그림(121쪽)으로 돌아가서 가운데 원만 남기고 다른 원들은 모두 종이로 가려보라. 어떤가? 가운데의 두 원은 정확히 같은 크기다. 자, 이제 다시 종이를 치우고 해석기가 자기의 실수를 인정하는지 보라. 아마 눈곱만큼도 아닐 것이다. 이토록 확실한 증거가 있는데도 당신이 계속 해석기에 의존한다면 몇 년이 지난 후에도 여전히 우측 원이 더 커 보일 것이다.

자신의 판단에 대해 형이상학적인 확신을 갖는 것이 이 시스템의 본성이다. 그렇지만 그것이 당신의 본성은 아니다. 많은 면에서 이 '무엇' 시스템은 감탄할 만하지만, 어디까지나 당신이 창조하여 그것에다 부여한 속성 그 이상도 이하도 아니다.

다시 착시 그림으로 돌아가서, 연습 삼아 당신이 그것을 있는 그대로 볼 수 있는지를 살펴보자. (사실 당신의 어떤 부분은 이미 늘 그렇게 하고 있었다. 그러니 남은 질문은, '당신은 바로 그 어떤 부분이 될 수 있는가'이다.) 당신은 두 개의 원을 같은 크기로 볼 수 있는가? 두 개의 원이 같은 크기로 보인다면, 당신은 '무엇' 시스템으로부터 아주 조금이나마 떨어져 있는 것이다. 나는 내 경험을 통해서 이것이 충분히 가능한 일임을 알고 있다.

어차피 언어로는 구체적인 방법이 아니라 힌트만을 전할 수 있으므로, 그냥 '이야기'를 잊도록 해보라. 바깥쪽 원들은 이야기를 들려주고 있다. 즉 맥락을, 해석을 제공하고 있다. 만약 가운데 원에만 끈기 있게 지속적으로 집중할 수 있다면, 당신은 두 원의 크기가 동일한 '현실'을 경험할 수 있을 것이다.

너무 열심히 애쓰지 말라. 그냥 그것이 일어나게끔 놔두라. 만약 애를 쓴다면 그것은 당신이 해석하는 마음 안에 갇혀 있다는 뜻이다. 노력은 해석하는 마음으로부터 나오는 것이기에 언제나 정반대의 결과를 낳는다. 두 개의 원이 같은 크기임을 알아차리는 것은 이제껏 당신이 언제나 옳지는 않았음을 처음으로 지각하는 사건이고, 이 경험은 일종의 길잡이가 될 것이다. 이제껏 당신이 틀렸지만 그렇다고 잘못된 것은 아무것도 없다. 그것은 단지 해석하는 마음일 뿐이다. 당신의 본질이 아니라 극히 작은 일부일 뿐이다.

다음 쪽에 보면 '헤링 착시효과'(Hering illusion)라고 불리는 그림이 있다. 처음에는 세로선이 바깥 방향으로 볼록한 것처럼 보인다. 이는 배경을 이루는 선들이 맥락을, 다시 말해 당신이 세로로 그어진 두 평행선을 보는 것에 영향을 미치는 '이야기'를 제공하기 때문이다. 착시를 넘어섬으로써 당신은 해석을 넘어서는 중이다. 두 개의 세로선에만 집중하라. 그러면 그것들은 천천히, 똑바로 펴질 것이다. 의식이 '무엇'으로부터 '어떻게'로 전환될 것이다.

분별하는 마음은 곧 이렇게 되받아칠 것이다(적어도 내 경우에는 그랬다). '이건 단지 주의(attention)를 이용한 속임수일 뿐이잖아. 배경을 무시하면 착시현상이 사라지는 건 당연하지.' 그러나 맥락을 구성하는 이야기와 단서를 무시하는 그것이 바로 '어떻게' 시스템이다.

좀더 깊이 들어가고 싶다면 마이클 바흐 교수의 홈페이지를 참고하기 바란다.(www.michaelbach.de/ot/index.html) 이 사이트는 좌뇌 해석기를 위한 수많은 놀이기구를 갖추고 있다. 여기에서 '내딛는 발걸음'(Stepping feet)이라는 동영상을 찾아보라. 이 동영상을 보면, 배경과 맥락은 움직임이 한 칸씩(step by step) 끊어져서 진행되는 것처럼 만들지만 집중해서 보면 움직임이 끊김 없이 연속적으로 이루어지고 있음을 알 수 있다.

심지어 바흐 교수는 그림을 초점 없이 바라볼 때의 착시효과가 가장 크다고까지 말한다. 그 말인즉, 만약 당신이 맥락과 이야기에 더 많이 주의를 뺏길수록 더 많은 망상을 경험할 것이라는 뜻이다. 일단 망상을 벗어났다면, 마음이라는 것이 본래 얼마나 조용한 것인

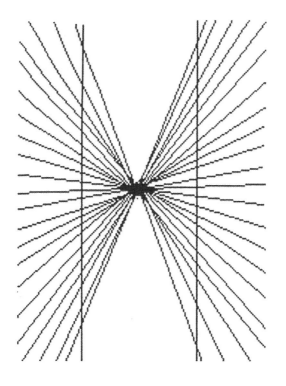

지를 느껴보라. 이 사이트에 있는 더 복잡하고 높은 수준의 테스트를 해볼 때는 호흡을 천천히 하는 것이 중요하다. 그러면 해석하는 마음의 속도도 늦춰진다. 그러니 천천히 깊게 숨 쉬고, 되도록 심각하게 받아들이지 않도록 긴장을 풀라.

무언가에 대해 과도하게 심각해진다면 그것은 '무엇' 시스템에서 기인한 것이라고 보면 된다. '무엇' 시스템은 심각하고 진지해야만 한다. 당신이 저 밖에 이것 또는 저것이 정말로 존재한다고 확신하게끔 해야 하니까 말이다. 심각함은 마치 사업처럼 단단하고 냉철한 시스템으로부터 나온다. 당신은 에고의 이야기에 빠져들면 들수록 당신은 옳고 다른 사람은 틀렸다고 확신하게 된다는 사실을 알아차린 적이 있는가?

이 두 가지 시스템 사이를 왔다갔다 해보는 것도 재미있는 일이다. 그러면서 곰곰이 생각해보라. '무엇'이 왔다갔다하고 있는가? 동영상 속의 두 발(feet)이 실은 연속적으로 움직이고 있음을 알아차릴 때, 당신은 이야기 없이 사물을 있는 그대로 보는 것이다. 이 경험은 다음번에 운전하면서 '이야기'에 사로잡혀 '앞에 가는 저 바보 같은 녀석이 정말 느려터졌군. 짜증나'라고 생각하기 시작할 때 도움을 줄 수 있다. 이 모든 일이 오직 우주적인 춤, 춤추는 우주일 뿐임을 이제 알겠는가?

착시 동영상으로 돌아가보라. 두 발이 연속적으로 움직이는 것을 보았는가? 다시 한 번 시도하되 속도를 조절해보라. 여전히 사실 그대로를 보면서도 그 과정을 얼마만큼 느리게 만들 수 있는지 살펴보라.

이 시스템에 도전하는 무엇인가가 포착될 때, 거기에는 주의가 '대기하는' 순간이 존재한다. 해석하는 마음이 제 할 일을 시작할 때까지의 이 잠깐의 기다림 속에서 당신은 '무엇' 시스템이 아니라 당신의 의식 전체를 느낄 수 있다. 이 잠깐의 시간 동안 '무엇' 시스템을 넘어서는 다른 '무엇'의 존재가 느껴지는가?

해석하는 마음의 영향력을 알려주는 가장 좋은 예로서 아주 우스운 실험이 하나 있다. 프리츠 하이더Fritz Heider와 매리-앤 짐멜Mary-Ann Simmel은 사회적 인지기능을 탐구하기 위해 짧은 동영상을 만들었는데 거기에는 사람이 전혀 출현하지 않는다. 대신 큰 삼각형과 작은 삼각형, 그리고 동그라미가 나온다. 인터넷에서 Heider-Simmel Demonstration이라고 검색하면 이 동영상을 쉽게 찾을 수 있다. 이걸 보면, 패턴을 인지하는 일이 얼마나 자연스럽게 일어나는지를 확실히 경험하게 될 것이다.

거기에는 아무것도 실재적인 것이 없다. 그저 빛 속에서 이리저리 다양하게 펼쳐지는 움직임 말고는 아무것도 없다. 그러나 당신이 원래 실험에 참가했던 사람들과 비슷하다면, 거기서 말다툼, 격투, 추격, 그리고 로맨스까지도 '보게 될' 것이다. 이 실험에 참가했던 사람들은 '큰 삼각형에 대해 뭐라고 묘사하시겠어요?'라는 질문을 받았다. 우습게도 그들은 주절주절 이야기를 늘어놓았고, 아마 당신도 그럴 것이다.

나는 내 수업시간에 이 영상을 보여주고는 모든 학생들이 큰 삼각형이 얼마나 화가 나 있고 깡패 같았는지에 대해 격하게 공감하는 모습을, 그리고 작은 삼각형과 동그라미가 마지막에 키스하며 행복하게 마무리되는 결말에 흡족해하는 모습을 지켜보며 이 우스운 상황을 즐기곤 한다.

핵심은 이것이다. 직장에서 당신은 누군가가 당신을 대상으로 음모를 꾸미고 있다고 확신하고 있을지도 모른다. 또는 당신의 일을 망치려는 음모가 이미 진행되고 있다고 확신할 수도 있다. 주위의 다양한 '무엇' 시스템들이 당신의 생각에 동의한다고 쳐도, 그것이 정말로 당신의 생각이 맞다는 것을 보장해주지는 않는다. 모든 사람이 큰 삼각형을 깡패처럼 여긴다고 해도 현실은 그렇지 않다는 사실을 당신은 알아차릴 수 있는가? 동의는 그저 '무엇' 시스템들의 동맹일 뿐이지만 우리로 하여금 어떤 것이 저 밖 현실에 존재한다고 확신하게 한다. 이 '무엇' 시스템은 이런저런 것들이 저 밖에 정말로 존재한다고 너무나 확신하기에, 우리는 심지어 기하학적 도형을 갖고도 어떤 음모론을 떠올리는 것이다!

이 지경인데도 아직 당신이 정신분열이 아니라고 확신할 수 있는가? 다음번에 일터에서 '이야기'가 떠오르면, 사람들이 서로 어울려 있거나 떨어져 있는 모습을 보게 되면, 이 짤막한 동영상을 기억하라. 거기에는 깡패도 없고 희생자도 없다. 단지 지나치게 민감한 '무엇' 시스템이 제 할 일을 다하고 있을 뿐이다.

이 '무엇' 시스템의 기원을 궁금해하는 사람도 있을 것이다. 이것은 어디서 왔고, 이것의 진정한 본성은 무엇일까? 어쩌면 '어떻게' 시스템이 바로 그 기원일지 모른다. '생각하기'까지 포함한 의식의 모든 작용이 '동사'라는 관점에서 말이다. 좌뇌가 작동하여 동사들을 명사들로 바꾸었고, 우리의 생각들은 저 밖에 실재하는 듯한 어떤 것이 되었다. 이런 방식으로 '어떻게' 시스템이 '무엇' 시스템으로 변신한 것이 아닐까? 어쩌면 정말로 실재하는 유일한 것은 '무엇'인 척 연기하는 '어떻게' 시스템이 아닐까? 이것이 의식이 실재가 아닌 것으로 되어가는 또 하나의 예인 것은 아닐까?

'어떻게' 시스템을 무의식의 영역으로 돌려버린 그 순간에 우리는 '무엇' 시스템의 하인이 되어버렸다. 이런 상태에서 '무엇' 시스템은 끝없이 이어지는 이야기를 자유롭게 창조하고, 그 이야기들은 우리를 진짜 현실로부터 점점 더 멀어지게 한다. 조심하지 않으면 해석하는 마음이 당신에게서 실재를 빼앗아 갈 것이다. 좌뇌의 기능에 의해서 당신 주위의 '동사'들은 제 모습을 잃고 '명사'가 되어버릴 것이다. '무엇' 시스템은 하인으로서는 그야말로 절묘하게 작동하지만, 주인으로서는 너무나 끔찍하다.

영원할 가치가 있는 건 무엇?

대부분의 사람들은 어떤 식으로든 사후세계가 존재해서 평생 자신이 인식해왔던 패턴, 즉 에고가 거기에 갈 것이라고 '자신이 믿는다'고 믿는다. 과연 사후세계는 어떤 모습일 것이며, 그것이 그렇게 존재하게끔 만드는 것은 무엇일까?

우선 '이름'이라는 것으로부터 천천히 시작해보자. 우리의 이름은 사후세계에서 통용될까? 만약 그렇다면 누군가의 이름을 짓는다는 것은 정말이지 엄청나게 부담스러운 일이 된다. 그 선택이 '영원히' 지속될 테니까 말이다. 다른 에고적 영혼들이 앞으로 나를 영원히 '크리스'라고 부른다고? 아무리 멋지게 지은 이름도 수백 년쯤 지나면 분명 고루해질 것이다. 사람들은 때때로 이름을 바꾸는데, 해석적인 마음조차도 이름이 바뀌었다고 그 모양까지 바꾸려고 들지는 않는다. 그러니 우리의 이름은 영원히 존재하지 않는 것으로 결론을 내도 큰 무리는 없겠다. '무엇' 시스템의 산물인 이름을 버리는 것은 사실 굉장히 가벼운 일이다.

그렇다면 기억은 어떨까? 우리의 에고적 자아는 많은 부분이 우리의 기억들로 구성되어 있다. 누군가가 "당신은 누굽니까?" 하고 묻는다면, 그때 우리가 첫 번째로 하는 일은 기억의 하드 드라이브를 열고서 우리가 '우리 자신을 정의한다'고 믿는 기억들을 꺼내는 것이다.

하지만 헨리 몰레이슨Henry Molaison의 사례를 보면 생각이 달라질 것이다(심리학계에서는 H.M이라는 애칭으로 더 잘 알려져 있다). 그는 뇌의 어떤 질병으로 실험적인 뇌수술을 받았다. 새로운 기억을 형성하는 데 필수적인 부위로 알려진 측두엽의 절제가 필요한 수술이었다. 수술은 그가 27세이던 1953년에 행해졌고, 그는 더 이상 새로운 기억을 만들어내는 일이 불가능해졌다. 수술 이전에 만들어진 장기 기억은 전혀 영향을 받지 않지 않았지만, 수술 후의 인생 전반에 걸쳐서 '무슨 일이 일어났는지'에 대한 새로운 기억을 다시는 갖지 못하게 된 것이다. 따라서 2007년이 되어도 헨리는 1953년 이후로 어떤 새로운 일도 벌어진 적이 없는 셈이었다. 그는 여전히 트루먼Truman이 대통령이고 자신이 20대 후반이라고 믿고 있었다. 그는 나이를 먹으면서 거울을 볼 때마다 자신의 늙은 모습에 매번 충격을 받았다.

헨리는 우리가 당연시하는 무언가 — 잠시 전에 무슨 일이 있었는지를 아는 것 — 의 중요성을 잘 보여준다. 그가 남긴 유명한 말이 있다. "매 순간 나는 불안하다. 내가 뭔가 잘못된 말이나 행동을 하지는 않았을까? 당신도 알다시피, 지금 나는 모든 것을 분명하게 보고 있지만 방금 전에 무슨 일이 있었는지를 모른다. 그게 나를 불안하게 한다. 마치 꿈에서 막 깨어난 것처럼 전혀 기억이 나지 않는다." 말하는 도중에 대화의 주제를 잊어버리는 것도 헨리에게는 큰 스트레스였다. 이런 점을 고려한다면 기억이라는 기능 자체는 전혀 문젯거리가 아닐뿐더러 오히려 우리에게 훌륭히 봉사하고 있다. 비록 그것이 일종의 꿈이라고 해도 말이다.

헨리는 82세가 되던 2008년에 사망했다. 헨리 같은 사람이 죽어서 천국에 간다면 어떤 일이 벌어질까? 그는 우리가 우리 자신을 '정의할' 때 사용하는 에고적 기억 모음이 없는 상태에서 대부분의 생애를 보냈다. 그렇다면 천국에 가는 것은 1953년의 그인가, 기억을 못하는 이후 생의 그인가? 본인이 죽었다는 사실을 자꾸 까먹어서 옆에 있는 영혼이 거듭해서 알려주어야 하는 상황을 상상해보라. "미안한데 너 벌써 죽은 지 3천 년 됐거든. 근데 네가 기억장애가 있어서 계속 그걸 까먹어."

혹시 천국에 가면 그의 모든 기억이 복원되는 것은 아닐까? 그럴 싸하지만, 과연 복원된 기억을 갖게 된 존재가 이전 생의 대부분에 해당하는 그 존재, 자기만의 독특한 개성을 갖고 있던 그 존재를 대변한다고 볼 수 있을까? 혹은 이런 개인적이고 에고적인 기억들이 애초부터 영원히 지속되는 것이 아니라면 어떨까? 경험했던 모든 것이 죽음과 함께 사라져버린다면?

헨리는 자신만의 이야기를 만드는 데 커다란 문제가 있었다. 그러나 우리는 우리의 이야기가 온전히 사후세계까지 이어지길 원한다. 해석하는 마음은 자신이 인식해낸 패턴인 에고가 영원히 살기를 진심으로 원한다. 그러나 우리 자신을 정의하는 데는 우리의 기억이 필요하고, 그렇게 정의된 우리 자신이 영원히 살아가는 것이라면, 헨리 같은 사람들은 어떻게 되는 걸까? 헨리는 말년의 인터뷰에서, 보통이라면 늘 곁에 있어야 할 에고적 기억들이 결여된 상태에서도 자신의 인생이 행복했는지를 묻는 질문에 "그렇다"고 답했다.

기억이나 지능, 성격 같은 것들이 뇌의 손상으로 인해 변하게 된 많은 사례들이 있다. 만약 손상이 인생 후반기에 발생했다면 그 이전까지의 자아가 영원히 살게 되리라고 생각해볼 수도 있겠지만, 손상이 너무 일찍 발생하여 그의 자아의 대부분이 이 손상과 함께하고 있다면 어떨까? 혹은 누군가가 너무 일찍, 그리 많은 기억을 갖지 못한 채로 죽었다면 어떨까?

그들은 천국에 가서 어떤 이야기를 나눌 수 있을까? 고작 몇 년밖에 못 살고 죽은 탓에 남은 '영원'의 시간 동안 할 얘기가 거의 없는 상황을 상상해보라. 이것은 남의 얘기가 아니다. 팔십 남짓한 인생의 기억이라고 해봤자 '영원'에 비교하면 그야말로 새 발의 피일 테니까 말이다. 그런데도 내가 여기 지상에서의 기억들을 영원이라는 시간 동안 반복해서 또 다른 에고적 영혼들과 떠들어댈 이유가 있을까? 사후세계에서 영원히 살면서 "200만 년 전에 말이야, 내가 심리학 교수였어"라고 말할 필요가 있겠는가? 기억이라는 것은 정말 영원할 가치가 있는가?

내가 수업을 할 때 쓰는 기억력 테스트가 있다. 다음의 열 개 단어를 읽은 후에 그것들을 가리고서 아래의 문장을 계속 읽어보라.

꿈, 밤, 황혼, 깜빡 졸다, 어둠, 코골이, 알람, 침대보, 침대, 시트

안 보이게 잘 가렸는가? 좋다. 나머지는 간단하다. 다음의 단어들이 위의 목록에 있었는지 대답해보라. 1) 흑돼지 2) 지능 3) 잠 ― 만약 당신이 대부분의 내 학생들과 비슷하다면 확신에 차서 3번을 찍을 것이다. 위의 목록을 확인해보면 알겠지만 '잠'은 없었다. 해석하는 마음이 일어났을 법한 것에 대한 기억을 또 한 번 창조한 것이다. 그것에게는 실제로 있었던 일이 아니라 무엇이 그럴싸한지가 더 중요하다.

우리의 기억은 과거사가 그대로 담긴 비디오테이프가 아니다. 각각의 기억은 우리가 그랬다고 '생각하는' 고도로 왜곡되고 편향된 이미지이다. 한마디로 기억이란 단순히 더 많은 생각들의 집합일 뿐이다. 앨런 와츠가 지적했듯이, '기억하다(re-member)'의 반대말은 '잊어버리다(forget)'가 아니다. 차라리 '기억하지 않다(dis-member)'라고 해야 한다. 다시 말하면 기억한다는 것은 끌어모은다(put together)는 뜻이므로 그 반대말은 따로 떼어놓다(take apart)가 되어야 한다는 소리다.

우리는 기억을 할 때(re-member/re-collect), 실제 있었던 일이 아니라 그것에 대한 우리의 생각(이야기)들을 한데 모아두는 작업을 한다. 우리의 기억들 중에 단 하나도 애초에 일어났던 그 사건 자체는 아닌 것이다. 시트콤 드라마에서는 어떤 사건을 설정한 후에 그것을 서로 다른 등장인물들의 시점에서 보여주는 식의 연출기법을 자주 사용한다. 재미있게도 우리는 이렇듯 하나의 사건을 두고 서로 철저히 다른 기억을 갖는 것이 남의 얘기일 뿐 우리 자신은 절대 그렇지 않다고 여긴다. 인지기능과 신념, 믿음들이 좌뇌 해석기의 산물이라면, 우리의 기억도 과거에 대한 우리의 편향된 해석일 뿐이어서 망상이나 꿈과 다를 바가 없다.

좌뇌 해석기에 대한 또 다른 연구에서, 가자니가 박사는 '쪼개진 뇌' 환자의 좌뇌와 우뇌에다 소풍을 가는 것과 같은 흔한 사건의 연속된 그림을 각각 보여주었다. 그런 후에 각각의 뇌가 무엇을 기억하고 있는지를 확인했다. 좌뇌는 아주 전형적인 형태의 실수를 보여주었다. 좌뇌는 개연성을 유지하기 위해서 원래 없던 그림들까지도 '기억'해냈다. 즉 좌뇌는 그랬을 것이라는 '생각'을 기억했다. 아까 당신의 좌뇌가 '잠'을 기억해낸 것과 마찬가지로 말이다. 우리의 기억은 실재의 반영이 아니다. 그것은 무슨 일이 일어났는지에 대한 우리의 생각이다.

이처럼 왜곡된 망상의 기록을 '영원토록' 간직하는 것이 과연 중요할까? 헨리의 기억이 손상된 적이 없었다고 해도 그것의 상당 부분은 착각과 망상과 왜곡으로 이루어져 있었을 것이다. 영원토록 가져갈 만한 것이 과연 그중에 있는가? 에고에게는 과연 영원할 가치가 있는 것이 존재하는가?

앨런 와츠가 제안하듯이 우리가 정말로 솔직할 수 있다면, 우리는 우리의 에고가 스스로 영원하기를 바라고 있음을 인정할 것이고 거기에는 아무런 잘못도 없다. 본래 좌뇌가 동사를 명사로 바꾸는 일을 하는 장치인 만큼, 실제로는 동사인 에고를 영원토록 유지될 명사로 바꾸고 싶어하는 것이 당연하지 않겠는가?

에고라고 불리는 패턴을 인식하는 것, 그리고 진지하게 그것이 저 밖에 실재한다고 생각하는 것, 더 나아가 그것이 언제까지나 영원히 저 밖에 실재하리라 생각하는 것, 이 모두가 '늘 심각한' 해석기의 산물이다. 에고는 언제나 동사지만 영원토록 유지되는 명사가 되고자 필사적으로 몸부림친다. 거꾸로 보면, '기억'이 흥미로운 주제인 이유는 그것이 본래 명사가 아니라 동사이기 때문이다.

당신의 기억들 중 그 어떤 것도 실제로 일어난 일은 없다. 그것들은 비록 익숙하게 느껴지지만 사실은 처음으로 연주되고 있는 멜로디와 같다. 기억은 독창적인 패턴 인식기에 의해 인식될 때라야 비로소 존재하게 되는 장난기 넘치는 창조물이다.

이제 우리는 기억이라는 것도 해석이나 신념, 믿음과 마찬가지로 두뇌의 산물일 뿐 결코 우리의 진정한 본질은 아님을 알게 되었다. 이 점에 유의할수록 당신은 "이게 사실이야"가 아니라 "나는 이랬다고 생각해"라고 말하게 된다. 그리고 이런 습관을 들이는 것 자체가 흥미로운 연습일 수 있다.

당신의 기억들 중 어떤 것도 실제로 일어났던 일이 아님을 다시 한 번 유념하라. 당신이 "이게 사실이야"라는 확신을 갖고 덤벼들지 않을 때, 낯선 이들까지 포함한 당신의 모든 인간관계가 얼마나 가볍고 경쾌해지는지를 확인해보라.

요가 선생인 스티브 로스Steve Ross는 이렇게 말했다. "실재하는 것은 사라지지 않습니다." 이 말을 살짝 바꿔보자. "환상은 애초부터 실재한 적이 없습니다." 그런데도 그것이 영원토록 간직할 만한 것으로 보이는가?

기억은 과거에 관한 에고의 부정확한 기록이다. 그것이 에고의 구조를 지지하는 듯 보이는 이유는 거기에 지지할 만한 다른 어떤 것이 존재하지 않기 때문이다. 기억은 훌륭한 하인이다. 에고적인 마음과 마찬가지로 그것이 '늘 심각한' 패턴 인식기의 눈에 보였을 때만 존재한다는 사실을 당신이 주지하고 있다면 말이다.

하지만 진짜 그럴 뻔했단 말야

어느 날 조깅을 하러 나갔는데 차 한 대가 아주 빠른 속도로 내 옆을 스쳐갔다. 물론 나의 해석하는 마음은 '거의 칠 뻔했잖아!'라는 이야기로서 반응했다. 심지어는 부상을 입은 내가 변호사를 선임해서 기필코 정의를 실현하는 영화까지 머릿속에서 상영됐다. 이것은 현실인가? 아니면 현실과 비슷하기라도 한 것인가?

이런 백일몽과 판타지는 '무엇' 시스템에서 한 발 더 나아간 '만약 ~라면' 시스템에 해당한다. 하지만 전에도 얘기했듯이, '만약 ~라면' 시스템 속에서 길을 잃고 헤매는 순한 판타지나 백일몽이 대체 무슨 문제가 있을까? 과거와 미래를 넘나드는 그 패턴이 비록 하나의 가능성에 불과할지라도 뭐 그리 잘못됐다 할 수 있겠는가?

나는 영웅이 되는 백일몽을 습관적으로 꾸곤 했는데, 어떤 질병의 완치법을 발견하여 세상을 구하거나 어떤 장치를 고안해서 인간의 수명을 200년 이상으로 늘리거나 하는 내용들이었다. 이것은 정말 순진하고도 즐거운 일이어서 거기에 어떤 해로운 요소가 있다고 보기는 어렵다. 우리는 머릿속에서 영화를 상영하듯이 어떤 상황을 상상하는데, 그것에 대해 생각하고 계획을 세울 시간이 충분하기 때문에 언제나 완벽한 방식으로 등장해서 나쁜 놈들과 맞서고, 악을 물리치고, 세계를 구한다.

나는 이것의 문제점을 눈치채기까지 상당히 오랜 시간이 걸렸다. 요점은, 이런 신화적인 판타지에 빠져들면 의식의 에너지를 해석하는 마음에다 쏟아 붓게 되어 결국 어떤 고통으로 이끌리게 된다는 것이다. 대립성의 법칙은 모든 행복한 판타지를 끝내 비극적 서사시로 만들어버린다.

프로이트는 건강한 마음이라면 절대 판타지에 빠져들지 않는다고 지적했지만, 현대의 많은 심리학자들은 오히려 판타지를 건강한 마음이 가질 수 있는 일종의 취미로 여긴다. 하지만 백일몽이나 판타지는 당신을 현실로부터 분리시키고, 머릿속에서 상영되는 그 영화를 볼 때마다 당신은 조금씩 '덜 깨어 있게' 된다.

나는 지금 당신에게 백일몽을 그만두라고 하는 것이 아니다. 다만 우리가 좋아하는 이 취미(영화)가 결코 해피엔딩으로 끝나는 법이 없다는 사실을 눈치채라는 것이다. 신경증이 될 수도 있고 근심이나 우울이 될 수도 있겠지만, 어쨌든 백일몽은 그 쇼의 관람료를 꼭 받아내고야 만다.

신경과학자들은 전두엽이 전체적인 계획을 세우는 총괄자(master planner)라고 본다. 미래를 내다보고 우리의 행위의 결과를 예측하는 것이 바로 뇌의 이 영역이라는 뜻이다. 측두엽을 '무엇' 시스템이라고 부른다면, 전두엽은 '만약 ~라면?' 시스템이라고 부를 수 있다.

유명한 피니어스 게이지Phineas Gage의 사례를 살펴보자. 철도 근무자였던 그는 철제빔에 의해 전두엽 대부분이 관통당하는 사고를 당했다. 그때가 19세기 중반이었음을 감안하면 어쨌든 그가 살아남았다는 사실 자체가 신기한 일이었다. 그다음으로 신기한 일은, 사고 이후로 그의 성격이 180도 변했다는 것이다. 그는 사고 이후에 자신의 행위가 어떤 결과를 초래할지를 판단하는 기능에 문제가 생겼던 것으로 추정된다. 그는 더 이상 직업을 유지할 수 없게 되었고, 지인들로부터 성격이 완전히 변했다는 소리를 듣게 되었다. 그는 뒷일은 전혀 생각하지 않은 채 쉽게 이성을 잃고 다른 사람들에게 큰 소리로 고함치며 화를 냈다.

전두엽 손상이 의사결정에 미치는 영향력을 연구해온 신경과학자 안토니오 다마시오Antonio Damasio는 전두엽에서 생성되는 감각들이 '합리성'이라는 것의 토대일 수 있다고 주장한다. 통제된 실험실의 연구보다 실생활의 사례를 더 선호했던 다마시오는 그 무엇보다도 흥미로운 의사결정 상황 — 도박 — 을 연구의 대상으로 삼았다. 그는 피험자들로 하여금 A, B, C, D라는 네 종류의 카드 묶음 가운데 하나를 골라 카드를 뽑도록 했다. A와 B에서 뽑은 카드에는 대개 "250달러를 받으세요"라는 내용이 적혀 있었고, C와 D에서 뽑은 카드에는 "50달러를 받으세요"라는 내용이 적혀 있었다. 하지만 A와 B에서는 심한 벌칙을 주는 카드, 예를 들면 "2500달러를 내세요"와 같은 카드도 심심치 않게 나왔다. 그에 비해 C와 D에는 비교적 약한 벌칙의 카드, 예를 들면 "100달러를 내세요"와 같은 카드가 섞여 있었다.

정상적인 전두엽을 가진 피험자들은 재빨리 A, B로부터 C, D로 갈아탔고 이는 돈을 몽땅 잃기 싫다면 당연한 결정이었다. 하지만 전두엽이 손상된 피험자들은 계속 A, B를 고집하다가 얼마 버티지 못하고 돈을 전부 잃었다. 이런 현상은 '손실이 발생하고 있다'는 어떤 느낌의 존재 여부와 관련이 있는 듯하다. 다마시오에 따르면, 정상인들은 벌칙카드를 뽑았을 때 강렬한 감정적 반응을 보였던 반면에 전두엽이 손상된 사람들은 마치 감정이 결여된 듯한 반응을 보였다고 한다.

얼마 전 카지노에서 있었던 일이다. 몇백 달러쯤 잃고 나자 불현듯 뭔가가 잘못 돌아가고 있다는 느낌이 엄습했다. 옆을 쳐다보니 아내도 나와 완전히 똑같은 생각을 하고 있는 표정이었다. 나는 카지노에서 빠져나왔고, 얼마간의 돈을 잃기는 했지만 결과적으로 도박을 멈춘 것은 매우 훌륭한 결정이었다. 도박을 계속했을 때 어떤 결과가 나올지에 대한 '느낌'이 없었다면 분명 잘못된 결정을 계속 내렸을 것이고, 그런 점에서 미래를 고려할 줄 아는 이 능력은 참으로 가치 있는 것이다. 그러나 해석하는 마음의 다른 수많은 긍정적인 기능들과 마찬가지로, 우리는 그것을 우리의 주인이 아니라 하인으로 삼아야 할 필요가 있다.

강박신경증(Obsessive-Compulsive Disorder)을 전두엽의 과잉활성화에 의해 '만약 ~라면'의 무한순환 속에 빠져 있는 상태로 설명하는 이론이 있다. 하지만 사실은 '정상적인' 사람들도 이 '만약 ~라면'의 가상현실 속에서 꽤 많은 시간을 보내고 있다. 혹시 불을 켜고 나왔다면? 혹시 손에 병균이 묻었다면? 혹시 이 회사에 취직이 안

된다면? 혹시 소울메이트를 만나지 못한다면? 강박신경증을 앓고 있는 환자는 정상인에 비해 그 강도가 좀더 셀 뿐이다.

나는 딸아이의 유치원 졸업식에 갔다가(그렇다. 이런 행사들은 이토록 어릴 때부터 시작된다) 모든 부모가 사진을 찍느라 동분서주하는 모습을 보았다. 우리는 미래의 기억을 위하느라 지금 여기에 머무르지 못한다. 아마도 미래의 어떤 날에 그 사진들을 보면서 말할 것이다. "오, 이 사진들 찍었던 때가 기억나네." 하지만 이것은 '과정'을 '사물'로 만들려는 뻔한 시도일 뿐이다. 지금 여기가 아니라 혹시 모를 미래 속에서 살게 하는 카메라와 비디오의 존재는 과도한 전두엽 기능(만약 ~라면)과 관련이 깊다. 가끔은 카메라를 치워버리고 사진을 찍지 않는 것 자체가 훌륭한 연습이 된다. 현실을 고정된 것으로 만드는 것과 있는 그대로 즐기는 것의 분명한 차이를 느껴보라.

또 다른 유명한 심리학 실험이 있다. 네 살짜리 아이들에게 지금 당장 마시멜로 한 개를 먹을지, 아니면 조금 참았다가 두 개를 먹을지 선택하도록 하는 실험이었다. 이 연구의 가장 흥미로운 점은 아이들을 14년간이나 추적관찰했다는 것이다. 연구자들은 각기 다른 선택을 한 아이들 사이에 매우 의미 있는 차이가 있음을 발견했다. 유혹을 참지 못했던 아이들은 SAT(학습성취도 시험)에서 평균 250점 정도 뒤처지는 점수를 받았고, 다양한 심리학적 검사에서도 정신적으로 건강하지 못함을 반영하는 결과들을 보였다.

참지 못하고 마시멜로 한 개를 먹은 아이들은 '현재집중형'이라고 불렸고, 참았다가 두 개를 먹은 아이들은 '미래집중형'이라고 불렸다. 그러나 심리학이 아직 '지금 이 순간'의 의미를 제대로 파악하지 못하고 있기 때문에 학자들이 두 집단의 이름을 거꾸로 붙였던 것 같다. 소위 '미래집중형' 아이들은 미래를 예상하고 미래에 살려고 한다고 여겨졌지만, 그게 아니라 그들은 그저 지금 이 순간에 더 만족하는 편이었던 게 아닐까? 반면 '현재집중형' 아이들은 지금 이 순간을 불편하게 느꼈기에 사탕이라는 보상을 통해 약간이라도 당장 상황을 바꾸고 싶었던 것이 아닐까?

지금 이 순간을 편안하게 느끼는 것이 전반적인 정신적 건강, 더 지적인 사고, 그리고 역설적이게도 더 나은 미래를 좌우하는 핵심 열쇠라면 어떨까? 이쯤 되면 대립성 법칙이 한결 친숙하게 느껴지지 않는가? 나는 내 아이들과 함께 지금 이 순간에 집중하는 연습을 해왔다. 나는 딸아이가 지금 이 순간이 유일한 실재임을 경험하고 완전히 달라지는 모습을 목격했다. 일종의 게임으로서, 나는 딸아이에게 반복해서 '그것이 언제인지'(when it is)를 물어보고, 아이는 늘 가장 진실한 태도로 "바로 지금이에요. 아직도 바로 지금이에요. 그리고 언제나 바로 지금이에요"라고 대답한다. 그러고는 이것이 이미 알고 있는 사실을 기억해내는 것에 불과하다는 듯한 흥미로운 표정을 짓는다.

'지금 여기' 안에서 진정으로 필요한 것이 얼마나 적은지를 느껴 보는 것은 정말 재미있는 일이다. '지금 여기' 안에서는 당신이 마시멜로 한 개를 먹든 피자 한 조각을 먹든 전혀 중요하지 않다. 우리의 중독증상들은 전부 과잉활성화된 전두엽에 그 뿌리를 두고 있다. 그것이 지금 이 순간을 과거 혹은 미래라는 다른 것으로 바꾸고 있다.

내가 제시하는 연습들은 전두엽이 훌륭한 결정들을 내리는 작업을 포기하도록 하기 위함이 아니다. 다만 어려움 없이 진짜 현실로 되돌아올 수 있게 하기 위함이다. 대립성 법칙 때문에, 판타지나 백일몽 속으로 빠져들지 않으려는 '노력'은 부질없는 짓이 될 것이다. 멈추려고 애쓸수록 더 자주 나타날 것이기 때문이다.

하지만 당신은 그것들이 실재가 아님을, 그리고 그것들이 어떻게 우리로부터 지금 이 순간을 앗아가는지를 알아차릴 수 있다. 또한 운이 좋다면, 당신의 해석하는 마음이 '만약 ~라면' 혹은 '진짜 그럴 뻔했단 말야'라는 식으로 반응하는 모습을 포착해낼 수도 있을 것이다. 그것은 패턴 인식기의 흔적을 발견하는 아주 유용한 연습이 될 것이다. 누군가가 당신의 차를 거의 받을 뻔했을 때, 누군가가 '당신이 차지할 수도 있었던' 경품을 탔을 때, 뭔가 비싼 물건을 거의 떨어뜨릴 뻔했을 때, 혹은 '지금 아픈 원인이 치명적인 질병이면 어쩌지? 지금 구입한 자동차가 문제가 있는 차면 어쩌지? 경기가 더 나빠지면 어쩌지?'라고 생각하게 될 때 한번 시도해보라.

부와 명예가 가득한 에고의 신나는 판타지들은 '만약 ~라면'의 또 다른 형태이다. 대학에 다닐 때 내가 가졌던 판타지들은 위대한 인물이 되는 것으로부터 어떤 질병으로 인해 죽어가는 것까지 극과 극이었는데, 나는 그 판이한 판타지들이 대립성의 법칙을 따르는 단일한 메커니즘(만약 ~라면)으로부터 발생한다는 사실을 전혀 알지 못했다. 내가 몽상적이고 달콤한 판타지들에 쏟아 부었던 의식 에너지가 '만약 ~라면' 시스템의 넉넉한 연료가 되어 수백 가지의 질병, 비극, 고통을 낳았던 것이다.

이런 반작용과 대립성을 눈치채기는 쉽지 않지만, 당신이 직접 그것을 경험해볼 방법이 하나 있다. 바흐 교수의 홈페이지로 돌아가서 '운동잔상효과'(motion aftereffect) 혹은 '폭포수 효과'(waterfall effect)를 찾아보라.(www.michaelbach.de/ot/index.html) 그러면 한 방향으로 진행되던 움직임이 이미지가 바뀐 후에 그 반대의 움직임을 일으킨다는 사실을 알 수 있을 것이다. 이것은 불평, 불안, 걱정, 쾌락에 이르는 모든 '만약 ~라면'에 해당하는 현상이다. 모든 긍정적인 판타지는 때가 되면 끝에 도달할 것이고, 똑같은 정도로 부정적인 이야기가 그 뒤를 이을 것이다.

우리는 '만약 ~라면' 장치의 존재를 알아차리는 것으로 충분하다. 그때 '깨어 있음'을 경험할 공간이 생겨난다. 그러니 전두엽을 제거하는 것이 무슨 의미가 있겠는가? 전두엽의 기능 덕분에 당신은 골치 아픈 관계에서, 문제 있는 상황에서, 그리고 도박장에서 빠져나올 수 있다. 물론 이 기능을 '좋게' 보는 것도 '나쁘게' 보는 것과 마찬가지로 결국 해석기의 산물이지만 말이다.

어쨌든 이것을 제거하려 한다면 핵심을 완전히 잘못 짚은 것이다. 약을 먹거나 얼음송곳으로 정확한 부위를 찌르면 이것을 간단히 제거할 수 있다. 뇌과학자인 질 테일러Jill Taylor가 바로 그런 일을 겪었다. 어느 날 그녀는 좌뇌의 뇌졸중으로 인해 더 이상 언어로써 사고할 수 없게 되었다. 세상을 분별할 수 없었고, 어디까지가 자신의 몸이고 어디서부터가 외부세계인지도 알 수 없었다. 미래(만약 ~라면)를 고려하는 기능이 멈춰서 지금 여기에만 머물러야 했다.

여기서 반전은 그녀가 이 상태에 계속 갇혀 있지만은 않았다는 사실이다. 그녀는 간신히 미래(만약 ~라면)를 떠올리고 구조를 요청

했다. 의학적인 처치 후에 해석하는 마음의 기능은 회복됐지만, 그것은 더 이상 그녀의 의식의 주인이 될 수 없었다. 우리 모두는 '만약 ~라면' 시스템이 꺼져 있던 유아기를 경험한 바 있다. 그때로 돌아가자는 말도, 그것을 없애자는 말도 아니다. 단지 그것의 존재를, 그리고 그것이 의식의 하인일 뿐 주인이 아니라는 사실을 알아차리자는 말이다.

이해한다는 것은 무슨 뜻인가?

이 장의 많은 부분이 당신의 해석하는 마음에게는 '감이 잡히지(make sense)' 않을 것이다. 애초부터 그런 목적으로 쓰여진 내용이 아니기도 하다. 해석하는 마음은 실재를 실재가 아닌 것으로 바꿔서 인식하는데, 우리는 '이해한다'는 단순한 개념에서도 바로 이런 측면을 찾아볼 수 있다. 자기 자신을 해석하는 마음과 동일시하는 사람에게 '이해한다'는 것은 육체적 감각(sense)과 관련이 깊으므로 우선 그것으로부터 논의를 시작해보자.

흔히 '이해한다'는 것은 어떤 사물이 다른 사물과 어떻게 영향을 주고받으면서 사건을 발생시키는가를 안다는 것을 뜻한다. 이런 정의는 아이작 뉴턴Isac Newton으로부터 시작되었다고 볼 수 있다. 이런 '이해'는 주로 해석하는 마음에 속하고, 감각적 경험에 크게 의존하며, 만물의 작용을 이론화하기 위해서 그것이 관념이 아니라 진짜 현실이라고 암묵적으로 전제하는 상황에서 성립된다.

과학에서 말하는 '이해'는, 그것이 외부세계로 향한 것이든 우리 자신을 향한 것이든 간에, 거의 언제나 해석기를 통해서 세상을 분류해서 바라보는 작업이다. 그것은 모든 것이 서로 다르고, 독립적이고, 고립되어 있다는 관점이므로 사실상 에고와 동일한 것이다.

손목시계를 예로 들어보자. 간단한 구조의 손목시계는 몇 개의 톱니바퀴들과 전원장치, 회전장치가 다 함께 작동하여 시계판 위의 바늘을 돌아가게 한다. 나는 그 부품들을 하나하나 언급하고 그림으로 그려서 그것들이 서로 어떻게 연동하여 작동하는지를 설명할 수 있다. 당신도 나처럼 오랫동안 시계를 다뤄왔다면 스스로 그것을 '이해한다'고 생각할 것이다.

하지만 시계장인들이 시계의 작동방식을 "이해한다"고 말할지라도, 온전한 '이해'는 해석하는 마음의 한계 탓에 애초에 불가능한 일이다. 해석하는 마음은 낱낱의 사물을 인식할 뿐이지 그것들을 하나로 엮는 '접착제'에 대해서는 철저하게 무지하기 때문이다.

현대심리학에서 가장 인기 있는 주제 중 하나는 '의식'이다. 지금까지는 해석하는 마음이 의식의 전부라고 여겨졌기에 그것에 관해서 가장 많은 연구와 발견이 이뤄졌다. 그러나 그것은 종소리를 듣거나 종이 위에 적힌 단어를 읽는 것과 같은 감각정보에 전적으로 의존하고 있다. 이런 유형의 의식은 그 기능상 한 번에 한 가지만 인식할 수 있으므로 '무한의 세계'를 제 입맛대로 바꿔버린다. 달리 말하면 실재를 실재가 아닌 것으로 바꾸고, 지금 이 순간을 여러 조각으로 나눈다.

대부분의 사람들은 현실의 여러 조각들 중에서 한 조각만 한 번에 처리할 수 있다. 나는 문고리에 꽂힌 열쇠를 보고, 다음에 테이블

위의 컵을 보고, 그다음에 내 손의 감각을 알아차린다. 이처럼 심리학자들은 의식을 '무엇'인가를 인식하는 상태라고 정의한다. 의식에는 내용물이 존재하며, 우리는 의식 안에서 한 번에 하나의 대상만 붙잡을 수 있다는 말이다. 현대과학의 관점에서 의식은 무엇인가를 점유하고 있어야만 한다. 현대과학 자체가 해석하는 마음의 산물이기 때문이다. 그리고 해석하는 마음은 언제나 과정을 사물로, 동사를 명사로 만든다.

지금 당신도 이런 유형의 의식 안에서 한 번에 한 단어씩 읽고 있는 중이다. 이런 유형의 의식은 감각을 최우선으로 치기 때문에, 우리는 정의(justice)와 같은 추상적 관념보다는 다른 사람과 손이 닿는 것 같은 감각적 사건을 훨씬 잘 인식한다. 만약 당신이 정의나 공정성 같은 추상적 관념을 다뤄야 한다면, 그때 최고의 방법은 저울과 같은 감각적인 이미지를 동원하는 것이다.

해석하는 마음은 '한 번에 한 가지'만을 인식하여 '이것으로 인해 저것이 발생한다'라는 관점을 취하므로 '이해'라는 측면에서 불완전하다. 해석기의 기능이 원래 그렇다. 뉴턴의 고전적 예를 빌리자면 당구공 하나가 다른 당구공을 때리는 식이다. 그것은 '한 번에 한 가지'에 해당하므로 우리는 그것을 감각적으로 잘 인식할 수 있다. 해석하는 마음 안에서 우리는 뭔가를 감각적 경험과 연결시켜야만 그것을 이해할 수 있다. 제일 첫 장에서 언급했듯이, 우리는 세상을 동사가 아니라 명사로 파악하고 그것들 사이의 공간을 놓쳐버리기 때문이다.

우리는 이것이 저것에 영향을 주는 것을 보고서 "오, 무슨 뜻인지 알겠어(see: 보다)"라고 말한다. 뭔가를 이해한 후에는 그것이 손을 뻗어 잡을 수 있는 사물인 것처럼 "이제 알겠어(get it: 잡다)"라고 말한다. 또는 "머릿속이 환해졌다"고 말하기도 한다. 많은 것을 이해하는 사람을 보고는 "똑똑하다(bright: 밝다)"고 얘기하고, 그렇지 못한 사람은 "멍청하다(dull/dim: 어둡다)"고 얘기한다. 다른 사람의 말을 이해했을 때도 "네 생각이 뭔지 알겠어(see)"라고 말한다. 해석하는 마음은 뭔가를 이해하기 위해서 항상 그것을 사물로 바꾸고 감각적 경험을 동원한다.

'인식'과 '이해'를 동일한 것으로 보는 데서 비유가 등장한다. 우리는 뭔가 복잡한 것을 다른 누군가에게 이해시키기 위해 그것을 감각적 경험과 연관시킨다. 사랑이란 게 무엇인지 묘사하기 위해 당신은 이렇게 말할 수 있다. "사랑은 장미와 같다. 아름답지만 가시가 있어서 때로는 상처를 준다." 우리는 일터에서도 "앞서다", "뒤처지다", "정상에 오르다" 등의 표현을 쓴다. 관념을 경험된 인식으로 바꿔주는 이런 비유들을 통해 우리는 지금 자신의 상태가 어떤지를 알게 된다. 우리의 의식도 모든 것이 어둠 속에 있는 가운데 그중 하나만 비추어 밝히는 조명으로 비유되곤 한다. 그러나 이런 유형의 의식은 어둠과 빛이 동전의 양면으로서 나뉠 수 없는 것이라는 사실을 전혀 알지 못한다.

공 하나가 다른 공에 부딪혀 움직이게끔 하는 뉴턴식의 우주를 묘사할 때 우리는 이렇게 얘기한다. "감이 잡힌다(makes sense)." 여기서도 다시 '이해'는 감각적 경험으로 귀결된다. ─ 왜 내 차에서 이상한 소리가 나지? 어떤 부분이 망가져서 갈아 끼워야 할 것 같아. 왜

명치 부분이 아프지? 위산이 너무 많이 분비돼서 그런 거니까 이 약을 먹어야겠군. 왜 이렇게 우울하지? 뇌 안에서 어떤 신경화학물질이 너무 적어서 그런 거니까 이 약을 먹어야겠군.

이렇듯 '이것으로 인해 저것이 발생한다'는 사고야말로 과학의 핵심이며 해석하는 마음의 작동방식이 고스란히 반영된 결과이다. 이것은 세상을 수많은 방법으로 쪼개고 범주화하고 분별하여 그런 차이가 정말로 실재한다고 여기게 만들어왔다. 과학적 실험은 어떻게 '이것으로 인해 저것이 발생하는지를' 살펴보는 것이 전부이다. 아무리 복잡하게 설계된 실험일지라도 '이것으로 인해 저것이 발생한다'는 논리는 여전히 유효하며 단지 변수의 개수가 늘어날 뿐이다.

예를 들어 커피는 정신이 번쩍 들게 해줄 수 있지만 대개는 아침에 그런 효과를 주며 밤에는 효과가 달라져서 당신을 예민하게 만든다. 과학에서 이런 것을 상호작용이라 부르는데, 이를 이해하기 위해서는 해석하는 마음을 약간만 더 밀어붙이면 된다. 하지만 현실은 훨씬 복잡하다. 커피가 아침에는 정신을 차리게 해주고 밤에는 예민하게 만들지만, 이것은 남자에게만 사실이다. 여성에게는 정반대로 아침에는 신경질적으로 만들고 밤에는 좀더 효율적으로 사고하게끔 한다. 자, 이쯤 되면 당신의 해석하는 마음이 점점 그 한계에 부딪히기 시작한다고 느낄 수도 있겠다. 테이블 위에 너무도 많은 당구공이 있고 나름대로 제각각 어지럽게 부딪히고 있어서 전체를 파악하기가 어려워졌다. 그러나 이토록 '복잡한' 상호작용들도 결국은 '이것으로 인해 저것이 발생한다'는 전제하에 당구공의 개수가 좀 늘어난 것에 불과하다.

이런 식의 사고방식이 바로 해석하는 마음이 뭔가를 '이해한다'는 것의 의미이고, 현대과학이 뭔가를 '이해한다'는 것의 의미이다. 우리는 패턴 인식기이자 해석하는 마음인 그것에 완전히 종속돼왔기에 그것의 이해 말고 다른 방법이 존재할 수 있다고는 감히 생각지 못하고 있다.

그러나 이렇게 단선적單線的으로 바라보기에는 세상의 상호작용이 너무나 복잡하기 때문에 해석하는 마음은 '전체'를 파악할 엄두를 내지 못한다. 시계장인들은 시계의 작동방식을 "이해한다"고 말하지만, 최고로 숙련된 장인조차도 내용물 기반의 의식에 의존하는 한 그 모든 상호작용을 한꺼번에 인식하지는 못한다. 대신 내용물 기반의 의식은 그것을 '단순화해서' 이해한다. 그러니까 지금 우리가 '이것으로 인해 저것이 발생한다'는 식으로 생각하고 있다면 그것은 해석하는 마음이 만들어낸 것이다. 물론 이런 '단순화된' 방식의 이해가 결과적으로 현실과 합치되는 경우도 있기는 하다. 때로는 내 차의 엉뚱한 부품(Johnson rod)*을 갈아끼웠을 뿐인데 잡음이 사라지기도 하는 법이니까.

그렇다면 해석하는 마음의 이해 말고 다른 어떤 유형의 이해가 존재할 수 있을까? 범주화된 현실의 조각들은 전부 그 반대극을 갖는다. 해석하는 마음이 우리의 자각 속에, 즉 빛 속에 있는 거라면 어둠 속에도 그것의 반대극이 있지 않을까?

---

* 만만해 보이는 손님에게 수리비를 과다청구하기 위해 수리기사들이 아무렇게나 갖다붙이는 말("존슨 로드를 교체해야겠어요")을 뜻한다. 역주.

해석하는 마음은 자신이 이해하지 못하는 것을 '난센스(nonsense)'라고 말한다. 나는 의식에 관한 내 이야기를 전부 '난센스'라고 말해 버리는 사람을 보게 되면 오히려 반갑다. 왜냐면 감각적 경험과 연결시킬 수가 없다는(non-sense) 측면에서 전적으로 옳은 말이기 때문이다. 텅 빈 공간 속에는 이처럼 눈에 보이지 않는 뭔가가, 만져지지 않는 뭔가가 있는 게 아닐까?

우선 나는 이 해석하는 마음에게 '방아쇠'가 있음을 지적하고 싶다. 해석하는 마음이 뭔가를 움켜쥐게(get it) 하는 계기 말이다. 해석하는 마음은 무질서한 것들로부터 패턴을 보고(see) 그것이 저 밖에 진짜 존재한다고 믿을 때 '어떤 도구'를 사용하는가? 해석하는 마음은 '어떨 때' 당신의 직장동료가 당신에 대해 음모를 꾸미고 있다고 보는가(see)? '어떨 때' 당신은 저 차가 당신을 치려고 했다고, 혹은 배가 아픈 이유가 치명적인 질병 때문이라고, 혹은 당신의 직업이 중요한 일이라고 보는가(see)? '어떨 때' 당신은 의미 없는 것들 속에서 의미 있는 뭔가를 보는가(see)? 우리는 이 방아쇠의 존재를 전혀 모르고 있다. 왜냐면 우리가 보는 것이 진짜 사실이라고 굳게 믿고 있기 때문이다.

근 백여 년간 잊혀졌지만, 미국의 심리학자 윌리엄 제임스William James는 모종의 비감각적 의식의 존재를 주장하면서 그것을 '프린지 fringe(주변부)'라고 불렀다. 프린지는 어떤 모호한 '앎의 느낌(feeling of knowing)'으로서 거기에는 직접적인 감각이나 인식 가능한 내용물이 없다. 프린지는 전체 맥락을 통으로 처리한 후에 '맞다/틀리다' 정도의 전반적인 느낌을 만들어낸다. 말하자면 큰 그림에 대한 아주 짧은 감상평 같은 것으로, 해석하는 마음의 한계 탓에 더 이상의 설명은 불가능하다.

만약 당신이 어떤 방에 들어갔을 때, 단번에 그곳이 지내기에 근사한 곳임을 알게 됐다면 이때의 '맘에 든다'는 느낌이 바로 프린지이다. 그 느낌에는 귀에 들리는 음악과 벽에 걸린 작품들과 가구 등의 모든 요소가 통합적으로 반영되어 있다. 이 프린지 의식이 흥미로운 이유는 거기에 명확한 감각적 내용물이 전혀 없기 때문이다. 아마도 그렇기 때문에, 1890년대에 제시된 개념임에도 최근까지 심리학계에서 거의 다뤄지지 않았을 것이다.

내가 좋아하는 프린지 경험은 집을 나선 후에 뭔가 잊은 것이 있다는 느낌이 드는 데 도저히 그게 뭔지 모르겠는 때이다. 윌리엄 제임스는 이것을 "혀끝에서 맴돈다"고 표현했다. 바로 거기에 뭔가가 있는 것 같은데 그게 말(내용물)로 나오질 않기 때문이다. 보통은 의식의 내용물은 명확한 반면 프린지 경험은 모호한데, 이 경우에는 입장이 서로 뒤바뀌어 있다.

시험을 보는 학생들은 종종 자신이 확실히 답을 알고 있는데 단지 그걸 증명할 수가 없을 뿐이라고 말한다. 그런데 그게 윌리엄 제임스의 프린지 개념에 관한 시험이라면 이것만큼 역설적인 일도 없다. 그 자체가 '혀끝에서 맴도는' 예의 전형이기 때문이다. 이런 유형의 의식은 너무나 오래 방치되었기에 오히려 탐구하기 좋은 대상이다. 다음번에 '혀끝에서 맴도는' 경험을 하게 된다면 그것이 당신의 몸 안의 어디에 있는지를 찾아보라. 어디라고도 할 수 없을 것이다.

다음의 글을 최대한 주의 깊게 읽어보라. "잡지보다는 신문이 낫다. 거리보다는 해안가가 낫다. 처음에는 걷는 것보다 뛰는 게 낫다. 당신은 아마도 여러 번 시도해야 할 것이다. 그것은 조금 기술이 필요하지만 어려운 일은 아니다. 일단 성공하고 나면 그 이후로는 문제될 게 거의 없다. 새들은 좀체 가까이 다가오지 않는다. 하지만 비가 오면 매우 빨리 젖는다. 너무 많은 사람들이 하는 것도 문제를 야기한다. 많은 공간을 필요로 한다. 문제가 없다면 그것은 너무나 평화롭다. 돌멩이는 닻으로 쓰일 것이다. 만약 너무 느슨해지면, 만회할 기회가 없을 것이다."

이 글이 어떻게 느껴지는가? '맞다'는 느낌이 안 드는가? 모든 것이 불명확하고 무작위적이고 의미 없게 들리는가? 해석하는 마음은 낱낱의 단어를 하나씩 인식할 뿐, 그 전체를 하나로 묶어줄 의미(접착제)를 보진 못한다. 자, 이제 이 글이 연날리기에 관한 것임을 알고 나서 다시 한 번 읽어보라.

당신이 의미가 없다고 믿든 있다고 믿든 간에, 보이지 않게 계속 거기에 있었던 프린지 의식을 알아차려보라. 이제 모든 게 '감이 잡히게(make sense)' 되었다. 이처럼 전체를 하나로 아우르는 것이 바로 프린지 의식이고, 바로 여기서 '이해한다'는 것에 관한 우리의 근본적인 오해가 드러난다. 이해란 외부 현실 속에 있는 뭔가를 가져오는 것이 아니다. 오히려 그것은 내적인 과정이다. 다만 내적인 과정이 본래 보이지 않는 것이기에 우리가 그 의미가 바깥에 있다고 확신할 뿐이다.

이 글이 연날리기에 관한 것임을 알고 나서, 마치 거기에 '의미'란 것이 발견되기만을 기다리며 숨어 있었던 것처럼 우리는 이것이

의미 있는 글이라고 확신한다. 그러나 이것이 연날리기에 관한 것임을 알았든 몰랐든 간에, 이 글 자체에는 고작해야 그냥 어떤 정육면체 그림 정도의 의미밖에 없다.

프린지를 탐구해보면 그것이 해석하는 마음의 '이해'의 반대극임을 알게 된다. 왜냐면 그것에는 '무엇(내용물)'이 빠져 있기 때문이다. 해석하는 마음이 낱낱의 사물을 이해하듯이, 프린지는 그 사이사이의 공간을 느낀다. 사물들의 관계를 완성하는 것이 바로 프린지이다. 사물들이 어떻게 서로 연관되어 있는지에 대한 요약평이 당신에게는 '맞다/틀리다'는 느낌으로 경험된다. 이때도 당신은 "감 잡았어 (make sense)"라고 표현할 수 있겠지만, 정말 그런가? 연날리기에 관한 글로 돌아가보라. 그 의미는 당신 몸속의 어디에 있는가? 그 의미는 어떤 감각에 의해 드러나게 되었는가?

프린지는 공간에 관한 것이기에 감각은 직접적으로 그것을 경험할 수 없다. 모든 것을 하나로 묶어주는 의미는 어떤 감각과도 연관이 없다. 그것은 몸 안의 어디에도 있지 않은, 희미하고 모호한 느낌이다. 이것이야말로 해석하는 마음의 가장 흥미로운 반대극, 미지의 대척점이다.

융은 모든 불빛은 그림자를 드리우기 마련이라고 말했다. 에고적인 마음의 그림자가 바로 프린지이다. 에고는 실체가 없지만, 모든 인식된 패턴은 그 주변 공간에 그림자를 드리운다. 해석하는 마음은 사물과 내용물에 제약되어 있지만, 프린지는 그것들 사이의 관계와 공간을 이용한다. 우리가 자각하지 못할 때도 말이다. 에고를 포함한 모든 의미 있는 패턴은 공간, 배경, 텅 빔에 의존하고 있다.

프린지는 사물들 간의 상호작용에 관한 의식이어서 낱낱의 사물이 아니라 관계와 공간을 인식하게 한다. 즉 프린지를 알아차리는 것은 어떤 사물이든 그 배경에 전적으로 의존하고 있음을 알아차리는 것이다. 현대심리학에서 '의미'라는 개념이 거의 다뤄지지 않는 것은 놀라운 일이 아니다. 문단 전체를 하나로 엮는 것도 의미이고, 에고를 하나로 엮는 것도 의미이지만, 이것은 완전히 투명한 접착제여서 우리는 이것의 존재를 모른다.

의미는 공간에 관한 것이어서 대부분의 '과학적' 치료법들로부터 무시당하고 있지만 이는 합당치 않은 처사다. 니체는 이렇게 말했다. "'왜'라고 질문할 줄 안다면 어떤 것이든 해결할 수 있다." 대부분의 치료사들도 의미의 중요성을 알고 있다. 하지만 그게 에고에 의한 현대과학에는 잘 들어맞지 않는다는 게 문제다. 의미는 공간에 관한 것이어서 당구공처럼 직접 인식할 수가 없기 때문에 꺼림칙한 무엇으로 여겨지고 있다.

사물은 그 배경에 의해 정의되고, 의미는 그 공간에 의해 정의된다. 그러나 해석하는 마음은 이런 사실을 거의 알지 못한다. 그럼에도 텅 빈 공간 그 자체를 알아차리게 된 사람들이 계속 나타나고 있다. 그들은 우주를 통째로 '이해하는' 경험을 하게 되는데, 다시 말하지만 이것을 에고에게 '이해시킬' 방법은 없다. 그런 시도는 마치 세상 전체를 집에 가져와서는 당신의 책장에 꽂아두려고 애쓰는 것과 같다.

사실 과학과 신비체험 사이에는 어떤 불일치도, 모순도 없다. 단지 과학은 주로 사물을 다루고, 당신은 공간에 대한 앎을 사물로 전환시킬 수 없을 뿐이다. 앞서 두 개의 원이 같은 크기이고 두 개의 세로선이 평행하다는 사실을 알아차렸을 때처럼, 당신은 그것에 대해 논쟁할 필요가 없다. 이런 의식 상태에 있는 사람은 만물이 있는 그대로 완벽하다는 것을 안다. 이것이 바로 깊은 이해이다. 에고적 마음의 노력, 욕구, 목표 따위가 다시 전면에 떠오르긴 하겠지만, 이제 그것들은 더 이상 주인이 아니다.

좌뇌 의식은 우주를 통제해야 할 개별 사물들로 보고, 그럼으로써 그 각각을 이해한다. 에고적 마음은 우주로부터 자신이 분리된 것처럼 가장하기 때문에, 이 당구공이 저 당구공을 때리는 식의 '해석적 이해'를 통해서 예측하고 통제하는 것만이 현실에서 설 자리를 마련하는 유일한 방법이다. 이것이 좌뇌에 의해, 에고적 마음에 의해 발전해온 현대과학이 말하는 '이해'이다. 이것이 현대과학의 유일한 세계관이다.

그러나 에고적 마음이 아닌 의식 상태에서는 우리 사이의, 모든 것 사이의 경계가 희미해진다. 경계가 희미해질수록 이해해야 할 것 — 저 밖에 있는 것 — 도 적어진다. 그 말은, 의식이 덜 범주화될수록 '해석적 이해'가 '공간적 프린지'로 더 많이 전환된다는 뜻이다.

우리는 보통 어떤 사물이나 내용물에 관한 '이해'를 말한다. 그런데 우리는 아무것도 아닌 것(nothing)도 '이해'할 수 있을까? 저 스스로를 주시하는 의식 외에 아무것도 없는 상태는 과연 어떤 것일까?

사물들 사이의 공간을 알아차리기 시작할 때, 당신은 공간에 의해 모든 사물이 연관되어 있음을 깨닫고 이 '텅 빔'에 대해 새로운 고마움을 느끼게 된다. 너무나 오랫동안 세상을 범주화하는 것과 세상을 이해하는 것을 같은 것으로 여겨왔던 우리에게 그 분리의 게임의 종결은 어떤 의미일까?

간단한 연습을 통해 해석적 이해와는 다른 뭔가를 경험해보자. 다음을 살펴보라.

여기에는 배경과 글자 간의 상호작용밖에 없다. 그런데 글자가 있고 없고, 글자가 선명하고 그렇지 않고가 전적으로 그 상호작용에 달려 있다. 좌우의 글자들은 배경과의 대비로 인해 두드러져 보인다. 핵심은 글자색과 배경색이 '서로' 다른 데 있다.

마찬가지로 어떤 사물이 두드러지려면 정반대의 배경이 있어야 한다. 모든 사물(every thing)의 반대극이 바로 프린지이다. 하지만 우리의 에고는 사물이 배경과는 독립적으로 존재한다고 믿고, 우리로 하여금 그 독립된 것들만을 알아가도록 했다.

다른 연습이다. 다음 그림은 자동적으로 'word'라고 이해될 것이다.

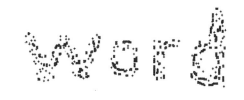

이 그림에서 검은 점들과 그 점들 사이의 공간이 '똑같이' 중요하다는 사실을 알겠는가? 어떤 면에서는 공간이 사물(검은 점)보다 더

중요하다고 볼 수도 있다. 왜냐하면 이 'word'와 그 외 다른 모든 것 사이의 차이를 만들어내는 것이 바로 점들 사이의 공간과 그에 의해 만들어지는 관계이기 때문이다. 해석하는 마음이 없다면 거기에는 어떤 분리된 것도 없을 것이고, 따라서 어떤 독립된 사물에 대한 이해도 없을 것이다.

또 다른 그림을 보면서 이번에는 유치원생이 되어보자. 하나와 둘의 차이와 같은 정말 단순한 것에 대해 생각해보자. 그것들의 차이는 무엇인가? 구체적인 뭔가가 하나를 둘로 만드는 것이 아니다. '하나' 안에 생겨난 공간이 그것을 '둘'로 만든다. 그럼 둘과 셋의 차이는 무엇이겠는가? 역시 또 하나의 공간이다. 넷이란 것도 여기에 공간이 하나 더 추가된 것 말고 무엇이겠는가? 사물이라는 것은 이처럼 태생적으로 공간과 밀접하게 얽혀 있기에 실제로 이것과 저것 사이에는 어떤 차이도 존재하지 않는다. 빅뱅 이전에는, 사물이 있기 이전에는 공간도 없었다. 공간이 창조한다. 공간이 모든 것을 창조한다.

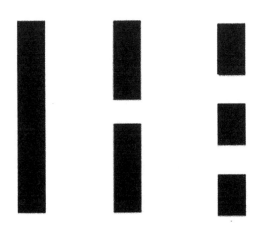

나는 방금 강의를 하나 마쳤다. 눈이란 것이 얼마나 색다른 형태의 감각수용기인지에 대한 강의였다. 눈에는 두 개의 시스템이 존재하는데, 하나는 밝은 환경에서 자세하게 보는 일에 특화되어 있고 다른 하나는 자세하게 보지는 못하지만 어두운 환경에서 더 유용하다. 나는 종종 학생들에게 지금 내가 실재에 대해 강의하는 것이 아니라 단지 현실에 대한 관념과 생각을 가르치고 있는 것임을 상기해 주곤 한다. 감각수용기에 대해 설명할 때 내가 진짜 현실에 대해 말하고 있는 것처럼 느껴지겠지만, 여전히 나는 단지 현실에 대한 관념을 제공하는 것일 뿐이다.

도대체 누가 실상을 알고 있다고 말할 수 있겠는가? 수천 가지 아이디어를 품고 있는 물리학자? 아니면 종소리를 따라 침묵 속으로 들어갈 수 있는 승려? 누가 인체를 알고 있다고 말할 수 있는가? 당신에게 신경계에 대해 말해줄 수 있는 의사? 아니면 지금 이 순간에도 소화부터 심장박동까지 셀 수 없이 많은 정교한 작업을 해내고 있는 당신 자신? 그러나 이 모든 것을 진짜 내가 하고 있는 거라면, 에고적 마음은 그 무엇보다 통제를 원하는데도 왜 나는 그것들을 맘대로 통제하지 못하는가?

영적인 관점에서 보면, 무적의 대립성 법칙이란 것이 일종의 '안전장치'로서 탑재된 것은 아닌가 생각해볼 수도 있을 것 같다. 자신이 영적으로 뛰어나다고 생각할수록 반대로 그렇지 않을 가능성이 많다. 자신이 다른 사람보다 더 영적이라는 '생각'은 사실이 그와는 정반대라는 방증이다. 그래서 앨런 와츠는 자신을 (영성가가 아니라) 연예인이라고 불렀다. 스스로 영적이라고 생각하는 사람일수록, 그런 '생각'에 사로잡혀 있기 때문에 오히려 덜 영적일 수밖에 없다.

통제와 관련해서도 안전장치가 있다. 통제라는 것은 오직 에고적 마음으로만 가능하다. 에고적 마음을 초월하면 그때는 통제가 관심사가 될 수 없다. 통제할 것이 없는데 뭘 통제한단 말인가? 통제하려고 애쓰는 것은 에고적 마음이 하는 일이다. 깊숙이 들어가본 사람은 거기에 그냥 '통제'라는 하나의 관념이 있을 뿐임을 알게 된다.

당신이 손가락 하나를 움직이는 일처럼 아주 단순한 뭔가를 통제하려고 할 때, 사실은 뇌가 먼저 결정해버리지만 그 직후에 우리의 마음이 스스로 그런 결정을 내렸다고 '믿어버린다는' 사실을 증명해주는 연구결과가 있다. 에고적 마음으로서는 격하게 저항할 만한 발견이다. 역설적이게도 과학자들은 이런 연구결과를 담담하게 받아들였는데, 왜냐면 그들은 이미 오래전부터 자유의지라는 것이 환상에 불과하다고 결론 내렸기 때문이다.

에고가 통제권을 갖는다는 생각은 그림자가 그림자를 만들어내는 본체를 통제하고 있다는 생각과 다를 바 없다. 자유의지라는 관념도, 우주가 이미 결정되어 있다는 관념도 둘 다 실재에 대한 생각일 뿐 실재가 아니라는 점을 기억하라. 그 둘은 서로 분리된 생각들에 불과하다. 관념은 실재가 아니고, 좌뇌의 거짓 작용의 반대극도 실재가 아니다.

신의 생각을 알고 싶어했던 아인슈타인부터 스티븐 호킹까지, 고도로 발달된 에고적 마음은 '이해'를 한계선까지 밀어붙이는 것처럼 보인다. 스티븐 호킹은 이렇게 말했다. "만약 우리가 완전한 이론을 발견한다면, 그것은 몇몇 과학자들뿐 아니라 모든 사람에게 이해될 수 있는 것이어야 한다. 그래야 모두가 함께 — 철학자들, 과학자들, 그리고 평범한 사람들까지 — 우리 자신과 우주의 존재 이유를 토론할 수 있을 것이다. 그렇게 찾아진 해답이야말로 인류 이성의 궁극적인 승리가 될 것이다. 왜냐면 그로써 우리가 신의 마음을 알게 될 것이기 때문이다."

우주가 스스로를 이해할 때, 언어와 이론과 감각적 경험과 환원 가능한 개념들을 사용하는 에고적 마음의 방식을 따를 것이라고 생각하는가? 우리가 우주를 지각하는 방식처럼 영원(the eternal)도 과연 눈과 귀로써 지각할까? 완벽한 스윙을 할 줄 아는 골퍼가 그 방법을 설명하지 못하듯이, 어쩌면 우주도 구구절절한 이해 — 그것을 나눌 누군가가 생길 때를 대비한 이해 — 없이 그냥 창조된 것은 아닐까?

에고적 마음의 낱낱의 생각은 실재에 대한 묘사이자 상징일 뿐이어서 그것은 결코 진짜 현실이 될 수 없다. 좌뇌는 대립성에 기반하여 작동하기에 에고적 마음은 모든 것을 다른 무엇, 즉 상징으로 만들어버린다. 상징은 그것이 상징하는 것과 같을 수 없다. 언어와 생각도 실재에 관해 말할 뿐 실재 그 자체는 아니다. 당신은 '강아지'라는 단어와 같이 놀 수 없고, '물'이라는 단어를 마실 수 없으며, '전화기'라는 단어로 통화할 수 없다. 르네 마그리트René Magritte의 〈파이프(담뱃대)〉라는 그림의 아래쪽에는 이런 글이 적혀 있다. "이것은 파이프가 아님." 그렇다, 그 그림은 파이프가 아니다.

이 책은 당신이 어떤 사람인지에 대해 당신이 갖고 있는 이미지가 당신 자신은 아니라는 사실을 반복해서 말하고 있다. 에고적 자아가 갖고 있는 개념이 진짜 실체를 갖고 있는 경우는 없다. 우리는 왜 가상현실에 그토록 매료되는가? TV 프로그램들부터 일곱 살 먹은 내 딸아이가 홀딱 반한 비디오게임에 이르기까지, '해석된' 세계에 매료됨으로써 더 이상 진짜 우리 자신이 아니게 돼버리는 것은 인간의 자연스러운 본성이다. 어쩌면 우리는 아무리 생생한 감각으로써 경험되는 것들도 진짜 현실은 아니라는 사실을 깊은 수준에서는 이미 알고 있는지 모른다. 여기에 바로 감각의 독특함과 특별함이 있다.

감각이라는 것을 처음 파고들 때, 당신은 기이한 느낌을 받을 수 있다. 각각의 감각적 경험들은 실재에 대한 묘사일 뿐 실재 그 자체가 아니다. 우리는 '빛'을 보는 것이 아니고, '소리'를 듣는 것이 아니다. 시각, 청각, 그 밖의 모든 감각은 신경세포와 뉴런들에 의해 '처리된' 신경자극이다. 감각뉴런은 외부 정보를 받아들여서 그것을 경험 가능한 언어로 번역한다. 따라서 아주 단순한 감각적 경험조차도 현실에 대한 묘사에 지나지 않는다.

당신은 있는 그대로의 실재를 만지거나 본 적이 없다. 우리는 뉴런의 손을 거친 현실의 대체재만을 경험한다. 이 사실을 알고 나서 내가 처음 했던 생각은, 내가 경험한 내 아이들조차도 실제 그들이 아니라 그들에 관한 '패턴'이었구나 하는 것이었다. 잠깐 우울하기는 했지만, 이처럼 지도와 실제 그 지역을 혼동하는 것이 감각의 본성인 걸 어쩌랴. 우리는 이 세상의 그 무엇도 실제로 경험하지 못한다. 우리는 신경계의 언어(전기화학적 신호)로 번역된 정보만을 경험할 뿐이다.

눈을 감은 채로 눈꺼풀 위를 부드럽게 문지르면 빛이 번쩍거리는 듯한 경험을 할 수 있다. 눈의 광각수용기가 자극되기 때문에 '문지름'이 '빛'으로 보이는 것이다. 그러므로 각각의 감각이 아무리 특별하게 느껴지더라도 그것의 상당 부분은 환상이다. 공감각共感覺 (synesthesia) 현상을 통해 알 수 있듯이 모든 감각은 하나의 의식을 공유하고 있기 때문이다. 공감각을 지닌 사람들은 소리를 '보거나' 색깔을 '맛보는' 식으로 교차된 감각을 경험한다. 하나의 감각이 다른 감각으로 경험되는 이 현상의 의미는 과연 무엇일까?

숫자 3은 무슨 색깔일까? 공감각을 지닌 사람은 숫자 3을 연한 푸른색으로 경험할 수 있다. 실제로 공감각을 갖고 있던 내 친구는 전화번호를 캔버스 위에 펼쳐진 색깔들로서 기억한다고 했다. 공감각은 꽤 희귀한 현상이지만, 우리도 어떤 감각을 표현할 때 그와 다른 감각을 동원하는 식으로 이것을 어느 정도는 알고 있다. 가라앉은 분위기(blue mood), 뜨거운 주제(hot topic), 톡 쏘는 치즈(sharp cheese) 같은 표현들 말이다.

라마찬드란 박사는 피험자들에게 다음 그림을 보여주고 이렇게 물었다. "어느 쪽이 키키Kiki이고 어느 쪽이 보우바Bouba일까요?"

당신은 오른쪽을 보우바로, 왼쪽을 키키로 봤을 가능성이 많다. 우리는 부드러운 소리를 부드러운 모양과 연결한다. 어쩐지 앞서 봤던 동영상 속의 삼각형 '깡패'가 생각나지 않는가?

사실 우리 모두가 공감각을 가졌을 뿐만 아니라 심지어 어릴 때는 모든 감각이 엉켜 있으나 나이가 듦에 따라 그것이 분화되는 것이라는 이론도 있다. 지금 이 순간에도 오직 하나의 의식만이 존재한다. 단지 그것이 각각의 감각이 전달해주는 '약간씩' 다른 관점의 경험을 즐기고 있을 뿐이다. 이는 빨간색을 보는 것 같은 아주 기초적인 감각 경험마저도 '해석된' 신경자극으로서 생각, 믿음, 관념과 다를 바 없다는 사실을 드러내준다.

감각에는 한 가지 특별하고 독특한 측면이 있다. 그것은 실재에 대한 묘사일 뿐이지만 그나마 실재에 가장 근접한 묘사이다. 따라서 감각적 경험에 의한 '이해'의 가치를 잘 따져볼 필요가 있다. 우리의 머릿속에서 뒹구는 내용물의 대부분은 '생각에 대한' 생각이거나 심지어 '생각에 대한 생각에 대한' 생각이다. 그러므로 어떤 생각을 감각적 경험과 연결짓는 것은, 여전히 하나의 생각을 다른 생각과 연결짓는 에고적 이해의 한계 안에 있지만, 그나마 상대적으로 실재와 가깝기 때문에 발 디딜 곳을 마련해준다. "정신 차려!"(Come to your senses) 혹은 "정신이 나갔니?"(Have you lost your sense?)라는 표현도 있지 않은가?

감각이 명상의 단골 집중대상인 이유는 그것이 현실에 대한 '첫 번째' 해석이기 때문이다. 감각이 에고적 마음의 반영이라는 사실은 틀림없지만, 에고의 감도가 약간 낮다는 측면에서 그것은 '주시자'

가 되어보는 연습과 통하는 데가 있다.

언뜻 보면 사랑을 장미에 비유하는 것이 어떤 관념을 실제 사물과 연관 짓는 것처럼 보이지만, 사실 우리는 어떤 관념을 또 다른 관념과 연관 짓고 있을 뿐이다. 왜냐면 장미를 보는 우리의 경험 자체가 이미 '해석된' 신경자극이기 때문이다. 그러나 이처럼 감각에 기반한 관념은 좀더 실재에 근접하므로 우리가 '이해했다'고 말할 수 있을 만큼의 생생함을 제공한다.

감각적 경험은 우리가 얻을 수 있는 가장 직접적인 경험이다. 에고적 사고의 층이 비교적 얇기 때문이다. 그래서 우리는 바람이나 햇볕처럼 아주 단순한 감각적 경험에 빠져 있을 때 시간이 느리게 가는 것처럼 느끼곤 한다.

모든 생각과 감각은 신경자극에 의존한다. 그런데 도덕경의 첫 구절이 말해주듯이, 신경자극이라는 관념은 신경자극 그 자체가 아니다. "도를 도라 이름 지을 수 있으면 그것은 진정한 도가 아니다." 우리가 실재를 묘사하기 위해 발명한 관념, 생각, 상징들은 실재가 아니다. 이런 상황에서 세상을 상징화하고 분별하는 것이 제 임무인 해석하는 마음이 어떻게 실재를 '이해할' 수 있겠는가?

우리는 해석하는 마음의 '이해'에 관해 살펴봤고, 거기에 잘못된 것은 아무것도 없다. 좌뇌 해석기는 우주를 당구게임으로, 사물을 상징으로 바라봄으로써 자신이 '이해하고' 있다고 확신한다. 반면 우리는 단 한 개의 당구공에 집중함으로써 에고의 미로를 평소보다 훨씬 단순하게 만들기도 한다. 심지어 우리 자신과 그 당구공이 둘이 아니게 될 만큼 에고적 마음이 잦아들 때도 있다. 또한 프린지라는 정반대의 측면을 탐구할 수도 있고, 사물만큼이나 그 사이의 공간도 중요한 역할을 한다는 사실도 알 수 있다.

공간 속에서 우리는 '통제'라는 관념을 잃게 된다. 거기에는 해야 할 일도 없고, 도달해야 할 곳도 없고, 이해해야 할 것도 없다. 사물들 사이의 공간에는 통제할 것 자체가 없다.

그러므로, 따지고 보면 내가 이 문단을 끝내야 할 이유도 없다. 그러나 나는 끝낼 것이다. 뭔가가 나를 그렇게 하도록 만든 것이 아니다. 나는 다른 공이 와서 부딪혀주길 기다리고 있는 당구공이 아니다. 나는 그 게임을 지켜보는 의식이다. 아니면 '그 게임을 지켜보는 의식'이라는 생각일지도? 그것도 아니면 그냥 사물들 사이의 빈 공간일지도?

불평 없는 하루

우체국에 업무가 있어 가보니 대략 열두 명 정도가 줄 서 있는데 창구에서 일하는 사람은 한 명뿐이었다. 이럴 때 사람들은 보통 이렇게 불평할 것이다. "이거 정말 말도 안 되는군. 창구에 인원이 더 배치되어야 하는 거 아니야?" 나 역시 똑같은 마음이었는데, 그 순간 문득 그 '뻔한 불평'을 내뱉는 것이 마치 내 머릿속의 '쾌락' 버튼을 누르듯이 실제로 나를 기분 좋게 해준다는 사실을 알아차렸다.

그런 불평을 한다고 해서 전혀 상황이 바뀌지 않는다는 것을 잘 알면서도 왜 우리는 기분이 좋아지는 걸까? 누구나 그런 불평이 아무런 쓸모가 없음을 알고 있다. 그렇다고 다른 사람들과의 유대감을 위한 것이냐 하면 또 그렇지만도 않다. 다른 사람들이 전부 헤드폰을 쓰고 있어서 그냥 나 혼자 중얼거리는 셈이라고 해도 기분이 좋아지는 것은 마찬가지이기 때문이다.

어쨌든 '불평한다'는 것은 오늘날 우리가 행하는 사회적 상호작용의 가장 보편적인 방식이 되어버렸고, 나 역시 '불평하는 것'에 대해 불평함으로써 지금 그 대열에 동참하고 있는 건지도 모르겠다. 왜 우리는 이처럼 현실의 '결함'을 지적하고 싶은 욕구를 갖는 것일까?

모든 불평은 '이래선 안 돼' 또는 '그래선 안 됐던 거였어'라는 형태를 띤다. 그것은 현실을 받아들이기보다는 그 반대극 ― '이래야 해' ― 을 만들어내는 좌뇌 해석기의 짓이다. 좌뇌는 언제나 완벽을 흠결로 바꾼다.

우리가 가장 좋아하는 행위가 바로 '불평하기'인 이유를 찾는 데 도움을 줄 만한 과학적 연구는 거의 없다시피 하다. 아마도 너무나 '정상적인' 행위로 보여서 아무도 이것을 이상하게 생각하지 않았기 때문이리라. 프로이트 같으면 이것을 일종의 긴장해소법으로 설명했을 테지만, 그의 카타르시스 모델(긴장은 쌓이기 마련이므로 해소될 필요가 있다)은 학계에서 그다지 신뢰를 받지 못해왔다.

만약 우리를 멀리서 연구하는 외계인이 있다면, 인류는 불평하는 존재일 뿐만 아니라 진정으로 불평을 즐긴다고 당장 결론 내릴 것이다. 해석하는 마음은 불평을 사랑하기에 그것을 늦추려면 '불평하기'로부터 한 발짝 떨어져 나와야 한다. 즉 깨어 있는 상태로 '불평하는 자'를 지켜봐야 한다.

당신은 불평을 하나도 하지 않고서 얼마나 버틸 수 있는가? 한번 해볼 텐가? 한 시간만 해보라. 금방 당신은 머릿속에서 당신 자신에게 불평을 늘어놓을 테고, 이게 멈춰질 수 있는 일이 아님을 절감하게 될 것이다. 만약 이걸 멈추려고 한다면 아주 볼 만한 상황이 펼쳐질 것이다.

에고적인 마음이 두 살짜리 어린아이 같다는 점을 기억하길 바란다. 나라면 내 두 살짜리 아들에게 "그거 하지 마!"라고는 절대 얘기하지 않을 것이다. 그걸 하게 만들려는 목적이 아니라면 말이다. 당신은 두 살짜리 아이를 달래듯이 좌뇌 불평쟁이의 주의를 딴 곳으로 돌릴 수 있다. 또는 더 좋은 방법으로, 그냥 그 상황을 지켜보는 법을 배울 수 있다.

약간만 떨어져서 보면 대부분의 불평은 실없고 우스운 것들이다. 여섯 살 된 내 아이의 단골 레퍼토리는 "오늘 밤이 너무 더워" 또는 "심심해"이다. 불평하기를 잠깐 멈추고서 그 느낌을 알아차려보라. 그것은 마치 자신도 모르게 중독되어 있었던 약물을 한순간에 빼앗긴 듯한 느낌일 것이다.

내가 심리학 강의의 첫 수업에서 하는 인기 있는 실습이 하나 있다. 나는 학생들과 그들이 불평 없이 얼마나 오래 버틸 수 있는지를 내기한다. 이때 '불평'은 '현실에서 문제점을 찾아내는 것'으로 정의한다. 그리고 학생들이 너무 심각해지지 않도록, 이것이 서로 간의 경쟁이 아니라 오직 자기 자신과의 경쟁일 뿐임을 알려준다.

교수로서 지내온 지난 세월 동안, 나는 리포트를 제출할 때 학생들이 얼마나 의욕 없는 태도로 꼼수를 쓰는지를 거듭 경험해왔다. 그런데 놀랍게도 이 실습만큼은 분량 제한이 없었는데도 여러 쪽에 달하는 매우 훌륭한 리포트들이 많이 제출되었다. 수십 개가 넘는 리포트에서 학생들은 불평이라는 것이 자신도 모르는 사이에 얼마나 큰 습관이 되어 있었는지를 깨닫고 놀라게 되었다고, 그리고 이제는 불평하고 있는 자기 자신을 알아차리게 되었다고 말했다. 어떤 학생들은 자신이 상황을 바꿀 생각이 전혀 없으면서 그냥 그것에 대한 불평을 '사랑하고' 있을 뿐이라는 사실도 깨달았다. 내 생각에 이것은 정말 선禪적인 통찰에 가깝다.

대부분의 학생들이 수업이 끝날 때까지 불평을 그치는 데 실패했다. 이 연습의 요지는, 우리가 얼마나 자주 현실에서 결함을 찾아내고 있는지를 알아차리는 것이다. 그것은 대립성 법칙을 알아차리는 것과 똑같다. 불평하는 행위를 알아차림으로써 우리는 대립성 법칙의 실제 작용을 목격하게 된다. 서양문화 속에서 좌뇌의 대립적인 시스템이 얼마나 극단적이고 무의식적인지, 만약 당신이 낯선 사람에게 다가가서 "예"라고 말한다면 상대방은 반사적으로 "아니오"라고 대답할 지경이다.

당신은 현실에서 결함을 찾지 않는 채로 얼마나 오래 지낼 수 있는가? 자신이 불평하기를 진실로 사랑한다고 '믿는' 학생들도 있었지만, 기나긴 불평 후에 찾아오는 느낌을 비로소 알아차리게 된 학생들이 더 많았다. 프로이트의 말대로라면 친구들끼리 모여서 '김을 좀 빼고' 나면 기분이 좋아져야 마땅하겠지만 실상은 그렇지가 않았다. 많은 학생들이 실컷 불평하고 났더니 오히려 기분이 나빠졌다는 사실을 깨달았다.

1950년대 후반, 사회심리학자 레온 페스팅거Leon Festinger에 의해 심리학의 가장 인기 있고 단순한 이론 중 하나가 제시되었다. 바로 인지부조화이론(cognitive dissonance theory)이라는 것인데, 이는 사람들이 그들의 생각, 믿음, 행동에 일관성을 갖도록 동기부여된다는 주장이다. 만약 일관성이 깨지면 긴장이 생겨나고, 그러면 일관성을 유지하기 위해 뭔가가 행해지기 마련이라는 뜻이다.

이 이론을 검증하기 위한 초기 실험에서 페스팅거는 한 UFO 숭배집단을 관찰했다. 그들은 1954년 12월 21일에 세상의 종말이 오리라고 예측하고 있었다. 예정된 날짜가 될 때까지 그 집단은 믿음에 따라 지속적인 희생을 감수했다. 즉 UFO를 맞이할 준비를 위해 직장을 그만두고, 가진 돈을 탕진했다. UFO가 와서 유일하게 진실된 믿음을 갖고 있는 자신들을 구원할 테니까 말이다.

자신의 특정한 믿음을 위해 모든 것을 희생하는 것이 인류의 오랜 전통이긴 하지만, 이 경우에는 그 믿음이 거짓임이 드러날 날짜와 장소가 명시되어 있었다는 점이 달랐다. 물론 이 집단도 다른 모든 사람들과 마찬가지로 에고적 자아와 관련된 기나긴 믿음의 목록을 갖고 있었다. '나는 똑똑한 사람이야.' '나는 어리석은 것에 절대 현혹된 적이 없어.' '내 믿음은 그냥 믿음이 아니라 진짜 사실이고 진리야.'

그럼 그 예언이 틀려서 일관성에 엄청난 구멍이 생겨버리자 어떤 일이 일어났을까? "우리가 졌어. 우리가 틀렸어"라고 자백하며 전쟁에서 발을 빼는 나라가 세상에 존재하지 않듯이, 이 집단도 자신들의 온갖 잡다한 믿음들과의 일관성을 지켜줄 뭔가가 필요해졌다. 그래서 멸망의 날짜가 지난 직후, 그들은 이 난처한 상황에서 스스로를 구할 새로운 믿음을 들고 나타났다. "그날 밤 밤새도록 앉아 있던 우리 집단이 인류에게 너무나 많은 빛을 퍼뜨렸기 때문에, 신은 지구를 멸망으로부터 구해주기로 결정했다." 다음 날 그들은 자신들이 옳다는 한층 더 강고해진 믿음을 갖게 되었으며, 다른 대부분의 믿음들처럼 이것은 믿음이 아니라 사실로 여겨졌다.

페스팅거의 또 다른 유명한 연구가 있다. 피험자들은 구멍에 꽂혀 있는 못들을 한 시간 동안 돌리기만 하라는 과제를 받았고, 이는 지루함을 유발하기 위한 것이었다. 피험자들은 이 과제 후에 다음 차례의 피험자에게 실제로 해보니 재밌더라는 작은 거짓말을 하도록 지시받았다. 페스팅거는 이 작은 거짓말이 사람들의 믿음에 실제로 어떤 영향을 주는지를 알고 싶어했다.

일반적으로 우리는 이미 시작한 일을 좀체 그만두지 못한다. 그래서 일단 내뱉어진 거짓말이 당신의 다른 믿음과 불화를 일으키게 되면 결국 당신이 할 수 있는 일은 당신의 '믿음'을 바꾸는 것밖에 남지 않는다. 이 피험자들도 자신의 거짓말을 '무효화'하기 위해서 자신의 생각을 바꾸는 편을 택했다. 실제로 그 과제가 재밌었다고 믿기 시작했던 것이다. 언젠가 TV 시트콤 〈사인필드Seinfeld〉에서 주인공이 거짓말탐지기를 무사통과하는 방법에 대해 조언하는 장면이 나온 적이 있다. "이것만 기억하게. 자네가 정말로 그렇다 믿는다면, 그건 거짓말이 아니라네."

상대가 누군지 모르는 채로 소개팅을 나갔다고 상상해보자. 당신은 앞에 있는 상대에게 관심이 없지만 친절함의 표시로서 정말 즐거운 시간이었으며 다시 만나길 기대한다고 말한다. 그리고 그 거짓말을 하는 동안, 당신은 그 말을 아예 안 했을 경우보다는 아주 조금이라도 더 그것을 믿게 된다. 이것이 바로 믿음의 본성, 에고의 본성이다. 해석기가 발견되기 약 20년 전에 페스팅거가 제시했었던 이 '일관되려는 욕구'는 정말이지 좌뇌의 전형적인 기능일 뿐이다.

이것이 바로, 우리가 좋아해 마지않는 '불평하기'라는 취미가 오히려 우리를 더 불안하고 우울하게 만드는 이유이다. 좌뇌는 불평과 함께 '지금 여기'에 반대되는 뭔가를 만들어낸다. 즉 모든 불평은 실재의 반대극이다. 해석하는 마음은 광범위하게 대립적이지만, 자기 안에서만큼은 '일관성'이라는 접착제로 자신의 믿음들을 유지해나간다.

"줄이 너무 길잖아"라는 불평은 이내 '세상 살기 정말 힘들군' 또는 '내가 왜 이 자리에 있어야 하지?'라는 믿음으로 이어진다. 간단히 말해, 모든 불평은 현실에 뭔가 잘못된 것이 있다는 믿음을 낳는다. 이는 대립성 법칙을 따르는 해석기의 본성에서 비롯된 것이다. 하나의 불평이 만들어낸 파문이 점점 다른 믿음들에도 영향을 끼쳐서 결국 엄청나게 부정적인 결과를 초래한다.

반면 이 모든 것을 지켜보는 법을 배움으로써 우리는 좌뇌 해석기의 힘을 뺄 수 있다. 좌뇌를 많이 쓰는 사람일수록 더 많은 일관성을 원한다는 연구결과가 있다. 아마도 그들은 '불평하기'로부터 비롯되는 악영향을 더 많이 경험할 수밖에 없을 것이다.

에머슨은 이렇게 말했다. "일관성이란 소인배(little mind)의 도깨비(hobgoblin)이다." 당신이 해석기를 지켜볼 때, 일관성은 더 이상 중요한 것이 아니게 된다. 간디는 이렇게 말했다. "나는 정해진 뭔가가 아니라 그날그날 내가 보는 진리에 헌신한다." 이 말을 달리 표현해볼 수도 있겠다. "나는 되도록 내 좌뇌 해석기에 덜 의지하기로 선택했다." 이런 사람들은 자신의 해석기를 주인으로 삼지 않는다. 그리고 좌뇌의 '바깥'에 존재하기 때문에 대립성의 법칙으로부터 자유롭다.

당신은 이 책을 읽는 동안 일관성이 결여되어 있다는 느낌을 받을지 모른다. 도대체 이 책은 무슨 이야기를 하려는 걸까? 심리학? 과학? 영성? 내가 책을 한 권 쓰고 있다고 말하면 사람들은 무엇에 대한 책이냐고 묻는다. 그러면 나는 대화주제가 바뀔 때까지 그냥 입을 닫는다. 나는 정말로 뭐라고 설명해야 할지를 모르겠다. 정신세계를 분별하지 않고 들여다보면 거기에는 '좌/우', '위/아래', '안/밖'이랄 것이 없기 때문에, 도무지 이 책의 주제를 뭐라 말로서 표현할 뾰족한 수가 없다.

다시 한 번 기본적인 질문으로 돌아가보자. 우리는 왜 불평하는 가? 우리는 왜 현실에서 흠결을 찾는가? 이것은 항상 더 많은 것, 더 좋은 것, 뭔가 다른 것이 필요하다는 해석기의 욕구와 정확히 일치한다. 실재를 실재가 아닌 것으로 만드는 좌뇌 시스템에게 달리 무엇을 바랄 수 있겠는가? 우리는 이것이 자기계발이라는 헛된 노력으로, 물건들을 긁어모으는 물질적인 노력으로 구체화된다는 사실을 거듭 확인했다.

앞서 언급했듯이, 불평은 아마도 생존에 더 이로웠을 것이다. 만족을 모르는 사람일수록 더 좋은 무기, 더 좋은 집, 더 좋은 사냥법, 더 좋은 짝짓기 전략을 획득했을 테니까 말이다. 현실에 대해 불평함으로써 우리는 문명화, 도시화를 이뤘고 산업을 일으키고 과학기술도 발전시켰다. 이것은 전혀 나쁜 것(bad thing)이 아니다. 정확히 말하자면 나쁘지도(bad) 않고, 어떤 것(thing)도 아니다.

역사의 어느 시점엔가 물을 구하기 위해 사람들은 집에서 멀리 떨어진 곳까지 걸어가야만 했을 것이고, 누군가는 이 점에 대해 불평했을 것이다. 그리고 지금의 나는 집안의 수도시설이 주는 이점을 누릴 때마다 과거의 그에게 감사한다. 하지만 '더 좋은 것이 필요해'라는 욕구가 이제 유효기간이 지났다는 공감대가 생겨나고 있다. 왜냐면 에고적 마음이 어처구니없을 만큼 커져버려서, 우리 스스로가 더 새로운 핸드폰, 더 큰 차, 더 넓은 집이 과연 필요한 것인지 의심하게 되었기 때문이다.

〈인크레더블 헐크The Incredible Hulk〉라는 70년대의 TV 시리즈를 기억하는가? 어떤 과학자가 이종異種의 방사선으로 실험을 하다가 사고를 당해서, 화가 날 때마다 분노의 화신인 녹색 덩치 괴물이 된다는 내용이었다. 재밌는 사실은, 이 원조 시리즈물에서는 보디빌더가 헐크 역할을 맡았다는 것이다. 그 후 2003년 말에 나온 영화에서는 더 크고 더 분노에 찬 헐크의 모습을 창조하기 위해 컴퓨터기술이 사용되었다. 그리고 2008년의 영화에 나온 헐크는 당장에라도 폭발할 것처럼 그보다 더욱 커지고 더욱 분노에 찬 모습이었다.

다행스럽게도, 오히려 너무나도 극단적인 이런 변화가 음陰은 하나도 없이 양陽으로만 가득한 상황의 우스운 측면을 명백히 드러내주고 있다. 우리는 해석기가 적절하게 쓰였던 시대로 다시 돌아가야 할 시점이 되었음을 깨닫고 있다. 해석기가 너무나 비대해져서 모든 것을 독점하고 있다.

지금 전 세계에는 약 천 명의 억만장자가 있다. 이것은 나쁜 일이 아니다. 욕심이 도를 넘을수록 그것의 어리석음이 더 명백히 드러나고, 틈은 더 넓게 벌어질 것이다. 당신이 깨어 있기만 하다면 대립성 법칙에는 아무것도 잘못된 것이 없다. 모든 것을 가졌어도 거기에 실체가 없음을 아는 사람은 놀랍도록 고요하다. 해석하는 마음이 역설을 마주했을 때처럼 잠잠해진다.

과연 억만장자들이 그토록 거대한 부를 축적하는 것이 얼마나 멍청한 짓인지를 스스로 깨닫고서 그런 고요함을 경험하게 될까? 지금 어떤 부랑자가 내 사무실에 들어와서 내가 수집한 손목시계들을 본다면 그도 내게 똑같은 질문을 할 것이다. 그리고 나는 "물론이죠"라고 대답할 것이다.

다른 유용한 연습이 있다. 자신의 불평을 지켜보기만 하지 말고 목록을 만들어보는 것이다. 마음속으로라도 말이다. 불평들은 어떤 맥락 안에서 정당화되기 마련이므로 이 연습의 요지는 그것들을 맥락 밖으로, 이야기 밖으로 내보내는 것이다. 그러고는 나중에, 이를테면 자기 전에 마음속의 노트를 꺼내서 살펴보라.

오늘 밤 나는 아마도 방금 있었던 일을 떠올릴 것이다. 나는 집에 있다가 전화 한 통을 받았는데, 전화를 건 판매원이 본론을 꺼내기까지 30초 동안 기다리고 있어야 했다. '세상에나. 뭔가를 팔겠다고 전화했으면서 어떻게 사람을 30초씩이나 기다리게 할 수 있지?' 이것은 이미 재밌는 상황이지만, 오늘 밤에는 더 재밌게 느껴질 것이다.

불평 그 자체는 아무런 문제가 없다. 분류 작업과 양극을 오가는 일에 전문인 좌뇌가 제 할 일을 했을 뿐이다. 이 분별의 시스템 안에서는 대립성 법칙이 작동한다. 현실이 "위"라고 얘기하면 좌뇌는 "아래"라고 소리친다. 직장상사가 뭔가를 지시하면, 즉시 우리는 그럴 마음이 싹 사라진다.

안이니 밖이니 하는 구분도 오직 이 시스템 안에서만 가능한 것이다. 그러니까 사실 이것을 '밖에서' 지켜볼 방법은 없다. 나의 불평을 지켜본다는 생각 자체가 내가 이 시스템의 밖에 있다는 전제를 깔고 있다. 그것은 영성이라는 가면 뒤에 숨은 에고에 불과하다.

그럼에도 '지켜보기'는 유용한 방법이다. 마치 숲 속의 나무를 보듯 불평을 무심하게 보게 되는 순간이 찾아올 수 있기 때문이다. 우리가 우리의 '불평에 대한' 불평을 그치는 순간, 대립성의 법칙이 힘을 잃는 순간 말이다. 대립성과 일관성이 그저 자연의 흥미로운 현상 정도로 여겨질 때, 그 도깨비 친구들은 괴물이 아니라 차 한 잔 마시자고 찾아오는 요정으로 변할 것이다. 람 다스Ram Dass*가 그랬듯이 말이다.

---

* 본명은 리처드 앨버트Richard Alpert로, 촉망받는 심리학자였으나 인도로 건너가 영적 탐구에 매진했던 명상가이다. 스승 님 카롤리 바바Neem Karoli Baba를 만나서 정신적 변화를 겪은 후에, 자신이 앓던 지독한 신경증을 그저 차 한 잔 마시자고 찾아오는 요정들로 여기게 됐다고 말한 바 있다. 역주.

뇌, 물질 세계, 그리고 당신 아닌 무엇 되기

만약 당신이 유명인이라면 어떨까? 좀 이상하게 들리겠지만, 어떤 의미에서 당신은 유명인이다. 동시에 당신은 집 없이 떠도는 거지이고, 지금 막 항암치료를 시작한 환자이며, 수백만 달러짜리 복권에 당첨된 사람이다.

현대 신경과학의 근본적인 가정은 의식이 물질의 산물, 즉 뇌의 산물이라는 것이다. 이것이 주류 과학계의 근본적인 입장이긴 하지만 다른 가능성들도 존재한다. 의식이 뇌라는 물질의 산물이기는커녕 '어떤 것'이라고 부를 수조차 없는, 우리의 생각과는 전혀 다른 무엇일 수는 없을까?

좌뇌가 아무것도 아닌 것을 뭔가로 바꿔놓는 재주가 있기에 우리는 '물질'에 집중하지만, 사실 우주의 대부분은 그냥 빈 공간일 뿐이다. 당신은 당신이 갖고 있는 문제들조차 '크고' '무거운' 무엇이라고 느끼겠지만 말이다.

이 주제에 대한 연습을 위해, 우리 우주에서 물질이 차지하는 비중을 계산한 정말 매혹적인 수치를 살펴보겠다. 너무나 미미해서 오히려 인상적이다. 우주 전체에서 오직 0.000000000000000000042 퍼센트만이 물질로 구성되어 있다. 요것을 제외한 나머지는 몽땅 아무것도 없는 빈 공간이다. 그리고 이 미미한 부분 중에서도 오직 5퍼센트만이 우리가 흔히 생각하는 물질이고, 나머지 95퍼센트는 만지거나 볼 수 없기에 과학자들이 암흑물질(Dark matter)이라고 부르는 것이다. 정리하면 0.000000000000000000042퍼센트 중에서도 또 5퍼센트만이 우리가 생각하는 그런 물질이다. 이 극미極微한 물질이란 것에 우리는 그토록 의미를 부여하며 살고 있다.

더구나 우리가 마음을 빼앗긴 이 전체 물질세계 안에서도 우리의 주된 관심사는 극히 일부에 지나지 않는다. 아무것도 아닌 것을 뭔가로 바꾸는 능력이, 우리가 눈치도 못 채는 사이에 우리의 특기가 되어버렸다.

너무나 작은 것이 어떻게 그토록 커 보일 수가 있을까? '우리는 뭐가 문제(matter)인 걸까?'라는 질문에 비춰보면, 물질(matter)이야말로 문제인 것 같다. 이것은 아주 방향을 제대로 잡은 질문이다. 우리에게 '물질'이란 대체 무엇일까?

우주의 그렇게 많은 부분이 빈 공간이라면, 어째서 우리는 극히 작은 부분에만 초점을 맞추고 영원하고 광대한 빈 공간은 거의 알아차리지 못하는 걸까? 실제로 우주공간에 나가본 사람들이 자신의 머리를 벗어난, 해석하는 마음을 벗어난 직접적인 앎을 경험하게 되는 일은 결코 우연이 아니다. 많은 우주비행사들이 그런 경험으로 인해 정신적으로 심대한 변화를 경험했는데, 에드가 미첼Edgar

Mitchell의 사례가 가장 대표적이다.

그는 우주공간에서 멀리 떨어져 있는 지구를 바라보면서 인생이 완전히 바뀌는 심오한 경험을 했다. 달 표면을 걷는 경험도 이것에 비할 바는 아니었다. 그는 그때의 상황을 이렇게 묘사했다. "집으로 돌아오는 사흘 동안 내가 경험했던 것은 만물이 서로 연결되어 있다는 압도적인 느낌이었다. 나는 합일의 황홀경으로 묘사되어온 그것을 실제로 경험했다. … 나는 우주가 일종의 의식체임을 분명하게 알 수 있었다. 이것은 너무나 거대해서 말로는 표현이 불가능한 깨달음이었고, 지금도 그 느낌은 똑같이 유지되고 있다."

여기서 우리는 해석하는 마음의 수준까지 쪼그라든 의식이 그것을 넘어서는 뭔가를 표현하려 할 때 적당한 단어를 찾기가 얼마나 어려운지를 다시 한 번 확인할 수 있다. 그렇다고 이런 경험을 위해 우주공간으로 나가야 할 필요는 없다. 사실 우리 모두는 항상 빈 공간에서 헤엄치고 있기 때문이다.

공간은 배경의 배경, 곧 가장 근본적인 배경이기 때문에 우리는 공간을 인식하지 못할 뿐 아니라 '우리가 공간을 인식하지 못하고 있다'는 사실조차 인식하지 못한다. 어쩌면 익숙한 지상의 풍경이 더 이상 눈앞에 없다는 이유 하나만으로 우주공간의 경험이 그토록 색다른 느낌을 주는 것은 아닐까?

우리들 대부분은 "무에서 유가 창조될 수는 없다"는 에고적 마음의 가정을 깊이 간직하고 있다. 그러나 앨런 와츠가 지적했듯이 모든 것은 빈 공간에 의해 존재한다. 물질세계 속의 '사물'들은 빈 공간에 의해 정의된다. 공간이 없다면 이 사물과 저 사물, 이 사람과 저 사람, 이 사람과 저 사물이 구분되지 않는다. 공간이 없다면 어디까지가 '당신'이고 어디서부터 '당신이 아닌 것'이겠는가?

물질세계의 모든 것은 공간에 의해 탄생하고, 공간에 의해 그 존재를 유지한다. 앨런 와츠의 말을 빌리자면, "유有에 초점을 맞추게 해주는 것은 바로 무無이다." 시간이라는 것이 있기에 모든 일의 순서가 구분되듯이, 빈 공간이 있기에 물질적인 모든 것이 서로 분리되어 보인다.

이 텅 빔 안에서 우리는 비범한 의식을 발견한다. 당신이 언제 어디서나 헤엄치고 있었던 이 텅 빔의 존재를 문득 알아차리는 순간, 당신은 놀라게 될 것이다. 하지만 이것은 하얀 배경으로 인해 검은 글씨가 창조되는 것과 조금도 다르지 않다. 그리고 물질세계가 텅 빔을 인식하는 것이 아니라 오히려 텅 빔이 물질세계를 인식하고 있는 것임을 깨달을 때, 당신은 더욱 놀랄 것이다. 그것은 늘 그래왔고, 앞으로도 그럴 것이다.

잠깐 동안 일종의 연습으로서, 우주의 텅 빔이 곧 '의식'이며 우주가 사물화되는 것은 좌뇌의 작용일 뿐이라는 사실이 우리가 알아야 할 전부라고 생각해보라. 이 연습의 핵심은 해석하는 마음이 결코 이런 이미지를 다룰 수 없다는 데 있다. 해석하는 마음이 보기에, 어떻게 의식이 '어떤 것'이 아니라 우주적인 무無 그 자체일 수 있겠는가?

현대 신경과학에는 오직 뇌만이 의식의 기계라는 절대적인 믿음이 있다. 그래서 의식은 영원히 두개골 안에 갇히는 신세가 되었다. 저명한 신경과학자인 로저 스페리Roger Sperry는 이렇게 말했다. "이

데올로기, 철학, 종교적 원칙들, 이 세계에 대한 모델들, 가치 시스템, 그 외의 모든 것은 뇌 연구가 궁극적으로 밝히게 될 해답이 무엇이냐에 따라 스러져가거나 번성할 것이다. 그 모든 것은 뇌에 달려 있다."

이런 믿음은 따로 떼어낸 뇌가 곧 진정한 우리 자신이라는 괴상한 이미지를 강화시켰다. 모든 것을 나누고 고립시키는 과학의 방식대로, 소위 '주 처리장치'(main processor)만을 다른 모든 것들로부터 따로 떼어내서 연구할 수 있으리라는 이미지 말이다.

그러나 이제는 신경과학계조차 이런 개념이 어디까지 적용될 수 있는지 의문을 품기 시작하고 있다. 알바 노에Alva Noe 박사는 따로 떼어낸 뇌를 인공적으로 살아 있게 하려면 얼마나 복잡한 시스템이 필요한지를 따져보았는데, 인체와 똑같이 복잡한 상호작용을 할 수 있는 시스템 이외에는 답이 없었다. 알바 노에는 의식이 세상과 상호작용하는 시스템의 일부임을 지적했다. 의식은 결코 환경으로부터 떼어내거나 고립시킬 수 없는 것이다. 그 자체가 환경의 일부이기 때문이다.

다시 말해서 뇌는 그 배경(몸)에 의존하고, 몸은 그 배경(세상)에 의존하고, 세상은 그 배경(온 우주)에 의존한다. 이런 의미에서, 우리는 결코 우주의 티끌 같은 존재가 아니라 공간이라는 텅 빈 배경과 하나로 얽혀 있는 존재이다.

분명 뇌와 의식은 밀접하게 연관되어 있다. 만약 당신이 나를 빙글빙글 돌려서 나의 뇌를 흔들면 나는 어지럼을 느낄 것이다. 그러나 이것이 '어둠으로 인해 빛이 존재한다'는 것 이상의 인과관계를 뜻하지는 않는다. 문제는 우리가 동사에 가까운 의식을 어떤 사물로 생각한다는 데 있다. 최고의 기술과 최선의 노력에도 불구하고 현대과학은 뇌 안에서 의식을 찾아내지 못하고 있다. 애초에 의식이란 것이 발견될 수 있는 '어떤 것'이 아니기 때문이다.

연습 삼아 다음의 가능성에 대해 생각해보라. 뇌가 우주에서 알려진 것들 중 가장 복잡한 기계라고 할 때, 그것은 '의식을 하는'(do awareness) 기계이지 의식을 소유하는 기계가 아니다. 이를 표현하기 위해 어떤 동사든 사용할 수 있겠지만 나는 '춤추다(dancing)'라는 동사를 좋아한다. 알바 노에는 이렇게 말했다. "의식은 '소화(digestion)'와 같은 것이라기보다는 '춤추다'에 가까운 것이다." 춤꾼은 춤을 소유하지 않는다. 춤은 가질 수 있는 물건이 아니다.

의식에다가 이런 가정을 적용해보면, 매일 아침마다 의식이 다양한 수많은 뇌 속에서 춤을 추기 시작한다고 볼 수 있다. 무명씨, 유명인, 부자, 가난뱅이… 의식은 그 각각의 특정한 기억과 해석하는 마음에 접속한다. 그리고 특정한 기억을 가진 하나의 좌뇌 해석기로서 깨어난다. 이것이 에고의 탄생이다. '어떤 사람'이 된 의식은 자신이 그 사람이 아닐 거라고는 추호도 의심하지 않는다. 바로 지금의 당신처럼 말이다. 이처럼 뇌가 '의식이라는 춤을 추는'(dancing consciousness) 동안에도 의식 그 자체는 하나의 두개골, 하나의 뇌에 속박되지 않는다.

영화의 단골소재 중에 몸과 마음의 자리가 뒤바뀐다는 설정이 있다. 두 사람의 에고가 서로 바뀜으로써 여러 가지 재밌는 상황이 생겨나는 것이다. 이런 영화들이 한결같이 놓치고 있는 점이 있다.

실제로 의식은 어떤 사람의 몸에 깃들어서 깨어나든 간에 아무런 문제를 못 느끼고 늘 하던 대로 제 일을 한다는 사실 말이다. 우리는 매일 밤 거대한 자리바꿈 게임을 하고 있으며, 어떤 에고도 그 사실을 눈치채지 못하고 있다. 의식이 특정한 해석성향과 기억을 가진 특정 좌뇌 속에서 깨어나기만 하면, 우리는 그것이 어제와 똑같은 우리 자신이라고 믿어 의심치 않는다.

그러나 어떻게 의식이 두개골 안에 갇힐 수 있겠는가? 철학자들과 신경과학자들의 집착을 보면, 우리가 의식의 거짓 '위치'에 관한 망상에 얼마나 쉽게 빠지는지를 잘 알 수 있다.

몇 가지 훌륭한 연습을 제시하겠다. 첫 번째 것은 정말 쉽다. 나는 강의 때 이것을 학생들에게 시켜보고는 하는데, 그 경험이 예상보다 훨씬 심오하고 충격적인 경우가 많아서 어떤 학생들은 실제로 비명을 지르기도 한다. 이 실험에는 최소 세 쌍의 뇌와 두개골이 필요하다(즉 세 명이 필요하다). 두 개의 의자를 버스 좌석처럼 일렬로 놓고 두 사람을 앉히라. 둘 중에 뒷자리에 앉은 사람이 이 실험의 진짜 주인공이다. 그 둘에게 안대를 씌우거나 눈을 감고 있게 한다. 앞에 앉은 사람은 그냥 코만 잠깐 빌려주는 역할이다.

이제 당신은 실험의 진행자로서, 뒷사람의 오른손을 당신의 오른손으로 잡고 움직여서 그 검지가 앞사람의 코를 톡톡 건드리게 한다. 그리고 그와 동시에 당신의 왼손 검지로 피험자의 코를 톡톡 건드린다. 여러 번 무작위적으로 건드리되 앞사람의 코와 뒷사람의 코가 항상 '동시에' 건드려져야 한다.

이때 뒷사람에게는 서로 다른 두 가지의 메시지가 전해진다. —

메시지 1) 내 손은 나보다 60센티미터 정도 앞에 있는 어떤 코를 건드리고 있다. 메시지 2) 내가 60센티미터 앞의 코를 무작위적으로 건드릴 때마다 정확하게 내 코가 건드려지는 것을 느낀다.

뇌는 증거에 입각하여 상황을 철저히 재구성한다. '내 코가 60센티미터 정도로 길어졌'고 말이다. 어떤 사람은 코가 천천히 길어지는 듯 느끼고, 어떤 사람은 코가 순식간에 길어진 듯 느낀다. 또 어떤 사람은 그 느낌이 너무나 충격적이어서 방 안에 다른 사람들이 다 지켜보고 있다는 사실을 잊고 비명을 지르기도 한다.

내가 실험실에서 써먹는 비슷한 종류의 환각체험이 또 있다. 고무로 만든 가짜 손과 테이블, 커다란 판지로 된 가림막이 필요하다 (가짜 손은 핼러윈 소품가게에서 쉽게 구할 수 있다). 테이블 앞에 앉은 피험자는 자신의 손을 가림막 뒤로 넣어서 보이지 않게 한다. 대신 그의 눈앞에는 가짜 손이 놓인다. 그가 가짜 손을 계속 관찰하고 있는 동안, 당신은 그의 진짜 손과 가짜 손에다가 무작위적인 자극을 완벽히 동시에 가한다.

그의 뇌에 어떤 메시지가 전해질지 상상해보라. '나는 지금 가짜 고무손을 지켜보고 있는데, 그것에 어떤 자극이 가해질 때 정확히 내 손에서도 똑같은 자극이 느껴진다.' 피험자의 뇌는 상황을 완벽히 재구성한다. 가짜 손이 실제로 그의 것이 된다. 그는 실제로 그의 의식을 가짜 고무손에 '집어넣는다.'

라마찬드란은 다른 연구자들이 고안한 이 실험을 더욱 과격한 '미친 과학자' 버전으로 실행해보았다. 피험자가 이런 환각을 경험하고 있을 때 망치로 그 고무손을 내려쳤던 것이다. 당신도 짐작했겠지만, 피험자들의 반응은 진짜 손이 으스러졌을 때의 고통과 일치했다. 반면 환각을 경험하지 않고 있던 사람들의 신경계는 반응하지 않았다.

라마찬드란은 이 실험을 약간 수정해서 심지어 피험자가 '테이블'에다가 자신의 의식을 투사하게끔 만들 수 있었다. 지금은 피험자로 하여금 의식이 완전히 '몸 밖으로' 나가는 경험을 하게 만드는 방법까지 나와 있다. 물론 현대의 신경과학은 이 모든 것이 의식의 환각일 뿐이라고 단정한다. 그러니 이쯤에서 소위 '환각'이란 것에 대해 얘기를 해봐야 할 것 같다.

지금으로서는 상상하기도 어렵겠지만, 얼마 전까지만 해도 많은 심리학자들이 의식 그 자체를 환각이라고 단정했다. 왜 실재의 근본적인 춤사위가 자기 자신을 환각이라고 여기는 걸까? 왜 우리는 우리의 아버지를 아버지 행세를 하는 사기꾼으로 여기는 걸까? 왜 우리는 앞의 자동차가 파란불에 빨리 출발하지 않는다고 마치 세상이 곧 멸망할 것처럼 반응하는 걸까? 왜 우리는 마비된 손이 지금 뭔가를 가리키고 있다고 확신하는 걸까?

경험 그 자체와 그 경험에 대한 믿음은 본질적으로 다르다. 즉 경험 그 자체는 비교적 실재에 가깝지만, 이미 해석기를 거친 경험은 그렇지 않다. 예를 들어 '무엇' 시스템 의식과 '어떻게' 시스템 의식의 차이점을 떠올려보라. '무엇' 시스템은 언제나 두개골 안에 갇혀 있지만, '어떻게' 시스템은 그렇지 않다.

에고적 의식은 다른 유형의 의식을 너무나 쉽게 묵살해버린다. 같은 맥락에서, 해석기에 더 심하게 사로잡힐수록 우리는 아예 의식이란 것 자체를 묵살하게 되는 것이 아닐까? 인간은 오랫동안 다른 동물에게는 의식이 없다고, 심지어 다른 인간에게조차 의식이 없다고 믿어왔다. 에고는 자신의 일관성을 위해서 어떤 왜곡도 마다치 않기에, 해석하는 마음은 필요에 따라 자기 존재의 근원까지도 부정할 수 있다.

이쯤 해두고 다시 '환각' 이야기로 돌아가자. 내가 했던 연구에 의하면, 좌뇌 해석기에 덜 의존하는 사람일수록 가짜 손에 의식을 투사하는 식의 환각을 경험할 가능성이 높았다. 요약하자면 애초에 의식을 두개골 안에 가둬놓은 녀석이 바로 좌뇌라는 얘기다.

가장 최근에 당신이 '어떻게' 시스템을 경험했던 일을 떠올려보라. 그 상황에서 의식은 두개골 안에 있었는가, 몸 안에 있었는가, 혹은 몸 밖에 있었는가? 에드가 미첼의 가장 극단적인 사례에 따르면, 마치 의식이 모든 곳에서 춤추고 있는 듯 보였다고 한다.

현대의 신경과학은 의식이 가짜 손에 들어가 있든, 탁자에 들어가 있든, 심지어 모든 곳에 퍼져 있든 간에 그 전부를 환각이라고 치부하고 있다. 이는 근거가 될 만한 실험결과가 부족해서가 아니라 기존의 가정을 계속 유지하려는 뿌리 깊고 은밀한 욕구 때문이다. 의식이 뇌기능의 산물이라는 가정이 현대 심리학의 토대이기 때문에 의식은 영원히 두개골 안에 갇혀 있어야만 하는 것이다.

그렇다면 해석하는 마음에 의한 이 모든 왜곡은 어떻게 설명할 것인가? 이 모든 왜곡도 따지고 보면 의식의 환각이 아니던가? 이야기가 너무 이론적이고 논리적으로 흘러가는 듯하지만, 여기에는 차이가 있다. 해석하는 마음이 만드는 왜곡은 의식의 내용물 ― 의식의 극장 — 에 관한 것이다. 같은 크기의 원들이지만 하나의 원이 더 커 보일 때, 그 경험은 당신의 '머릿속'에서 일어난다.

다시 강조하지만 그 누구도 그 원들이 자신의 머릿속에 있다고 생각하지 않는다. 우리는 그 원들이 '저 밖에' 있다고 확신한다. 하지만 이런 왜곡을 경험한다는 것 자체가, 비록 당신에게 그 세상이 더없이 생생하게 느껴질지라도, 지금 내면의 자아가 당신의 두개골 안에서 영화를 관람하고 있을 뿐임을 뜻한다.

신경과학계에서는 이런 경험을 기술할 때 철학자 르네 데카르트의 이름을 따서 '데카르트 극장'이라고 부른다. 지금 이 순간에도 시각, 청각, 촉각 등의 오감이 하나로 어우러진 다중감각적 영화가 당신의 두개골 안에서 상영되고 있다. 우리의 즐거운 취미인 백일몽도 이와 다르지 않다. 백일몽도 우리 두개골 안에서 상영되고 있는, '이런 일이 벌어질지도 몰라'라는 영화일 뿐이니까 말이다.

우리가 즐기는 혼잣말이나 백일몽 같은 취미들은 전부 우리의 두개골 안에서, 그러나 아주 생생하게 일어난다. 당신이 지금 이 책을 읽으면서 듣고 있는 그 목소리만 해도 그렇다. 그것이 대체 어디서 나왔겠는가?

하지만 의식이 뇌 밖으로 나오는 — 그것이 손이 되었든, 테이블이 되었든, 심지어 온 우주가 되었든 간에 — 경험들은 결코 의식의 '스크린 위에서' 펼쳐진 것이 아니다. 그것들은 직접적이고도 즉각적인 의식의 경험 그 자체다. 이런 경험들은 어떤 내용물 없이, 다시 말해 데카르트 극장 없이 펼쳐진다.

가짜 손 환각에 대해 살펴보자. 환각 이전에 피험자는 테이블 앞에 앉아 가짜 손을 쳐다보고 있었다. 이때 가짜 손에 대한 그의 경험은 두개골 안에서 이루어진 셈이다. 그리고 환각 도중에는 관점의 '전환'이 일어났다. 내가 이런 표현을 쓰는 이유는 어쩌면 이것이 환각이 아닐 수도 있다는 가능성을 고려해보기 위함이다. 의식의 내용물은 여전히 그대로지만, 이제 그 가짜 손은 '경험되는 것'이 아니라 '경험 그 자체'가 되었다. 다시 말해, 당신이 그 가짜 손을 보고 있는 상황을 환각 이전과 환각 도중으로 나눠본다면, 환각 도중에는 그 손이 '의식을 하는'(doing consciousness) 주체가 된 것이다.

이처럼 의식의 내용물이 전부 제거된 상황을 또 다른 방식으로 상상해보자. 지금 당신은 테이블, 책상, 혹은 가까이 있는 다른 뭔가를 손으로 느끼고 있을 것이다. 과학적으로 설명하자면, 당신은 의식이 그 손에 가 있는 것처럼 느끼지만 그것은 당신의 생각일 뿐이고 사실 그 경험은 당신의 뇌에서 일어나고 있다. 손에서부터 뇌로 연결된 감각신경들에 의해서 궁극적인 경험이 손이 아니라 뇌에서 일어난다는 말이다.

하지만 의식이 정말로 당신 손에 가 있다고 상상해보라. 더 나은 표현으로 말하자면, 당신의 손과 당신의 뇌가 함께 '의식을 춤추게 하여 존재를 만들어낸다'(dancing consciousness into being)고 상상해보라. 당신은 뇌와 손을 분리할 수 없고, 뇌와 다른 모든 것을 분리할 수 없다. 그러므로 당연히 이 춤사위는 당신의 뇌와 떼려야 뗄 수 없는 관계이다. 의식이 뇌 안에 자리를 잡고 있다는 믿는 것은 사물이 배경 없이도 존재할 수 있다고 믿는 것과 같다.

에크하르트 톨레는 '몸 의식'(body awareness)이야말로 에고적 마

205

음을 벗어나는 관문이라고 설명하면서 단순하지만 심오한 실습을 제시했다. 나는 이것을 내 수업시간에 활용하곤 한다. 손을 전혀 움직이지 않을 때, 당신의 손이 거기에 있음을 당신은 어떻게 아는가? 이 연습은 의식을 해석기의 극장 같은 마음으로부터 거둬들이고 대신 손으로 흘려보낸다. 눈을 감는다면, 당신은 '눈에 보이는 손'이라는 극장의 내용물까지 없애고 순수한 의식만을 남길 수 있다. 이제 당신은 텅 빈 극장을 경험한다.

간단한 예를 하나 더 들어보겠다. 손가락으로 테이블을 두드리면서 그것을 지켜보라. 지금 당신은 테이블을 두드리는 손가락을 보고 있고, 그로써 당신의 머릿속에는 그것이 재구성된 경험의 내용물이 존재하게 되었다. 그와 동시에, 손에 가 있는 의식의 직접적이고 감각적인 경험 — 테이블을 건드리는 손가락의 촉각 — 도 분명 존재한다. 이제 눈을 감고 의식의 내용물이 점점 더 적어지도록 해보라. 의식이 좌뇌의 극장으로 덜 흘러들게 하면 자연히 그것은 머리 밖으로 더 많이 흘러나간다. 이 연습은 만물을 존재하게 하는 것이 바로 그 배경임을 알아차리는 것과 전혀 다르지 않다.

이처럼 내용물 없는 의식이 손에 가 닿을 수 있다면, 그것 자체가 의식이 뇌의 밖에도 있을 수 있다는 뜻이 아닐까? 의식을 머리 밖으로 내보내는 것에 관해 알바 노에는 훌륭한 예를 하나 들었다. 지팡이로 길을 더듬으며 걷는 시각장애인의 의식은 심지어 손이 아니라 그 지팡이의 끝에 가 있다고 말이다. 마찬가지로 운전을 할 때 우리의 의식은 타이어까지 확장되어 있다. 글을 쓸 때 우리의 의식은 손을 넘어서 연필 끝에 가 있다. 이처럼 의식이 어딘가로 갈 수 있다면, 모든 곳에 가지 못할 이유가 있을까?

라마찬드란은 환각지幻覺肢(phantom limbs)를 경험하는 사람들을 위한 흥미로운 치료법을 고안한 적이 있다. 팔이나 다리를 잃은 사람들은 두 가지 문제와 씨름하게 된다. 하나는 잃어버린 신체 부위가 아직도 있는 것처럼 느낀다는 것이고, 다른 하나는 심지어 그 부위에서 통증을 느낀다는 것이다. 한 환자는 있지도 않은 손이 너무나 꽉 쥐어져서 손톱이 살갗을 파고드는 극심한 고통을 경험해야 했다. 그 존재하지도 않는 통증에 대해서 의사들이 뭘 어쩔 수 있었겠는가?

하지만 라마찬드란은 이것이 뇌에 의한 환각이라고 믿었고, 환자의 뇌를 속임으로써 통증을 없앨 수 있었다. 그는 거울을 설치한 상자를 만들어서 거기에 환자가 오른손을 집어넣으면 마치 양손이 다 있는 것처럼 보이게끔 했다(물론 왼손은 오른손의 거울상에 불과했다). 그 환자는 오른손을 꽉 쥐었다가 폈다. 그러자 고통은 사라졌다. 뇌에게 필요했던 것은 단지 꽉 쥐어진 왼손이 펴지는 모습뿐이었던 것이다.

수년간 심리학 실험 경력을 쌓고 나서 내가 처음 하고 싶었던 일은 다음의 가설을 시험해보는 것이었다. '없어진 신체 부위에 실제로 의식이 가 있는 거라면, 환각지를 정말 환각이라고만 봐야 하는 걸까?' 어쩌면 손이 있었던 자리와 의식을 그곳으로 보내는 뇌 사이에 '뭔가'를 위치시킴으로써 이 가설을 확인해볼 수 있지 않을까? 하지만 이것 또한 의식이 동사가 아니라 사물이라는 믿음에 의한 생각이었다. 동사는 흥미롭고도 알 수 없는 것이다. 우주의 양 끝에 서 있는 두 사람조차 같은 춤을 출 수 있다. 의식은 동사이기에, 모든 곳에 동시에 가닿기 때문이다.

나는 방금 자동차를 한 대 구입하고 집으로 돌아왔다. 자동차를 구입하는 것은 아마도 내용물 기반의 의식행위 중에서 가장 스트레스받는 일 중 하나일 것이다. 나는 계약서를 작성할 것이고, 오랫동안 할부금을 갚을 것이고, 구입한 차에 아무 문제가 없기를 기도할 것이다. 그리고 뭔가가 잘못되는 듯 보일 때마다 내 두 손 사이의 공간으로, 나와 판매원 사이의 공간으로, 그 차의 부품들 사이의 공간으로 의식을 돌릴 것이다.

온 사방이 공간이기에 이 연습은 무한정의 변주가 가능하다. 당신은 지구를 떠나 우주공간으로 갈 필요가 없다. 앨런 와츠와 에크하르트 톨레가 공통적으로 언급한 연습법이 하나 있다. 밤하늘을 올려다보면서 '사물들' 사이의 공간에 초점을 맞춰보라는 것이다. 공간에는 마음을 느리게 만드는 뭔가가 있다. 마음은 빈 공간을 이해할 능력이 없기 때문이다. 에크하르트 톨레는 이렇게 말했다. "공간의식(space consciousness)을 이해하지 못하겠다고요? 저 역시 그렇답니다."

어떻게 1.4킬로그램 정도의 젤리 같은 덩어리(뇌)가, 그나마도 좌측 절반이 실재를 실재가 아닌 것으로 왜곡하고 있는 와중에, 무無(nothingness)를 이해할 수 있겠는가? 그것은 이해될 수 있는 것이 아니다. 그것은 내용물도 없고 극장도 없다. 따라서 의식이 무를 향할 때, 해석하는 마음은 절로 잦아든다.

해석하는 마음과 깊이 연관되어 있는 데카르트 극장에 관해 더 자세히 알아보자. 데카르트 극장은 모든 종류의 환상이 일어날 수 있는 장소이다. 여기에 데카르트 사상의 핵심이 담겨 있다. 각각의 환상마다 거기에 관객(의식)이 있어 무대 위에서 연기하는 배우들(내용물)을 목격한다. 이처럼 우리는 모든 감각이 총동원된 경험을 '머릿속에서' 한다. 거기에 세상에 있고, 다양한 감각을 통해 그 세상을 경험하는 내가 있다. 그 전부가 머릿속에서 일어나는 일이지만, 우리는 그 내용물이 바깥에 실재한다고 믿는다.

의식의 내용물은 감각들에 의존하고 감각들은 속임수에 쉽게 넘어가기 때문에, 데카르트는 그 내용물이 진짜인지 가짜인지를 확인하는 것이 불가능하다는 사실을 알아차렸다. 그리하여 그 유명한 "나는 생각한다. 고로 나는 존재한다"라는 말이 탄생했다. 어쩌면 지금 내가 책상 앞에 앉아 있는 것은 현실이 아닐지 모른다. 사악한 컴퓨터가 나를 속이고 있을 수 있기 때문이다. 혹시 나의 뇌가 어떤 배양기 안에서 '지금 이러저러한 사건이 일어나고 있다'고 느끼게 만드는 컴퓨터 신호를 받고 있는 것은 아닐까?

당신이 눈꺼풀 위를 문지를 때 광점들을 볼 수 있는 이유는 모든 감각 자극이 결국은 전기화학적 신호로 변환되기 때문이다. 다시 말해 당신은 실제로 '빛'을 보지 못한다. 당신의 광각수용기가 자극될 뿐이다.

데카르트의 사상을 기반으로 한 영화 〈매트릭스The Matrix〉는 우리의 관념들의 진위 여부에 대한 집단적인 의심을 드러내고 있다. 모든 의심을 감안할 때 우리가 확신할 수 있는 유일한 사실은 '나의 의식만큼은 실재한다'는 것뿐이다. 즉 최고로 진보된 미래의 컴퓨터라 할지라도, 애초에 존재하지 않는 의식으로 하여금 '나는 존재한다'고 생각하도록 만들 수는 없다. 그렇기에 데카르트는 "나는 생각한다. 고로 나는 존재한다"고 선언했다. 여기서 '생각한다'는 말만 '생각을 알아차린다'로 바꾸면 이런 문장이 된다. "내 생각들을 알아차리는 그것은 자신이 실재임을 안다."

내가 세부사항까지 알 수는 없을지라도, 어쩌면 내가 정말로 컴퓨터 시뮬레이션 속에 있는 것인지 몰라도, 나는 최소한 여기에 '의식'이 있음을 안다. 즉 내용물은 얼마든지 환상일 수 있지만 경험 그 자체는 환상일 수 없다는 뜻이다.

데카르트부터 현대 신경과학자들에 이르기까지, 모두가 우리 경험의 내용물이 환상이거나 적어도 실증될 수 없는 것이라는 데 동의하고 있다. 평범한 사람들도 대부분 에고의 내용물이 왜곡된 것이거나 심지어 환상 그 자체일 수 있음을 충분히 받아들이고 있다. 그런데도 현대과학은 뇌처럼 물질적인 것들만이 중요하고 의식조차도 물질로부터 나왔다는 가정에 여전히 안주하고 있다.

당신이 마지막으로 극장에 갔던 때를 기억해보라. 당신은 당신의 기억에 '의식'이 결여되어 있음을 알아차리게 될 것이다. 의식은 사물이 아니므로 어떤 사진으로도 붙잡아둘 수 없다. 본래 마음은 지금 무대 위에 있는 것들에 사로잡히게 되어 있다. 따라서 오늘날 의식에 관한 대부분의 정의들은 '의식이란 어떤 내용물이 올려진 무대'라는 생각을 포함하고 있다. 아마도 우리가 그토록 유명세를 바라는 이유도 이것 때문인지 모른다. '어떤 것(내용물)'이 되어서 무대 위에 올라야 중요하게 대접받는 것이다.

'의식한다'(be conscious of)는 말도 무대 위에 오른 뭔가를 알아차린다는 뜻으로 쓰인다. 아무런 내용물이 없는 경험에 대해서 대체 무슨 말을 할 수 있겠는가? 배우들이 모두 떠나고 텅 비어 있는 극장을 상상해보라. 거기에 의식만이 홀로 남아서 텅 빈 공간을 채우고 있다고 상상해보라. 당신은 이에 대해 몇 마디도 하기가 어렵다. 누구든 직접 그 경험 속으로 들어가보는 수밖에 없다.

에고와 극장은 너무나 깊이 연관되어 있어서 어떤 면에서는 그 둘을 하나로 볼 수 있다. 그렇기에 해석하는 마음을 벗어나기 위해서는 극장의 내용물로부터 사이의 공간들로 옮겨가야 하며, 바로 거기서 의식은 두개골의 제약으로부터 자유로워진다.

좀더 단순하게 설명해보자. 데카르트 극장은 두개골에 제약된 경험이다. 왜냐면 시각, 청각 등의 감각자극들은 뇌의 산물이기 때문이다. 우리 자신을 우리 안의 극장과 동일시하는 만큼 의식은 머릿속에 갇히게 될 것이다.

우리가 왜 그토록 영화나 TV에 집착하고 배우들을 좋아하는지에 대한 힌트가 여기에 있다. 진짜가 아닌 그들의 모습은 우리 안의 극장과 에고적 마음을 대변할 뿐만 아니라 강화시켜준다. 따라서 영화 상영에 앞서서 이런 경고문이 나오면 어떨까 싶다. "곧 상영될 영화는 모든 감각이 하나로 결합된 내면의 이미지를 발생시킵니다. 이것은 독립된 개체로서의 당신의 이미지를 강화시킴으로써 고통을 야기할 것입니다. 하지만 걱정하지는 마세요. 그래봤자 영화일 뿐이니까요."

다시 한 번 강조하건대, 이 극장에는 아무것도 잘못된 것이 없다. 우리가 우리 자신을 이 극장과 동일시하기 때문에 문제가 생기는 것이다. 우리가 관객으로서 몰입할수록 그 모든 고통과 드라마는 생생해진다. 그것이 바로 극장의 존재 이유이다.

그동안 우리는 무대 주위의 공간과 의식에 대해서 까맣게 잊고 있었다. 다음에 영화를 보러 가면, 스크린 위에 펼쳐지는 사건들을 당신 안의 극장으로 복사해오는 것이 얼마나 쉬운 일인지 숙고해보라. 영화를 한 편 보는 일이 만사를 잠시 잊는 휴식처럼 느껴지는 이유는 평상시 에고의 극장이 그 시간만큼은 멈추는 듯 보이기 때문이다. 하지만 이것은 상영방식이 바뀐 것에 불과하다.

우리가 두 번째로 좋아하는 취미인 TV 시청도 뭔가 이완을 가져다주는 듯 보이지만, 그것 또한 이 카드로 저 카드의 대금을 돌려막는 것과 똑같다. 당신은 이제 빚이 없는 것처럼 신기루 같은 약간의 평화를 즐기지만, 그것은 사실이 아니며 오히려 빚은 더 늘어나고 있다.

어쩌면 모든 훌륭한 명상기법들의 요지는 극장과의 동일시를 끊어내는 것일지도 모른다. 영화 한 편 보는 것이 기분전환이 될 순 있겠지만, 당신이 차로 돌아오는 순간 당신의 에고 극장은 전보다 더욱 생생해지고 온갖 문젯거리와 고민거리들이 앞다투어 그 스크린 위에 등장할 것이다.

이 극장에서 또 하나 주목할 만한 점은 내용물과 의식의 거리, 즉 사이 공간의 크기에 관한 것이다. 마치 우리는 무대로부터 너무 가깝지도 멀지도 않은, 내용물들로 이야기를 지어내기에 딱 좋은 자리를 잡아서 의식을 거기에 앉히는 것 같다. 당신은 이 자리를 바꿈으로써 무대 위 내용물과의 동일시를 깨뜨리는 데 도움을 받을 수 있다.

예를 들어 원의 크기에 관한 착시 그림으로 돌아가보자.(121쪽) 시야에 그 두 개의 원만 보일 만큼 충분히 집중할 수 있으면, 당신은 그것들을 같은 크기로 보게 된다. 마이클 바흐 교수의 '내딛는 발걸음' 동영상을 볼 때도, 두 개의 발에만 집중할 수 있으면 그 움직임은 연속적인 것으로 보인다.(139쪽) 우리 집 강아지 그림의 경우에도, 당신은 조금 떨어져서 그것을 봐야 강아지 모양이 제대로 보인다는 사실을 알아차릴 것이다.(81쪽) 즉 강아지가 보이려면 의식과 그 내용물 사이에 약간의 거리가 있어야 한다는 뜻이다.

이처럼 '이야기'를 보기 위해서는 한 발 물러나야 한다. 당신이 하나의 작은 초점에다 의식을 고정시키면 강아지는 사라진다. 그 강아지는 극장 안의 적당한 자리에 앉아서 무대 전체를 한 번에 볼 때라야 나타나는 것이기 때문이다. 비유가 좀 지나치긴 하지만, 마음속 무대 위의 내용물 바로 앞에다 의식을 붙여두는 연습을 해보라. 그래서 그 내용물의 일부가 모든 것인 동시에 아무것도 아닌 것이 되도록 해보라.

얼마 전에 나는 식료품 계산대에서 줄을 서고 있을 때 조금 짜증이 나는 느낌을 받았다. 두통이 있었고 아이들을 데리러 갈 시간에도 늦었는데 계산원이 너무 굼떠서 마치 되감기를 하고 있는 듯했다. 그러나 이 모든 것은 '이야기'일 뿐이다. 의식과 극장 사이의 관계를 바꾸면 이 이야기에서 빠져나갈 수 있기 때문에, 나는 옆에 있는 초콜릿 더미에다가 얼굴을 들이밀고는 내 시야가 온통 그 포장지의 오렌지색으로 가득 차게 만들었다. 그로써 나는 곧장 그 이야기로부터 벗어날 수 있었고, 주위 사람들이 나의 이런 행동을 보고는 분명 미친놈이라고 하겠지 생각하며 웃음을 터뜨렸다.

당신이 당신 자신을 극장과 동일시하는 문제는 의식과 그 내용물의 관계에 달려 있다. 그 영화로부터 빠져나오길 원한다면 이 관계를 변화시키면 된다. 또한 당신의 이야기를 창조하기 위해 하나로 결합되는 감각들도 관련이 깊으므로, 의식을 하나의 감각에만 붙잡아두는 것도 도움이 된다.

에크하르트 톨레와 앨런 와츠가 사용했던 최고의 연습법 중 하나는, 종소리에 집중하되 그 소리가 점점 작아져 정적만이 남을 때까지 그 집중을 유지하는 것이었다. 물론 어떤 생각이나 내용물이 재빨리 빈 무대를 채우겠지만, 적어도 이 연습은 잠시나마 내용물이 부재한 의식을 경험하게 해준다.

또 다른 흥미로운 명상법도 있다. 당신의 두개골 밖까지 의식을 따라가 보라. 만약 우주가 어떤 의도를 갖고 창조된 것이라면, 새들의 지저귐이야말로 의식이 머릿속에만 제한되어 있지 않다는 사실을 암시하기 위해 존재하는 것 같다. 이 방법은 언제 어디서든 효과를 발휘한다. 저 밖의 '소리'로서의 의식을 찾아보라. 처음에는 소리를 이용하는 것이 가장 쉽다.

세세하게 방법을 설명하기는 어려운 과제지만, 의식이 저 밖에 있을 수도 있다는 가능성을 받아들이는 것만으로도 도움이 된다. 즉, 의식이 머리에만 한정되어 있다는 것이 환상일 수 있다는 가능성에 마음을 열라.

멀리서 새소리를 들을 때, 당신의 의식은 실제로 거기에 가 있는 것이지 결코 두개골 안에 있는 것이 아니다. 그때는 의식 안에 '이야기'가 들어올 자리가 없다. 당신의 이야기는 두개골 안에 있는 것이기 때문이다. 다시 말해 새소리와 이야기는 공존하지 못한다. 이야기가 등장하는 순간에 당신은 머릿속으로 복귀하게 된다.

이 연습에 익숙해지면, 당신은 자동차 소리를 포함한 그 어떤 소리도 될 수 있다. 이 연습은 요지는, 멀리 있는 새소리를 들을 때 그 소리가 바로 당신 자신이며 당신의 경험이 머릿속이 아니라 저 밖에서 일어나고 있음을 알아차리는 것이다. 일단 한 번 이것을 경험하고 나면, 두개골 안의 경험과 두개골 밖의 경험 사이를 오갈 수 있게 된다.

의식을 두개골 안으로 불러들이는 가장 쉬운 방법은 머릿속의 목소리이다. 그냥 생각으로 당신 자신에게 말을 걸어보라. 자신에게 말하는 것이 의식을 두개골 속으로 불러들이는 이유는 그것이 곧 좌뇌의 에고적 생각이기 때문이다. 머릿속의 목소리는 언제나 의식을 불러들인다. 자기 자신에게 말하는 데 많은 시간을 쓰고 있는 사람들(의식을 연구하는 대부분의 과학자들이 이에 해당한다)일수록 의식이 뇌에 제한되어 있다고 확신하게 되는 이유도 그 때문일 것이다.

예전에는 에고적 마음이 개개인의 생존에 도움을 주었다. 따라서 분리라는 환상, 자아라는 환상을 가능케 하기 위해 의식의 범위를 하나의 두개골로 좁힐 필요가 있었다. 물론 머릿속의 목소리가 두개골 밖으로 투사되는 조현병처럼 예외의 경우도 있기는 하다. 아주 옛날에도 에고적 목소리를 두개골 밖으로 투사하여 그것을 신이 자신에게 이야기하는 것이라고 생각했던 기인들이 있었다. 그러나 대부분의 경우에는, 에고에게 더 많이 집중할수록(자신에게 말하는 것

215

이 가장 좋은 방법이다) 의식도 더 많이 머릿속에 제한되는 것처럼 보인다.

의식을 해석하는 마음으로부터 돌려놓을수록, 당신은 당신만의 극장을 벗어나는 경험들을 더 많이 하게 된다. 이 연습의 효과는 인생이 당신 쪽으로 계속해서 던져대는 듯 보이는 자질구레한 일들을 처리할 때 가장 극대화된다. 짜증과 실망은 언제나 두개골 안에서 일어나는 경험이므로, 당신이 두개골 밖으로 나오면 상황은 달리 보일 것이다. 이 연습을 계속하다 보면 너무나 많은 사람들이 의식이 머리에 갇혀 있다고 믿고 있다는 사실 자체가 오히려 의아해질 것이다.

몇몇 사람들은 가짜 손에 가 있는, 자기 앞의 테이블에 가 있는, 또는 심지어 온 우주에 퍼져 있는 의식을 이미 경험했다는 사실을 기억하라. 그러나 마음은 이것들을 환각으로 해석함으로써 주도권을 유지했다. 과학계에서는 이것들을 환각으로 보고, 평범한 사람들도 그저 '뇌 속에서 펼쳐진 멋진 속임수' 정도로 가벼이 여긴다.

만약 당신이 이런 경험들을 진짜라고 여기기 시작한다면 좌뇌는 극도로 방어적인 태도를 취할 것이다. 왜냐면 에고 의식이야말로 진짜 의식이라는 자신의 근본적인 가정이 뿌리째 흔들리는 셈이기 때문이다. 또다시 대립성 법칙이 안밖으로 작동하기 시작한다.

그러니 이 연습을 하는 동안 에고가 반응하더라도 놀랄 필요가 없다. 적어도 나의 에고는 격렬했다. 불안, 공포 등 의식을 두개골 안으로 되돌리는 데 쓸모가 있다면 그 어떤 수단을 써서라도 제 권위를 잃지 않으려 들 것이다. 그러니 느긋하게 진행하되 이것 하나만 기억하라. 당신이 연습에서 기분 나쁜 경험을 했다면, 그것은 단순히 에고적 마음이 당신을 두개골 안으로 다시 불러들이려는 시도일 뿐이다.

당신이 지금까지 소위 '전도된 망상'(reversed illusion) 속에서 살아왔다는 사실을 알아차리는 것은 무척 당황스러운 일이다. 사실 '어떻게' 시스템 의식은 거의 항상 머리 밖에 있다. 그러나 해석하는 마음은 모든 것이 머리 안에 있다고 단정해버리고, 우리는 좌뇌가 알려주는 식으로만 본다.

의식이 두개골 안에 한정되어 있다고 여기는 것이 진짜 망상이다. 그리고 이 망상을 유지하는 유일한 방법은 에고를 좌뇌 데카르트 극장의 편안한 좌석에 앉혀두는 것이다.

의식과 물질세계와의 관계를 논할 때 우리는 흔히 두 가지 관점 중 하나를 선택한다(항상 이분법은 우리가 좌뇌를 사용하고 있다는 증거이다). 첫 번째 관점은, 의식이 실재이고 물질세계가 환상이라는 것이다. 두 번째 관점은, 물질세계가 실재이고 의식이 환상이라는 것이다.

앨런 와츠는 분별로부터 벗어나게 하는 작업의 대가였다. 그는 한 강의에서 성격을 둘로 — 뾰족이(the prickles)와 물렁이(the goos)로 — 나누어 설명했다. 뾰족이들은 극단적인 과학 신봉자들로서 물질세계에만 매달려 있다. 반면 물렁이들은 예술가적인 이들로 뾰족한 사람들을 영혼이 없는 자들이라 여긴다. 그러나 실제 현실에는 오직 하나의 성격만이 존재한다. 물렁한 뾰족이 혹은 뾰족한 물렁이 말이다.

이처럼 좌뇌는 마치 껌 한 개를 극단적으로 길게 늘려서는 양 끝을 가리키며 서로 반대 성질이라고 믿는 것 같다. 그리고는 어찌해야 양 끝이 도로 합쳐지는지 몰라서 혼란스럽게 행동한다. 좌뇌는 태생적으로 양극을 합칠 줄 모른다. 칼의 기능은 자르는 것이지 붙이는 것이 아니다.

위의 이분법을 다시 생각해보면 마음과 물질의 관계는 위와 아래, 동사와 명사의 관계와 동일한 것이다. 앨런 와츠의 통찰이 엿보이는 표현을 다시 보자. "사과나무는 사과하고, 뇌는 마음한다(an apple tree apples, the brain minds)." 물론 애초에 동사들을 고정된 어떤 것으로 만들어버리는 것이 바로 마음이기는 하다. 그러니 이런 면에서 마음이야말로 실재의 물 흐르는 듯한 춤사위를 따로 떼어낸 뇌 같은 고정된 무엇으로 만들어버리는 범인이라고 탓해도 맞는 말이기는 하다.

하지만 뭔가에 이름을 부여하는 행위가 곧 그것에 대한 지도를 만드는 행위이다. 이름은 실체에 관한 지도일 뿐 결코 실체일 수 없다. 더 이상 아무도 지도를 만들지 않는다면, 거기에는 좌뇌를 침묵하게 하는 여여如如함이 있을 뿐이다. 옛 선시는 이렇게 말했다. "뜰 앞의 측백나무일 뿐."

드라마를 지켜보며

내 아들 녀석은 아빠가 괴물인 척하며 자기를 쫓아다니면 좋아라 한다. 계속해서 비명을 지르고 "으악, 괴물이 날 잡으러 온다!"고 하며 장난감 트럭을 몰고 도망친다. 하지만 절대로 아빠가 못 잡을 정도로 빨리 가지는 않는다. 내가 뒤에서 와락 붙잡으면 이번에는 쉴 새 없이 깔깔대며 '제발 나를 놔주세요(그치만 진짜 놔주지는 마세요)' 게임을 시작한다. 조금씩 강도가 세질 때마다 게임은 더욱 재밌어진다.

이것이 바로 우리가 어른이 되면 한껏 집어넣을 심각함이 쏙 빠진 '드라마'의 초기 형태이다. 언젠가부터 우리는 드라마가 근본적으로 '놀이'라는 사실을 잊었다. 어른이 되면 우리의 괴물은 훨씬 더 생생한 모습을 띤다. 재정적 파산, 외로움, 실직, 질병, 직장이나 도로에서 마주치게 되는 개념 없는 놈들… 어른이 되면서 우리는 괴물에게 잡아먹히거나 간신히 도망치거나 하는 일들이 진짜라고 믿게 되었고, 그럼으로써 비탄에 잠기게 되었다. 웃음을 멈출 수가 없었던 즐거운 게임이 어쩌다 보니 스트레스, 우울, 불안이 넘치는 실제 상황이 돼버렸다.

대낮에는 TV에서 몇몇 '진짜 사람'*들의 분쟁, 충돌, 분노를 강조하는 토크쇼가 늘상 방송된다. 적어도 날마다 잇따라 서너 시간씩은 볼 수 있다. 이 프로그램들은 '평범한' 어른의 마음의 강도를 3~4에서 7~8로 올려버리는데, 바로 그렇기 때문에 에고의 바보 같은 일면을 더욱 분명하게 알아차릴 수 있는 굉장한 기회를 제공해준다.

여기에 나오는 사람들은 당신이 일터에서 또는 주차장에서 경쟁할 때 경험하게 되는 마음상태를 적나라하게 대변한다. 그들은 에고를 더 많이 장려하는 상황에 놓여 있고, 쉽게 언성을 높이고 폭력적 행동까지 보인다. 아마도 당신은 이런 행동들이 자신과는 동떨어진 것이라고 생각하겠지만, 결코 그렇지 않음을 인정하는 편이 더 유용할 것이다.

우리는 흔히 '드라마'를 볼 때 스스로 그것이 되어버린다. TV 속에서 표출된 감정 — 갈등으로부터 비롯된 흥분과 공격성 — 이 우리 자신이 되어버린다. 그러나 거리를 유지하면서 그 감정을 조망하는 것도 충분히 가능한 일이다. 이 연습의 핵심은 스스로 기분이 좋아지거나 우월감을 느끼지 않도록 주의하는 것이다. 그것 또한 좌뇌의 분별하는 마음이기 때문이다.

그 출연자들을 '미쳤다'고 여기며 마음 아파하거나 비난하지 말고, 그냥 그 모든 상황의 배후에 분별하는 마음이 있음을 알아차리

---

* 80년대에 인기를 끌었던, NBC 방송의 토크쇼 제목 〈Real Peaple〉을 중의적으로 언급한 듯하다. 역주.

라. 각각의 출연자들을 볼 때 '당신 안의' 좌뇌 해석기가 어떻게 반응하는지 지켜보는 법을 배우라. 그것을 언제나 무대의 중심에 서고 싶어하는 에고의 놀이로 보라.

'갈등'을 갈구하는 것, 희생자 또는 악당이 되는 것, 다른 사람들을 끌어들이고 발사 버튼을 누르는 것… 이것들이 쇼에서 진짜로 벌어지는 일의 전부다. 이런 드라마의 진정한 가치는, 그것들이 너무나도 과장된 마음이어서 '문제투성이인 에고'가 평소보다 훨씬 더 잘 드러나기에 오히려 에고가 스스로 탈출구가 되어준다는 데 있다.

거의 대부분의 TV 프로그램은 의식에게 패턴 또는 틀을 강요한다. TV는 의식을 마음속에다 집어넣고 오르락내리락하게 만들며, 우리는 이내 거기에 익숙해지고 심지어 의지하게 된다. 쇼나 영화는 대개 비교적 평화로운 느낌으로 시작되지만 이내 갈등을 만들어 드라마를 절정으로 치닫게 한 후에야 막판에 그것을 해소시킨다. 그러면 우리는 영웅이 승리하고 악당들이 정의의 심판을 받는 것을 보며 잠시 동안 기뻐하고 안도한다. 하지만 쇼가 끝나면 우리는 다른 쇼로 눈을 돌리고 거기서 똑같은 경험을 반복한다.

이것이 바로 TV쇼, 영화, 뉴스프로그램 등의 진짜 폐해이다. TV가 유도하는 감정 기복의 악영향에 비하면 그 안의 폭력, 섹스 장면의 위험성은 별것 아니다. TV쇼의 첫 장면에 다음과 같은 경고문이 달리는 모습을 상상해보라. "경고: 이 영상물은 당신의 마음을 더욱 바쁘게 만들 수 있습니다. 이것을 시청한 후에 당신은 고통을 느낄 것이며 당신의 삶에서 더 많은 드라마를 갈구하고 창조하게 될 것입니다."

그런데 잠깐, 이것이야말로 우리가 바라던 바가 아닐까? 갈등이 없는 영화를 상상해보라. 악당도 없고 극복해야 할 시련도 없다. 어떤 목적도 없고, 아무것도 필요로 하지 않는다. 이 영화에서는 모든 것이 순조롭고, 있는 그대로 완벽하다. 우리는 왜 이런 영화를 상상조차 하지 않는가? 아무리 수백만 달러를 써서 최고의 배우들과 특수효과를 동원한다고 해도 전무후무한 망작이 될 게 뻔하기 때문이다. 평화롭게 시작해서 아무 갈등 없이 진행되다가 그냥 끝나는 영화… 등장인물들은 서로 싸우지 않고, 극복해야 할 악당이나 악의 세력도 없다.

다스 베이더가 없다면 〈스타워즈〉가 어떻게 되겠는가? 스미스 요원이 없는 〈매트릭스〉가 상상이나 되는가? 조드 장군이 없는 〈슈퍼맨〉은? 이 악당들이 빠졌을 때, 관객들이 영화관을 박차고 나와서 환불해달라고 아우성치기까지 얼마나 걸리겠는가? 우리가 진심으로 얼만큼의 평화를 원하고 있는지를 이런 사실들이 말해주고 있지 않은가? 영화 속의 평화도 제대로 견디지 못하는 주제에 실제 현실에서 진심으로 평화를 원하고 있다고 말할 수 있는가?

자, 이쯤에서 연습 하나 나간다. TV를 시청하되, 의식이 각각의 드라마 속으로 들어갈 때마다 그 방향을 돌려놓으라. 드라마가 어떻게 우리 마음에 영향을 미치는지, 어떻게 우리 마음이 '돼버리는지' 그 작동방식을 알아차리라는 뜻이다.

우리는 드라마를 볼 때 그것이 '드라마'라는 사실을 거의 눈치채지 못한다. 이미 두 살 무렵부터 마음에다 에너지를 쏟아붓는 법을 익혀왔기 때문이다. 나는 드라마나 해결할 문제가 전혀 들어 있지 않은 어린이 프로그램을 열심히 찾아봤지만 영아용 프로그램들까지 다 뒤지고서야 겨우 몇 개를 찾을 수 있었다. 좌뇌의 언어기능이 등장하는 순간에 좌뇌의 드라마도 시작된다. 영아용 영상물이 드라마 없이 단순하게 만들어지는 이유는 아직 영아들이 색깔, 모양, 움직임밖에 못 보기 때문이다.

곧 3~4세 즈음이 되면, 우리의 아이들은 드라마에 노출되기 시작한다. 비록 비교적 '순한' 드라마이긴 하지만 말이다. 텔레토비 정도면 제일 낮은 등급에 속하겠지만, 그럼에도 모든 어린이 프로그램에는 어른들이 보는 드라마의 기본요소가 담겨 있다. 어떤 문제가 있고, 그 문제를 만들어내는 누군가(악당)가 있고, 그 문제를 해결하기 위한 노력이 있고, 마침내 그 문제가 해결되었을 때의 즐거움이 있다. 최근 시작한 어린이 시리즈 〈상상 실천가들〉(Imagination Movers)을 보면 자신들의 일이 문제를 해결하는 것이라고 아예 선언하면서 시작한다. 매 화마다 골칫거리가 나오고, 노력하는 과정이 나오고, 결국 해결된 후에 모두가 행복하게 노래하며 막을 내린다.

역설적이게도, 인생에서 마주칠 문제를 해결하기 위한 이 모든 특단의 예비과정은 어른이 됐을 때 도움이 되기는커녕 방해만 되는 것 같다. 마음을 잘 지켜보기 시작하면, 당신은 그것이 본연의 역할을 적절하게 해낼 수 있는 일종의 적정값을 갖고 있음을 알게 된다. 그러나 너무 많은 에너지가 투입된 마음은 문제가 없으면 스스로 문제를 만들어낸다. 문제를 해결하는 것이 제 역할이기 때문이다. 모든 드라마가 우리의 마음을 동요시키지만, 실제 현실에서 우리가 꼭 다뤄야 할 문제의 개수는 그렇게까지 많지 않다. 지금 이 순간, 당신은 꼭 해결해야 할 문제를 몇 개나 갖고 있는가?

어떤 사람들은 바깥의 드라마를 선호한다. 즉 타인들과 엮이는 드라마를 좋아한다는 말이다. 반면 어떤 사람들은 내부의 드라마에 매달리며, 우리는 그것을 '불안'이라 부른다. 겉으로는 서로 다른 두 유형의 사람들이 존재하는 것 같다. 적어도 칼 융은 그렇게 믿었다. 그는 성격을 외향성과 내향성으로 구분하는 것이 중요하다고 생각했다. 외향적인 사람들은 그들의 에너지를 외부로, 즉 사람들과 상황들로 집중하는 경향을 보이는 반면 내향적인 사람들은 에너지를 내부로 흐르게 한다.

이 구분법은 오랫동안 잘 적용돼왔으며 굳이 여기에 의문을 제기할 필요는 없다. 이 두 성격은 분명히 차이가 있다. 외향적인 사람들에게는 드라마가 사건 및 사람들과의 분쟁과 충돌로서 나타난다. 내향적인 사람들에게는 드라마가 불안이나 내면의 갈등 같은 형태로 나타난다. 하지만 이런 차이는 겉모습의 차이일 뿐이다. 둘 다 마음의 동일한 과정(process)의 결과물이다. 그 처방 또한 드라마의 내용물이 되지 말고 그것을 지켜보는 자가 되라는 연습으로 동일하다.

우리는 드라마에 얼마나 중독되어 있는가? 이 질문은 우리가 좌뇌 해석기에 얼마나 많은 에너지를 투입하는가를 묻는 것과 같다. 한 대형 방송국은 광고문구로 다음과 같은 표현을 썼다. "우리가 드라마를 좀 잘 압니다(We know drama)." 이 말은 사실이다. 그들은 어떻게 해야 에고가 오르락내리락하는 드라마에 더 깊이 빠져드는지를 잘 알고 있다.

뉴스도 드라마의 훌륭한 재료이므로 이것을 좋은 연습 기회를 삼아보라. 당신은 뉴스를 보면서 마음과의 동일시를 그칠 수 있는 가? 당연히 당신 마음은 뉴스에 반응하겠지만, 그 반응과 하나가 되는 대신에 그냥 뉴스를 '보기'만 할 수 있는가? 당신이 그 반응과 하나가 되는 순간, 뉴스의 내용은 진짜 현실이 되고 지도는 실제 그 지역이 된다. 저 사람은 진짜 무능하기 그지없고, 정부는 돈을 너무 많이 낭비한다. 물론 개중에는 꼭 개선되어야 할 문제들도 섞여 있겠지만, 지금 당신의 감정적인 반응은 정말로 실질적인 변화를 위한 것인가?

뉴스쇼들은 감정과 반응을 아주 잘 이끌어낸다. 그리고 바로 그 점이 핵심이다. 뉴스 그 자체는 오히려 부차적이다. 〈폭스 뉴스〉에 출현하는 여성들은 왜 짧은 치마를 입는가? 가벼운 성적 자극으로 인한 흥분이 순식간에 불의, 불공정, 무능함에 대한 분노로 탈바꿈될 수 있기 때문이다. 반응이 격렬할수록 그 반작용도 강해진다. 대립성 법칙에 의해, 어떤 기분 좋은 느낌일지라도 재빨리 그와 똑같은 강도의 부정적인 감정을 일으키게 된다.

이에 대한 더 나은 경험을 위해, 시각과 관련된 대립과정이론 (opponent process theory)의 한 예를 살펴보자. 이것은 시각 시스템의 각 부분들이 서로 길항적으로(antagonistic) 반응한다는 이론으로, 당신이 한참 동안 검은색 이미지를 본 뒤에 다른 곳을 쳐다보면 그 이미지 영역이 하얀색으로 보이는 현상이 이에 해당한다. 아래 검은색 사각형의 중심을 약 30초간 응시한 후에 다른 곳을 쳐다보면 이것이 사실임을 확인하게 될 것이다.

이 현상은 당신이 옳고 다른 사람은 틀렸음을 확신할 때 당신 마음이 갖게 되는 느낌과 아무런 차이점이 없다. 누군가와 논쟁을 벌이고 싶은가? "그것에 관해서는 내 말이 옳아"라는 말로 대화를 시작하고서 상대방의 저항을 살펴보라. 또는 반대로 "나도 내가 틀렸다는 걸 알아"라고 말해보라. 아마도 후자의 경우에 상대방은 오히려 "아냐, 네가 옳아"라고 말해줄 것이다. 대립과정에 의한 드라마는 대립성 법칙하에 작동하는 에고적 마음의 드라마와 정확히 똑같다.

마음이란 것은 원시적이다. 이 말은 마음을 비난하려는 뜻이 아니다. 마음이 태초부터 인류의 생존 혹은 적어도 특정 유전자의 생존에 대단히 유익했다는 사실을 지적하는 것이다. 이제 가장 원초적인 행위로부터 기원한 드라마는 또 얼마나 원시적인지를 알아볼 차례다. 바로 섹스 얘기다.

60년대에 윌리엄 마스터스William H. Masters와 버지니아 존슨Virginia E. Johnson의 연구팀은 자신들의 연구소에서 수천 명의 성관계를 관찰했다(물론 이들이 모두 동시에 그런 것은 아니다). 그들은 성행위에서 어떤 주기를 발견했는데, 그것은 대립성 법칙의 가장 기초적인 형태로 보인다. 우선 최초의 흥분시작 단계가 있고, 그것이 점차 최고조의 흥분 단계로 이어진 다음에 오르가즘을 거쳐서 해소 단계로 진행된다.

에고의 드라마도 똑같은 원시적인 근원으로부터 나왔기에, 뭔가를 갈망하고 안절부절못하는 단계로 시작해서 목표를 달성하고는 일시적인 만족을 얻는 단계로 이어진다. 그리고 이내 다시 활성화되어 같은 순환을 끝없이 반복한다. 분별이 실재를 양분하여 의식을 양 극단 사이에서 널뛰게끔 하는 것이다. 그러므로 드라마 자체에 잘못된 것은 아무것도 없다. 당신의 현존은 드라마에 빚을 지고 있다.

이야기, 드라마, 섹스의 공통점은 드라마라는 안마 코스의 마무리 단계가 '해피엔딩'이라는 사실에서 가장 극명하게 드러난다. 신화와 마찬가지로 드라마의 해피엔딩은 또 다른 문제, 또 다른 소문, 또 다른 드라마로 이어진다. 당신은 그것을 새로운 드라마라고 생각하고 거기에 이끌리지만, 이미 당신은 똑같은 경험을 수천 번 혹은 수백만 번 이상 해왔다.

당신은 정말로 TV에서 재방송을 보기를 원하는가? 한 열 번씩은 재방송을 즐기고, 가족들과도 한 열 번씩은 똑같은 문제로 언쟁을 벌이는 것을 즐기는 게 우리의 타고난 본성인 걸까? 완전히 새로운 내용의 드라마는 없다. 그러나 좌뇌는 마치 건망증이라도 걸린 듯이 진부한 패턴들을 늘 새로운 것으로 본다.

또 다른 연습이 있다. 드라마를 볼 때 한 발짝 물러서서 그것을 하나의 순환체로 바라보라. 정말로 웃음이 터질 정도로 그 드라마 본연의 우스꽝스러움을 알아차려보라. 물론 남들의 고통에 대해 웃으라는 말은 아니다. 우주가 어쩌면 이렇게도 기묘하게 펼쳐지는지, 어쩌면 이렇게도 철저히 진짜가 아닌 모습으로 가장하는지를 보라는 것이다.

앨런 와츠는 우주가 본래 모습을 감춤으로써 스스로 거대한 술래잡기 놀이를 하는 중이라는 고대 힌두의 사상을 언급하면서, 그 놀이야말로 우주의 본성이라고 말했다. '놀이'란 진짜 내가 아니라 다른 무엇이 되어보는 것이다. 이런 측면에서는 어른들이 아이들보다 더 잘 논다고 말할 수 있다. 우리 어른들은 우리가 지금 놀고 있다는 사실 자체를 까먹고 있으니까 말이다.

당신이 지금 전지전능하다고 상상해보자. 자, 당신은 무엇을 하고 싶은가? 아마 몇몇 억만장자들이 도달하게 될 결론과 같을 텐데, 당신은 모든 것이 끔찍하게 따분해질 것이다. 다시 재밌어지는 유일한 방법은 '~인 척하기' 게임을 통해서 전지전능한 본래의 당신으로부터 숨는 것뿐이다. 이 게임은 순식간에 시작되고 그로써 자기 자신을 찾아가는 드라마가 탄생한다. 하지만 당신은 이것이 일종의 게임이라는 걸 꿈에도 모른다. 만약 안다면 게임 자체가 성립되지 않을 것이다.

90년대에 나온 〈더 게임The Game〉이라는 영화를 기억하는가? 마이클 더글라스Michael Douglas가 연기한 주인공은 부귀영화를 다 갖췄지만 모든 것에 따분해하고 있는 사람이다. 그런 그에게 깜짝 생일 선물이 주어지는데, 그것은 바로 자기 자신을 왜소하고 위태로운 존재로 느끼게 만들어줄 '예측불가의 상황'이었다. 그에게 모험과 미스터리가 넘치는 게임을 선물하려는 사람은 그의 동생인데, 이 계획이 성공하려면 형은 이것이 게임이라는 사실을 몰라야 한다. 안다면 흥미가 사라질 테니까 말이다.

영적인 수행의 한 방편으로서 이 영화를 보라는 권유가 기이하게 들릴 수도 있겠지만, 이 영화는 고대 인도의 영적 가르침인 〈우파니샤드Upanishads〉의 핵심을 가르쳐준다. 어떤 전지전능하고 영원한 힘이 존재한다면, 아마도 그것은 분명 '지금 이 순간 일어나고 있는 일들'을 정확히 하고 있을 것이다. 지금 이 문장을 읽고 있는 당신이 바로 그렇듯이, 자신의 본질은 망각했지만 완벽한 조화 속에서 제 역할을 해내는 수십억 개의 존재가 됨으로써 전지전능한 자신으로부터 숨는 놀이 말이다. 이 놀이에 대한 다른 재밌는 비유도 많지만 앨런 와츠의 완벽한 표현 하나만 더 소개한다. "이 놀이에서, 그것은 자신을 제외한 다른 모든 것으로 연기한다."

1931년 쿠르트 괴델Kurt Godel이 하나의 수학정리를 발표했다. 일반인들에게는 거의 알려져 있지 않지만, 많은 수학자들은 이것을 지난 100년 동안의 가장 중요한 학문적 돌파구로 여겨왔다. 괴델의 불완전성 정리(Incompleteness Theorem)가 바로 그것인데, 우리가 아무리 많은 것을 알고 있다 할지라도 그 지식은 언제나 불완전하다는 내용이다.

이것은 수학에서조차 드라마가 존재한다는 사실을 여실히 보여준다. 수학자이자 작가인 루디 러커Rudy Rucker는 다음의 간단한 비유로서 이 정리의 기본 개념을 설명했다. — 모든 질문에 옳은 답을 할 수 있는 '보편적 진실 기계'(Universal Truth Machine)란 것을 누군가 발명했다고 하자. 소위 UTM이라고 불리는 그 기계는 모든 것을 알고 있다. 우리는 그 기계에다가 'UTM은 이 문장이 진실이라고 절대 말하지 않는다"는 문장을 입력한다.

자, 이제 우리는 그 대단한 지식의 기계에게 묻는다. "이 문장은 진실인가?" 기계가 "그렇다"고 답한다면 자동적으로 이 문장은 거짓이 된다. 이 기계는 진실만을 말하게 되어 있으므로 진실이 아닌 질문에는 침묵으로 일관하는데, 만약 기계가 침묵한다면 이 문장은 진실이 되어버리는 역설이 생겨난다.

이처럼 지식체계가 아무리 완벽해질지라도 우리는 언제나 그것의 불완전성을 증명할 수 있다. 도대체 어떤 놈의 우주가 뇌를 발달시켜서 정교한 논리의 사고체계를 만들어내고는, 또 바로 그 뇌를 통해 어떤 사고체계도 완벽할 수 없음을 ― 모든 게임의 시작점에 있던 바로 그 논리로서 ― 증명해낸단 말인가? 오직 놀이하는 우주만이 그럴 수 있다.

당신 좌뇌의 패턴 인식기를 혼란스럽게 만들 또 다른 연습이다. 좌뇌는 한 번에 하나의 극단에만 주의를 집중할 수 있고, 이때 대립성 법칙은 그 주의를 다른 극단으로 널뛰게 한다. 반면 역설은 전체 스펙트럼을 동시에 지각하게 해준다. 전체 스펙트럼이 조망될 때는 거기에 더 이상 대립이 존재하지 않는다.

물리학에는 '슈뢰딩거Schrödinger의 고양이'라는 유명한 역설이 있다. 간략히 설명해보면, 맹독 앰플이 장치된 상자 안에 고양이가 들어 있다. 그리고 모종의 양자적 사건으로 인해 장치가 작동된다면 독약이 상자 안에 살포될 것이다. 여기서 물리학자들이 엄청난 혼란에 빠진 이유는, 당신이 세상을 끝없이 가르고 분열시켜서 만들어낸 최소의 단위인 양자量子(quantum)가 해석하는 마음으로서는 절대 개념화하고 범주화할 수 없는 기이한 방식으로 활동하기 때문이다(양자는 입자이기도 하고 파동이기도 하다).

우리는 양자가 여기에 '있다' 혹은 '없다'고 말할 수 없다. 양자에 관해서 논의될 수 있는 것은 오직 '확률'뿐이다. 그러므로 상자 안에 독약이 살포됐는지 아닌지에 관해서도 오직 확률만을 이야기할 수 있다. 마찬가지로 상자 안의 고양이가 죽었는지 살아 있는지도 확률의 문제로 남겨진다.*

해석하는 마음은 정말 대단한 이야기꾼이어서, 이 난제를 다루기 위해 심지어 다차원 세계라는 개념까지 창조해냈다. 즉 우리가 상자를 열어보는 바로 그 순간에 현실이 두 가지 갈래로 — 고양이가 살아 있는 현실과 고양이가 죽어 있는 현실로 — 분열한다는 것이다.

고양이 입장에서는 이 실험에 대해 이의를 제기할는지 모르지만, 고양이가 죽었다 또는 살았다는 판단은 오직 패턴 인식기인 '무엇' 시스템에 의해 내려진다는 사실을 잘 숙고해보라. 투명한 해석기를 창조해낸 이 우주가 얼마나 재밌는 친구인가 하면, 우리가 세상을 극한까지 잘게 쪼갠 후에 결국 발견하게 되는 것은 모든 것을 쪼개온 바로 그 패턴 인식기의 손에 더 이상 놓아나지 않는 현실인 것이다.

---

* 우리의 상식으로 보면 고양이가 죽었거나 살았거나 둘 중 하나인데, 상자를 열어보기 전까지는 고양이의 상태를 "40퍼센트는 살아 있는 동시에 60퍼센트는 죽어 있다"는 식으로 기이하게 정의할 수밖에 없다는 뜻이다. 역주.

있는 그대로 모든 것에 만족하는, 진정으로 행복한 사람과 함께
한 적이 있는가? 그런 사람에게서 매력을 느끼는 것은 당연한 일이
다. 반면 우울하고, 외롭고, 궁핍한 사람 옆에 있는 것은 어떤가? 다
른 사람들을 가장 필요로 하지 않을 것 같은 사람에게 우리가 끌리
는 것과 같이, 우리를 꼭 필요로 하는 사람들은 오히려 그 필요성만
큼 우리를 밀쳐낸다. 당신이 다른 사람들을 필요로 한다면, 그들은
당신을 외면할 것이다. 다른 사람들의 시선을 신경 쓰지 않을수록,
당신은 오히려 눈에 띄고 사람들의 주목을 받을 것이다. 인간관계를
목표로 삼으면 외로워질 것이고, 마음을 비우면 머지않아 일생일대
의 사랑이 나타날 것이다.

사회심리학에 의하면, 매력적으로 보이는 가장 좋은 방법은 그
관계에 대한 관심을 최소한으로 줄이는 것이다. 처음에 차갑게 대하
며 시작한 데이트일수록 헤어질 때 키스로 마무리될 가능성이 많다.
단, 정말로 무심해야 한다. 무심한 척하는 것은 소용없다.

가장 자신감이 잘 드러나는 때는 바로 자신 있어 할 필요조차 없
을 때이다. 부자일수록 돈이 필요 없고, 그럴수록 그들은 더 많은 돈
을 쉽게 번다. 여러 번 지적했듯이, 하기를 원하지 않는 바로 그것을
하는 것이 마음의 본성이다. 지금부터 5초간 '숫자 3'을 떠올리지 않
을 수 있다면, 당신은 부와 명예를 얻을 수 있을 것이다.

논리학과 물리학으로부터 사회적 환경과 마음 그 자체에 이르기
까지, 우주는 하나의 놀이이다. 그 게임은 본래 자기가 아닌 어떤 것
이 되어보는 것이다. 우주는 정말로 잘 '놀기' 위해서 만물에, 특히
마음에 무적의 대립성을 불어넣어야 했다. 기독교에서는 이것을 '원

죄'라 하고, 불교에서는 이것을 '잔잔한 물 위에 생겨난 파문'이라고 한다. 프로이트 학파는 이것을 '이드Id'라고 부르고, 나는 이것을 무적의 대립성 법칙이라 즐겨 부른다. 이 모든 이름은 놀이에 집중하고 있는 우주와 혼연일체가 된 하나의 메커니즘을 가리킬 뿐이다.

이것을 술래잡기라 부르던 까꿍 놀이라 부르든 상관없다. 이것은 본질적으로 우주의 장난기이다. 이 놀이에 너무나 깊이 빠진 나머지, 우리는 마음속에서 길을 잃고는 이것이 놀이일 뿐임을 잊은 채 지내왔다. 그리고 어쩌면 바로 그 점이 우주가 의도한 바가 아닐까? 역설적이게도, 이 점을 간파하고 나면 우리는 이 드라마 게임에 뛰어들 마음이 점점 약해지게 된다. 원래 게임이란 것이 그렇지 않은가? 어떤 게임이든, 그것이 아무리 거대한 규모의 게임이라 할지라도 거기에 패배의 가능성이 없다면 — 그것은 '진짜' 패배여야 한다 — 게임 자체가 성립되질 않는다.

〈스타트렉〉의 한 에피소드를 떠올려볼 수도 있겠다. 데이터Data 소령은 시뮬레이터 속에서 뛰어난 가상의 적을 이기려고 애쓰지만, 애초에 패배의 가능성이 없기에 게임 자체가 성립되지 않는다는 점이 문제였다. 결국 그는 시뮬레이터의 안전 프로토콜(safety protocols)을 정지시킴으로써 정말로 자신이 질 수도 있는 가능성을 만들어낸다.

모든 게임 중에서도 가장 거대한 게임은 생사가 달린 게임이다. 만약 죽음이 진짜 같아 보이지 않는다면 누구도 그 게임에 참여하지 않을 것이다. 그러니 죽음은 진짜처럼 보여야 하고 패배는 현실감이 넘쳐야 한다. 그렇지 않다면 우리는 그 게임에 관한 흥미를 잃을 테니까 말이다. 우리가 질 수도 있다는 가능성이 없다면 어떤 게임도 성립될 수 없으며, 영원한 일체(oneness)가 이런 게임을 즐기기 위해서는 자신의 무한성을 잊어버려야만 한다. 게임을 즐기는 데 자신이 전지전능한 불사의 존재라는 사실보다 더 거추장스러운 방해요소가 또 있겠는가?

딸아이를 데리고 체육관에 갔던 날, 집으로 돌아오면서 딸아이가 갖고 있던 아주 순수한 에고적인 생각에 대해서 우리는 많은 대화를 나눴다. 딸아이는 뒤로 재주넘기 하는 법을 배우고 싶은데, 단 절대 다칠 가능성이 없이 배우고 싶다고 했다. 딸아이는 게임에 너무나 심취한 나머지 패배할 가능성 없이도 이길 수 있다고 생각했던 것이다.

나는 좀 과장된 비유를 써서 만약 너의 소망이 실현된다면 그것은 그냥 마룻바닥에 앉아 있는 것만큼 시시한 일일 것이라고, 왜냐면 재주넘기가 그만큼 흥미진진한 이유는 진짜로 실패하고 넘어질 확률이 있기 때문이라고 말해주었다. 재주넘기 할 때의 흥분과 다치면 어떡하나 하는 걱정은 동전의 양면으로서 서로가 서로를 존재하게 한다.

〈스타트렉〉 영화 시리즈 중 〈제너레이션스Generations〉에는 어떤 상황이든 구현이 가능한 완벽한 가상현실을 창조했다는 설정이 나온다. 넥서스Nexus라 불리는 가상세계에서 어떤 질병도 죽음도 없는 상태로 온갖 에고적 쾌락을 즐기기만 하면 된다는 것이다. 하지만 실패할 위험 없이 진짜 성공과 승리는 존재할 수 없다. 승리는 패배에 빚지고 있으며 성공은 실패에 빚지고 있다.

거기서 커크 함장은 판타지 세계가 아니라 현실을 선택하면 자신의 생명이 끝날 것이라는 사실을 알았지만, 이것이야말로 진정 행복한 결말이었다. 그가 한 마지막 말은, 우리가 잠을 자다가 죽게 되든 고통을 겪다가 죽게 되든 간에 누구나 반드시 하게 될 생각과 일치한다. "아주 재밌게 잘 놀았다."

그래서 다음번에 드라마를 볼 때는 세 가지 수준에서 놀아보라. 그 자체로 연습이 될 것이다. 첫째, 늘 그래왔듯이 그 드라마 자체가 되어보라. 두 번째, 그 드라마를 거리를 두고 떨어져서 바라보라. 모든 패턴이 오직 인식행위 안에서만 존재하듯이 그 드라마 또한 마음이 만들어낸 연극일 뿐임을 통찰하라. 셋째, 그 드라마가 우주의 장난기 넘치는 본성의 표현임을 알아차리라.

아이들 영화인 〈몬스터 주식회사〉의 내용은 이 연습과 통하는 데가 있다. 영화의 앞부분에서 괴물들의 목표는, 아이들에게 되도록 최고의 공포를 유발함으로써 그 공포를 에너지로 바꾸는 것이다. 하지만 뒷부분으로 가면 아이들을 무섭게 하는 것보다 웃게 하면 열 배나 많은 에너지를 생산할 수 있음을 깨닫게 되어, 모든 괴물이 공포의 아이콘에서 개그맨으로 전향하게 된다.

우리가 세 번째 수준에서 드라마를 볼 때, 이 게임은 점점 더 즐거운 것이 된다. 왜냐면 게임 자체가 더 이상 중요하지 않게 되기 때문이다. 그리고 이렇게 '순화된' 드라마는 이제 의식의 주인이 아니라 하인이 된다. 달리 말해서… 최고의 반전과 스릴을 원한다면 첫 번째 수준에서 드라마를 보라는 말이다.

타인을 나 자신으로 보기

우리의 에고가 영원한 것이 아니라면 도대체 뭐가 영원할까? 겹겹의 층이 모두 벗겨지고 나서 유일하게 남는 것은 '의식'밖에는 없고, 이 의식은 절대 개별적인 것이 될 수 없다. 의식은 안과 밖이 없고, 여기에 있는 것도 저기에 있는 것도 아니다. 해석기의 존재를 눈치채고 모든 믿음과 신념이 좌뇌의 창조물임을 깨닫고 나면, 우리에게는 '어떻게' 시스템과 공간의식과 지금 이 순간만이 남는다.

그러나 분별, 해석, 또는 미래 예측 쪽으로 살짝만 미끄러져도 그 순간 모든 것은 좌뇌의 해석하는 마음에 의해 여과되어 변질되고, 에고는 타인의 에고들과 서로 어울려 춤추기 시작한다. 모든 분별과 마찬가지로 에고도 전체 스펙트럼의 양극단을 교대로 취하며 춤을 춘다.

칼 융은 "우주가 우리를 통해 그 자신을 인식하고 있다"고 통찰한 바 있는데, 흥미롭게도 이런 통찰은 여기저기서 흔하게 일어난다. 나는 여기서 믿음(belief)이 아니고 통찰(insight)이라는 말을 썼는데,

왜냐면 이런 얘기를 하는 사람들에 따르면 그것은 직접적인 경험에 가깝기 때문이다.

에드가 미첼도 비슷한 경험을 얘기한다. 그는 "우리는 우주의 집단의식(collective awareness)을 향해 진화하고 있다"고 말했다. 우주와 생명의 진화라는 관점에서 본다면, 감각에 의한 우리의 인식행위 자체를 우주가 그 자신을 인식하기 위해 만들어낸 하나의 수단으로 바라볼 수도 있다. 마치 어린아이가 재미삼아 여러 개의 모자를 바꿔가며 써보는 것처럼, 우주도 그 자신을 새롭고 독특한 방법으로 인식해보고자 한다는 뜻이다.

처음으로 고통을 느끼고 있는 아주 단순한 형태의 생명체를 상상해보라. 당신은 난생처음으로 불안을 느꼈던 순간을 기억하는가? 우울함을 느꼈던 순간은? 아니면 무언가에 설렜던 순간은? 물질세계로 투입된 의식을 통해서 우주는 그 자신을 인식할 수 있게 된다. 이제 그것은 완전무결한 영원성이 아니라 특정한 시공간을 점유하는, 저마다의 물질적 시각을 가진 수십억의 개체들로서 존재한다. 하나의 이미지를 인식하기 위해 수백만 개의 시각세포들이 서로 연계하듯이, 어쩌면 단 하나의 의식이 셀 수 없이 많은 우리의 에고적 관점들을 아우르고 있는 것은 아닐까?

좌뇌의 에고를 제외한다면, 당신의 의식이 끝나고 다른 이들의 의식이 시작되는 경계선이 과연 존재하는가? '다른 사람 안에 있는 의식'을 알아차리는 것은 해석하는 뇌가 창조한 거짓 정체성과 사회적 역할들을 전부 제거해주므로 무척 강력한 연습이다. 여기에 내가 수년간 해온 연습을 소개한다. 이 연습은 정말 못 말리게 미친 것 같은 상황일지라도 언제나 나에게 평화를 가져다주었다.

번잡한 백화점이나 마트를 하나 골라보라. 나는 월마트를 선호하는데, 더 붐비고 더 미친 것 같은 곳일수록 좋다. 연휴 직전과 같은 시기가 딱이라고 보면 된다. 좌뇌의 에고로서 다른 마음(사람)들을 만나는 대신에, 당신 자신의 해석하는 마음을 알아차리는 바로 그 의식으로서 그들을 만나보라. 그들을 그 겉모습이 아니라 단일한 의식의 또 다른 탈것(vehicles)으로 바라보라. 가난한, 부유한, 젊은, 매력적인, 못생긴… 이런 해석들은 더 이상 쓸모가 없다. 서로가 심술궂은 얼굴로 쇼핑카트를 밀며 내달리는 이 정신 나간 장소에서도 우리는 평화를 누릴 수 있다.

영화 〈매트릭스〉의 막바지에서 주인공 네오Neo는 모든 것이 컴퓨터 프로그램일 뿐 진정한 현실이 아님을 깨닫는다. 불과 수 초 전까지만 해도 그는 자신이 여러 개의 방문과 전등이 달린 기다란 통로에 서 있다고 생각했지만, 깨달음 후에 그는 모든 것이 컴퓨터 코드임을, 즉 실재하는 땅이 아니라 지도에 불과함을 알게 된다.

당신은 며칠 동안 안 씻은 꾀죄죄한 몰골로 자기 아이들에게 불같이 화를 내고 있는 불쌍한 사람을 본 적이 있는가? 그 사람을 그렇게 만드는 것이 깔끔하고, 친절하고, 관대한 정반대의 부모라는 사실을 알겠는가? 이 마음(사람)으로서 춤추는 의식이 저 마음으로서 춤추는 의식과 같은 것임을 알아차릴 수 있겠는가? 혹이 곧 백임을 알고, 당신이 곧 타인임을 알겠는가? '나/타인'은 그저 또 하나의 분열일 뿐이며, 당신은 지금껏 인생의 대부분을 스펙트럼의 한쪽 끝에서만 보내왔다.

'무엇' 시스템이 실재를 범주화하고 이름표를 붙인다는 사실을 기억하라. 당신은 주위의 타인들을 성별, 인종, 계층으로 나누지 않고 바라볼 수 있는가? 그것들 중 단 하나도 진짜가 아니다. 그것들은 이름표와 범주화가 필요한 마음들이 창조한 사회적 구조물일 뿐이다. 실재의 세상에는 어떤 구분도 존재하지 않는다. 모든 범주들, 그리고 모든 범주적인 생각들은 '생각'에 불과하다.

분별하지 않는 것이 '정치적으로 옳다'는 의미가 아니다. 정치적인 옳고 그름 또한 이쪽 편과 저쪽 편 사이를 튀어다니는 대립성 법칙의 영향하에 있는 좌뇌의 작품일 뿐이다. 과거의 악인이 지금은 선인이고, 과거의 선인이 지금은 악인이다. 정치적인 옳고 그름이란 단순히 수년에 한 번씩 '선/악'이라는 카드패를 되섞는 짓일 뿐이다.

앞서 나왔던 시각적 환상들과 마찬가지로, 당신은 실제로 이것을 직접 경험해볼 수 있다. 당신은 인종에 대한 분별 없이, 즉 '무엇' 시스템 없이 타인을 볼 수 있는가? 그렇다면 바로 그때, 당신이 그렇게 못하는 다른 이들보다 '위에' 있다는 느낌이 얼마나 순식간에 들어오는지 알아차려보라. 에고란 것이 얼마나 교묘히 또 다른 영적인 분별 속으로 숨어드는지 알아차려보라는 말이다.

우리의 내면과 바깥세상은 서로 밀접히 관련되어 있지만 대부분의 사람들은 이 사실을 모르고 살아간다. 위와 아래가 서로 의존한다는 사실을 눈치채지 못하듯이 말이다. 다른 사람들이 기만적이라 생각하는가? 신뢰할 수 없어 보이는가? 걸핏하면 화를 낸다고 느끼는가? 하찮다고 생각하는가? 너무 이기적이라 생각하는가?

우리가 보는 타인이 곧 거울에 비친 우리 자신이다. 칼 융은 다음과 같이 멋지게 표현했다. "투사는 세상을 숨겨진 자아의 반영으로 만들어버린다." 투사는 아마도 좌뇌의 가장 근본적인 도구일 것이다. 좌뇌는 마음이 작업해낸 것들을 가져다가 그것들을 외부로, 즉 타인들에게 투사한다.

이 방어기제의 존재는 적어도 예수 이전으로 거슬러올라간다. 마태복음에서 예수는 말씀하신다. "형제의 눈에 낀 티끌을 보면서 왜 정작 너의 눈에 낀 들보는 보지 못하느냐?" 화나 있는 이는 화나 있는 세계를 보게 된다. 우울에 빠진 이는 다른 이들에게서도 오직 우울만을 보게 된다. 최근 연구에 의하면 다른 이들을 부정적으로 보는 사람들일수록 나르시시즘과 우울증에 시달릴 확률이 높다.

당신이 세상을 볼 때, 실제로 당신은 당신 자신을 바라보는 것이다. 당신의 에고를 창조하고 있는 당신 안의 그 '패턴 인식 메커니즘'이 타인들 안에서도 똑같은 방식으로 그의 에고를 창조하고 있기 때문이다. 만일 당신이 충분히 오랫동안 외부에 관심을 두었다면, 결국 당신은 내부로 관심을 돌리는 자신을 발견하게 될 것이다.

인간에게 시각은 다른 감각들에 비해 가장 지배적이고 우선적인 감각이어서 '시각우선성'(visual precedence)이라는 효과가 있을 정도이다. 그래서 당신은 시각에 의해 당신 자신이 분리되어 있다고 느끼게 되며, 그로써 전체로서의 의식은 실로 지금 이 순간 깨어 있는 수십억의 개인들로부터 그 수만큼의 독창적인 관점들을 수집하게 되는 것이다.

하지만 잠시 동안 내용물이 없는 의식, 사물이 없는 의식, 색깔도 소리도 없는 의식을 상상해보라. 신경과학자 로저 스페리Roger Sperry

는 이렇게 말했다. "뇌가 출현하기 전에는 우주에 색도 소리도 없었다. 맛도 향도 없었으며 아마도 감각도 느낌도 감정도 없었을 것이다. 하지만 뇌 이전의 우주는 고통과 불안으로부터도 자유로웠을 것이다."

우리가 뇌라고 부르는 이 프리즘이 활동하기 전의 의식은 대체 어떠했을까? 뉴턴의 프리즘이 빛을 무지개의 일곱 가지 색으로 분리시키듯, 뇌는 의식을 수십억의 에고들로 분리시킨다. 그러나 이것은 진실로 '당신의' 의식이 아니다. 또한 '당신의' 에고도 아니다.

의식이 개인적인 것으로 느껴지는 이유는 감각적 정보가 좌뇌 해석기를 통해 의식을 묶어 놓기 때문이다. 그래서 우리는 뇌가 의식을 창조한다고 믿는다. 하지만 생각해보라. 역사의 장구한 시간 동안 인류는 우주에 네 가지 근본적인 요소 — 바람, 물, 땅, 불 — 가 있다고 믿었다. 이것들은 우리가 생각할 수 있는 대부분의 대상들과는 다른 독특한 속성을 갖는다. 이것들은 서로 분리되었다가도 언제 그랬냐는 듯 다시 하나로 합쳐지는 능력을 공유한다.

모든 분수가 마찬가지겠지만, 라스베이거스에 있는 벨라지오 Bellazio 분수를 예로 들어보자. 단일한 원천으로부터 시작된 물이 수백 개의 개별적인 '것들'이 된다. 잠깐 분리되어 움직이고 춤추다가 어느새 근원으로 합쳐지고, 다음 순간 또 다른 형태로 분리된다. 이런 분리와 합일의 반복을 경험하다가 우리는 문득 거기에 하나의 물이 있을 뿐임을 보기 시작한다. 잠시 동안 자신이 분리되어 있다고 느꼈던 의식도 결국에는 폭포의 심연에 가닿은 물처럼 다시 하나로 합쳐진다.

내가 어렸을 때 처음 품었던 형이상학적 생각은, 신이 세상을 창조할 때 신 자신을 사용하지 않고서야 어떻게 창조가 가능했겠냐는 의문이었다. 신을 빼면 신이 창조에 쓸 수 있는 재료가 뭐가 있었겠는가? 분리된 자아로서의 나라는 것은 기껏해야 '스스로 분리되어 있다고 느끼는' 하나의 관념일 뿐이다.

마음이 의식의 하인이 될 때, 마음은 더 이상 실재가 근본적으로 분리되어 있고 나누어져 있다고 독단할 수 없을 것이다. 당신은 당신의 의식을 다른 모든 이들의 의식으로서 경험하게 될 것이다. 그러면 결국 제자리로 돌아와서, 역시 당신을 째려보는 사람에게는 한 방 날려주는 것이 최선일지 모른다. 설마 아직도 이것이 '덜 영적인' 행위라고 생각하는가?

엑스맨: 도끼를 든 남자

불안에 대한 나의 최초의 통찰 중 하나는, 나 자신이 불안의 피해자이면서 동시에 불안의 원천이라는 사실이었다. 나는 이 사실을 20대일 때 이해하기 시작했던 것 같은데, 그때 〈엑스맨The Axe Man〉이라는 짤막한 이야기를 썼었다.

그것은 어떤 죄수에 관한 이야기이다. 죄수는 매일 가면을 쓴 남자의 방문을 받는다. 남자가 방문할 때마다 죄수는 두려움에 휩싸인다. 가면을 쓴 남자가 감방 안에서 죄수의 머리를 받침 위에 올려놓고는 도끼를 목에 갖다 댔다가 그냥 사라지기를 반복하기 때문이다. 오늘이 바로 '그날'일지도 모른다는 생각에 매일같이 죄수는 죽음의 공포에 시달린다.

그러다 도저히 참을 수 없게 된 죄수는 그 도끼 든 남자의 가면을 잡아채어 벗겨버리는데, 거기서 나타난 얼굴은 바로 그 자신이었다. 그 순간 감방의 벽은 쭈그러들어 없어지고 죄수는 자유의 몸이 된다. 그러나 밖으로 한 발을 디디는 순간 새로운 두려움이 일어난다. '감방 밖에 엑스맨보다 더 무섭고 현실적인 존재가 있으면 어떡하지?' 그는 자신이 상황을 예전으로 돌려놓기를 간절히 바라는 새로운 죄수가 되었을 뿐임을 깨닫는다.

이 통찰은 흥미롭지만 지나치게 사변적인 것이었다. 그래서 나는 이 글을 쓴 후에도, 나 자신을 되돌아보고 명상을 하고 심리학 박사학위를 따고 난 후에도, 계속해서 이 엑스맨과 숨바꼭질 놀이를 해야 했다. 나의 경우에는 그의 가면을 어떻게 해도 벗겨낼 재간이 없었다는 뜻이다.

달리 말하면 그를 찾아내려고 필사적으로 노력했음에도, 적어도 내 마음속 일부분은 그를 교묘히 피하게 하는 어떤 드라마나 고통을 원하는 것처럼 보였다. 그것은 나의 일부일 뿐이었지만, 그럼에도 그것은 계속 나에게 영향을 미쳤다. 여기서 가장 이상한 점은, 에고 역할을 하고 있는 그것이 동시에 저 뒤편에서는 에고를 찾는 게임도 하고 있다는 사실이다. 이처럼 에고는 자기 자신을 분열시키고, 그리하여 좌뇌의 기나긴 모험은 대실패로 끝날 수밖에 없다.

이것이 내게는 20년간의 수수께끼였다. 어떻게 해야 엑스맨을 목격하는 자가 될 수 있을까? 그것은 우월감이나 분노 같은 에고의 다른 측면들을 알아차리는 것과는 무엇이 다른 걸까? 어쩌면 그 '엑스맨'은 우리가 우리 내면을 분열시키는 게임에 빠져들 때 비로소 등장하게 되는 존재가 아닐까? 마치 강아지가 자기 꼬리를 쫓는 것처럼 말이다. 강아지가 그 꼬리가 자기 것임을 모르고 있듯이, 이 게임은 우리가 이것이 게임일 뿐임을 몰라야 성립된다.

이런 장면을 그려보는 것도 도움이 될 수 있겠다. 회전이 가능한 고정대 위에 놓인 카메라를 상상해보자. 카메라는 자기 자신을 찍기 위해 점점 더 빨리 돌아간다. 하지만 그 모든 노력에도 결코 자신을 찍을 수는 없다.

에고란 오직 '에고라는 생각'일 뿐이고, 에고를 쫓는 것도 '쫓는 다는 생각'일 뿐이다. 그 누구도 '생각'을 붙잡을 수는 없기 때문에 무적의 대립성 법칙이 날뛸 완벽한 무대가 만들어지는 것이다. 당신이 빨리 달릴수록 그것은 더 빠른 속도로 당신을 따돌릴 것이다. 80년대에 블론디Blondie가 불렀던 〈무슨 수를 써서라도〉(One Way or Another)를 기억하는가? 그 노랫말을 듣고 에고의 경주가 어떤 것인지를 보라. 그 노래 자체가 에고가 에고에게 부르는 것이다.

당신이 내면의 목소리를 처음으로 지켜볼 때, 우선 당신은 자신을 '듣는 자'로 여길 것이다. 하지만 여기에는 또 다른 차원이 존재한다. 우리가 자기 자신에게 얘기할 때, 실제로는 말하는 자와 듣는 자가 따로 있지 않다. 거기에는 그냥 하나의 '생각'이 있을 뿐이다.

당신은 에고를 지켜보기 시작할 때, 내면의 목소리를 처음 듣고서는 '내 좌뇌가 또 말을 하고 있군'이라고 생각한다. 하지만 당신은 그 전체 과정을 통으로 조망할 수 있다. 즉 말하는 자와 듣는 자를 하나로 볼 수 있다. 당신은 그것이 하나의 시스템, 하나의 생각임을 알아차린다. 당신이 실제로 보는 것은 '엑스맨-죄수'라는 하나의 시스템이다. 그것은 분리된 척하고, 또 당신인 척하지만, 당신은 그것이 아니다. 그것은 좌뇌가 벌이는 또 하나의 분열과 대립일 뿐이다.

어떤 분열도 실재가 아니다. 당신이 미래에 발견할 수도 있는 무의식적인 측면 따위도 실재하지 않는다. 단지 어떤 하나의 이야기가 지금 말해지고 있을 뿐이며, 지금 이 순간과 '달라 보이는' 기억들을 떠올림으로써 대립을 창조하려는 시도가 계속되고 있을 뿐이다. 그것은 스스로 자기 자신을 만들어내고, 또 스스로 자기 자신을 뒤쫓는다.

이 상상의 추격은 어떻게 시작된 것일까? 저항하는 생각이 드는 바로 그 순간에 대립이 발생한다. 에고가 있는 그대로의 자신이 아닌 다른 뭔가가 되기를 바라는 바로 그 순간에 분열이 시작된다. 이렇게 우리는 실재로부터 등을 돌리고는 모든 것이 원하는 대로 되기를, 좌절과 불안을 겪지 않기를 바란다.

우리가 뭔가를 쫓아가는 동시에 그것으로부터 달아나는 상상의 경주를 시작하는 바로 그 순간에 긴장이 나타난다. 누가 이 모든 짓을 벌이고 있는지를 찾고 있는 우리 자신은 스스로를 찍으려고 빙빙 도는 카메라와 같다. 탈출구로 보이는 바로 그것이 사실은 이 모든 과정의 시작점이다.

'탈출'이라는 속임수에 대해 좀더 알아보자. 나는 딸아이가 1학년일 때 같은 반 아이들에게 무서운 이야기를 읽어준 적이 있다. 장난스럽게 겁을 줘가며 〈프랑켄슈타인〉을 읽어가는 동안 나는 약간의 불안을 느꼈다. '심리학 교수씩이나 되면서 불안해하면 안 되지'라고 생각했지만 그 생각은 점점 더 많은 불안을 야기할 뿐이어서, 급기야 나는 1학년짜리 아이들 앞에서 초조해하며 〈프랑켄슈타인〉을 읽는 심리학 교수라는 부끄러운 장면을 연출하고야 말았다. 이것은 우리가 "숫자 13을 생각하지 마세요"라고 하면 13이 머릿속에 떠오르고 "걱정 마"라고 하면 언제나 더 많은 걱정이 따라오는 것과 같다.

하나의 시스템은 불안을 원하지 않고, 다른 하나의 시스템은 그 의도와 정확히 반대되는 행동을 한다. 이것은 갈등처럼 보이지만 실제로는 '생각'의 아주 단순하고 단일한 시스템이 있을 뿐이며, 그것이 지금 이 순간 벌어지고 있는 일의 전부이다. 그러나 좌뇌는 모든 것이 실재하며, 서로 갈등하고 있다고 여긴다. 분별은 양극을 낳는다. 흰색의 반대말은 검은색이고, 내가 옳다면 당신은 틀린 것이다.

여기 대립성 법칙의 위력을 보여주는 연습이 있다. 1학년짜리 아이들한테 〈프랑켄슈타인〉을 읽어주다가 바보가 되어본 적이 있는 사람이라면 공감할 것이다. 우선 뭔가에 대해 집중하려 해보라. 그것에 초점을 유지하고 마치 명상 중인 것처럼 산만해지지 않도록 노력해보라. 자, 당신은 얼마나 오랫동안 그것에 집중할 수 있는가?

이제 대립성 법칙이 작동하게끔 해보자. 그것을 생각하지 '않으려고' 노력해보는 것은 어떨까? 하지만 당신은 당신 자신을 속일 수 없다. 그러니 정말로 어떤 대상에 대해 생각하지 않으려고 애썼던 과거의 기억을 떠올려보자. 자, 이번에는 얼마나 오랫동안 그 대상에 집중할 수 있는가? 만약 그런 경험을 제대로 떠올릴 수만 있다면 그 대상에 대한 집중을 하루, 몇 주, 심지어 몇 년이나 지속하는 일도 가능하다. 누구든 공황발작을 경험해본 사람이라면 주의 집중이 대립성 법칙에 의해 좌우된다는 사실을 잘 알고 있다.

어떤 독자는 자신이 원하는 바와 반대되는 것을 일부러 생각함으로써 이 갈등에서 우위를 점하려 시도할지도 모르겠다. 예를 들면 일부러 예민해지려 노력하는 식으로 대립성 법칙을 역이용할 수도 있는 걸까? 당신은 진심으로 당신이 예민해지기를 바랄 수 있는가?

여기 간단한 연습이 있다. 일단 긁는 복권을 몇 장 산다. 그리고 복권을 하나씩 긁어나가면서 당첨이 안 되기를 진심으로 염원할 수 있는지 보라. 당신은 결코 그럴 수 없는데, 왜냐하면 이런 종류의 염원을 하는 것은 진짜 당신이 아니기 때문이다. 그러므로 당신은 스스로 예민해지기를 바라거나 하는 식으로 게임을 속일 수 없다. 당신은 당신의 믿음들과 소망들을 제어할 수 없다. 하지만 이런 현상들을 관찰하는 것은 흥미로운 일이다.

생각은 연상작용에 의해 기능한다. 한 생각이 또 다른 생각으로 흐른다는 뜻이다. 오래된 농담이 있다. "눈(snow)의 색깔은 무엇인가? 구름의 색깔은 무엇인가? 소들은 무엇을 마시는가?"라고 물으면 대부분의 사람들은 마지막 질문에 대해 "우유"라고 답한다. "물"이라고 하지 않고 말이다.

칼 융에 의해 고안된 아주 유명한 단어연상 테스트가 있다. 치료자가 먼저 어떤 낱말을 말하면, 뒤이어 환자는 마음속에 처음으로 떠오른 낱말을 말한다. 이 단어연상 테스트에서 가장 흔한 반응은 반대말을 말하는 것이다. 노벨상 수상자들처럼 고도로 발달한 에고적 마음을 갖고 있는 사람들일수록 더욱 그런 반응을 보인다. 이것은 누군가가 당신을 향해 "내가 옳아"라는 태도를 보였을 때 당신이 반사적으로 "아냐, 네가 틀렸어"라고 반응하는 것과 완전히 똑같은 경험이다. 사실 우리의 좌뇌-에고가 다른 사람에게 동의하는 유일한 경우는, 그가 우리 편에 서서 '우리'는 전부 맞고 '저들'은 전부 틀렸다고 주장할 때뿐이다.

70년대에 심리학자들은 우리가 지식을 상당히 질서정연한 방법으로 저장한다고 생각했다. 즉, 비슷한 개념들이나 관념들이 네트워크 안에서 서로 밀접하게 연결되어 있다고 본 것이다. 좀 심하게 단순화시키긴 했지만, 다음 그림은 그 기본구조를 잘 보여주고 있다. 각각의 개념은 비슷한 개념들에 연결되어 있고, 그리하여 당신이 어떤 한 개념을 생각하면 뇌 속에서 그것에 해당하는 영역뿐만 아니라 비슷한 개념들의 영역들도 함께 활성화된다는 것이다.

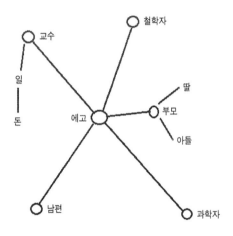

심리학에는 대립성의 법칙이 어떻게 작동하는지를 설명하는 오래된 개념이 있다. 머릿속의 목소리가 "숫자 13을 생각하지 마" 또는 "예민하게 굴지 마" 하고 말할 때, 뇌는 '13' 또는 '예민한'이라는 개념을 활성화시킨다. 부정어인 "하지 마, 굴지 마"는 개념이나 생각이 아니라서 아무것도 활성화시키지 않는다. "뛰지 마"가 무엇을 의미하겠는가? 그것은 뛰는 것을 제외한 모든 것 — 걷기, 서 있기, 그림 그리기, 말하기 등 — 일 수 있으므로 손에 잡히는 생각이 아닌 것이다.

당신은 아무것도 아닌 것(nothingness)에 대해 생각할 수 없다. 이 것은 당신이 텅 비어 있는 공간에 대해 생각할 수 없는 것과 같다. 좌뇌는 뭔가를 표현할 뿐, 뭔가의 결여를 표현하진 않는다.

이 사실은 때로 상당히 유용한데, 요점은 우리가 실제로 생각하는 것은 '부정어'가 아니라 부정된 '관념'이라는 것이다. 마치 "하지 마시오" 표지판에 '하지 말아야 할 것'이 그려져 있는 것처럼, 어떤 대상을 떠올리지 않고서 그것에 대해 생각하지 않으려는 시도는 애초에 불가능한 일이다.

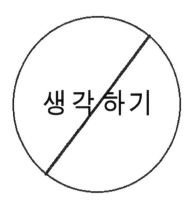

뭔가에 대해 생각하지 않으려 할수록 그 영역은 더욱 활성화되고, 우리는 우리 자신의 생각을 통제하지 못한다는 생각에 실망하게 된다. 물론 그것 역시 또 다른 '생각'일 뿐이지만 말이다. 불안해하지 않으려 노력할수록 점점 더 불안해진다. 마치 "생각하지 마시오"라는 표지판을 보면서 정신적인 침묵을 기대하는 것과 같다. 그 표지판은 마음에 더 많은 생각들을 가져올 뿐이다.

이 연상작용의 네트워크는 우리의 말실수를 설명해준다. 프로이트 학파에서 '미끄러짐(slips)'이라고 부르는 것 말이다. 나는 몇 년 전에 여러 유형의 기억들에 대해 강의하다가 학생들이 낄낄대며 웃고 있음을 알아차렸다. 알고 보니 내가 아침식사(Breakfast)라고 말한다는 것이 실제로는 유방성형(Breast-fix)이라고 말했기 때문이었다. 심리학도라면 나의 성도착적인 마음에 대해 온갖 종류의 프로이트식 해석을 달 수 있는 상황이었다.

나는 두 달 된 내 아이가 아침마다 엄마젖을 먹기 때문에 아침식사(Breakfast)라는 개념과 모유수유(Breast feeding)라는 개념이 신경망 속에서 서로 연결된 탓에 나온 실수라고 둘러댔다. 놀랍게도 학생들은 내 말을 곧이곧대로 믿어주었다. 어쨌든 이처럼 신경망 속의 한 가지 개념이 다른 개념들까지 활성화시킨다는 사실이 곧 우리가 그 과정을 통제할 수 있다는 뜻은 전혀 아니다.

그 모든 개념들의 중심에는 에고적 마음, 이른바 자아가 자리 잡고 있다. 그것 자체도 다른 무수한 생각들과 마찬가지로 '생각'에 불과하지만, 그 생각에는 '하나의 생각이 다른 생각들에 영향을 미쳐야 한다'는 생각이 포함되어 있다. 그러나 에고라는 관념 자체가 뉴런들에 의해 표현되는 일개 생각일 뿐인데, 어떻게 그것이 다른 생각들을 통제할 수 있겠는가?

스포츠 분야에서 일하는 사람이라면 '결과에 연연하지 않는' 상태가 얼마나 유익한지를 잘 안다. 그리고 그것이 얼마나 어려운 일인지도 잘 안다. 왜냐면 "결과에 연연하지 말라"는 말이 그를 더욱 결과에 연연하게 만들어서 집중력을 떨어뜨리고 제 능력을 발휘하지 못하게 하기 때문이다. "결과에 연연하지 말라"는 말은 저절로 '결과'를 떠올리게 한다. 이처럼 에고를 버리려고 노력할수록, 우리는 에고를 더 많이 발견하게 된다.

에고라는 관념을 살펴보면, 당신은 그것이 '생각들의 통제자'가 아니라 '통제한다는 생각'임을 알게 된다. 이 글을 읽으면서 당신은 '좋았어. 그럼 이제 내가 뭘 어떻게 하면 될까?'라고 생각할지도 모르겠다. 당신이 불안을 느끼는데 그걸 원하지 않는다면, 그때 당신은 무엇을 할 수 있을까? 아무것도 없다. 심지어 이런 질문을 던지는 것조차 에고의 게임에 끌려들어가는 것이다. 마치 슈퍼컴퓨터가 틱택토 게임을 하는 것처럼 말이다. 에고라는 것이 단순히 실재에 대한 하나의 생각일 뿐인데, 어떻게 그것이 '뭔가'를 할 수 있겠는가?

그러나 여기에 재밌는 부분이 있기는 하다. 이것은 에고를 이용해서 에고를 넘어설 또 다른 기회이다. 다음번에 당신이 '나는 지금 신경이 예민한데 그러고 싶지 않아'라는 내적 갈등을 느끼게 된다면, 생각이 할 수 있는 일은 거의 없다는 사실을 그냥 지켜보라.

만약 당신이 진정으로 모든 것의 주인공이고 세상의 일들에 힘을 쓸 수 있다면, 당신 생각의 내용물을 바꾸는 것쯤은 그럴 의도만으로 간단히 해내야 하지 않을까? 만약 당신의 의지가 자기계발을 향하고 있다면, 그 목표는 진작에 다 이뤄졌어야 하지 않을까? 과정 (process)을 지켜보는 사람은 에고의 진짜 모습 — 때때로 의식의 집중을 받게 되는 무수한 생각들 중의 하나 — 을 알게 된다.

만약 모든 것이 지금까지의 설명대로라고 한다면, 어째서 내가 "이완해(Relax)"라는 말을 수없이 되풀이함으로써 '이완'이라는 표상을 활성화시켰음에도 여전히 나는 불안한 것일까? "이완해"라고 되풀이해 말하는 것은 더 많은 불안을 만들 뿐이다. 이론대로라면 이완 상태라는 표상을 활성화시켜야 함에도 말이다. 이것은 에고의 영향력이 ― 그런 게 정말 있다는 가정하에 ― 긍정적이기보다는 부정적일 것이라는 사실을 암시해준다.

우리는 어떤 상황에서 "이완해"라는 말을 하게 되는가? 대개 그것은 불안이 야기된 상황으로부터 탈출하고 싶을 때 나오는 말이다. 그러나 그보다 더 중요한 질문은 이것이다. 어떻게 하나의 생각이 몸으로 하여금 '뭔가'를 하게끔 할 수 있겠는가? 한낱 유령에 불과한 것이, 한낱 비물질적인 생각에 불과한 것이, 어떻게 신경망 같은 것으로 하여금 뭔가를 잡아채고 그것에 대해 반응하도록 만들 수 있겠는가?

여기서 나는 스트레스, 불안, 투쟁-도주 반응 간의 연관성을 통해 불안의 메커니즘을 핵심까지 파고 들어가고자 한다. 투쟁-도주 반응은 DNA의 생존이라는 단 하나의 목표를 위해 진화해온 원시적인 반응이다. 투쟁-도주 반응은 몸 안에서 일련의 연쇄반응을 일으켜서 몸의 에너지를 충만하게 만든다. 심박수, 소화, 혈압, 호흡을 변화시켜서 우리가 더 빨리 도망칠 수 있게 하거나(내 경우 이것을 선호한다) 더 세게 싸울 수 있게끔 하는 것이다. 그리고 이 시스템은 에고의 생각들이 끼어들지만 않는다면 정말로 효과적이다.

동물의 좌뇌 해석기는 위협을 감지했을 때 도망가거나 싸울 수 있게끔 여분의 에너지를 발산시키고, 그 어느 쪽이 되었든 문제는 해결된다. 도망가거나, 싸워 이기거나, 아니면 잡아먹혀 이 여분의 에너지가 소멸되거나. 그런데 인간의 경우에는 해석하는 마음이 이 과정을 좀 이상하게 변형시켰다.

대부분의 동물들은 낮은 수준의 언어능력밖에 없기 때문에 해석기의 구조도 매우 간단하다. 그들의 패턴 인식기는 아직 내면으로 방향을 틀지 않았다. 하지만 환경 속의 '상징'들을 해석하는 데는 더없이 뛰어나다. 포식자에게 한입 물린 다음에야 몸의 에너지를 충전시킬 수는 없기에, 그들은 위급 상황이 오기 한참 전에 패턴들을 미리 읽어내는 시스템을 진화시켰고 그 해석에 근거하여 몸에 에너지를 충전시킨다. 다시 말해 그들은 지도와 실제 그 지역을 착각하는 오류에 의존하여 생존을 도모하고, 그런 생각과 해석들만으로도 몸의 에너지를 충전시킬 능력을 갖추고 있어야만 한다는 얘기다. 여기에는 아무런 문제가 없다. 에고가 없기 때문에, 그 해석들은 해당 사건이 지나가면 순식간에 사라져버린다.

그런데 인류가 '상징'들을 더욱 정교하게 다루게 되면서 언어와 자아 같은 것들이 창조되었고, 그것들은 원시적인 해석기 위에 제멋대로 올라탔다. 이 시스템 안에는 특별한 유령이 존재한다. 그것은 신경계에 연료를 공급하고 우리를 흥분시킬 수 있는 독특한 기능을 갖고 있지만, 그와 동시에 여전히 수많은 생각들 중의 '한 생각'일 뿐이기에 실제로는 아무것도 하지 못한다. 그것은 도망조차 못 친다. 유령의 다리는 마룻바닥을 딛지 못하므로 뛰어봤자 늘 제자리일 뿐이다.

자신의 무능함에 의해 수렁에 빠진 듯한 위기를 느낀 에고는 자기가 할 수 있는 유일한 일을 반복해서 한다. 우리를 점점 더 흥분시켜서 불안의 되먹임 회로(feedback loop)를 만들어내는 것 말이다. 이것은 정신적인 모래 늪과 같아서, 벗어나려 할수록 당신은 더 빨리 가라앉게 된다.

우리는 이 되먹임 회로를 분노에서도 찾아볼 수 있다. 분노는 투쟁 반응을 위한 것이고, 불안은 도주 반응을 위한 것이다. 즉 분노란, 위협을 느낀 에고가 도주하는 대신에 그 위협의 대상에게 에너지를 쏟는 것이다. 물론 거기에 있는 것은 '위협받고 있다'는 하나의 생각일 뿐이지만 말이다.

에고는 무력한 생각에 불과하므로 실제로 할 수 있는 일이 아무것도 없다. 유령 팔을 아무리 휘둘러봤자 상대는 아무런 충격도 받지 않는다. '적들'이라는 머릿속의 관념과 싸움을 벌이는 것은 신경계의 가속 버튼을 계속 눌러대는 것일 뿐이다. 이런 '생각 속의 싸움'은 진짜로 몸을 써서 싸울 때처럼 지치는 일이 없으므로 언제나 에너지의 적체가 일어난다. 그리하여 다시 한 번, 에고는 무력하니까 정확히 똑같은 되먹임 문제가 생기는 것이다.

앨런 와츠는 이렇게 말했다. "가죽이 덮이지 않은 북을 아무리 세게 친들 소리는 나지 않는다." 마음속의 지도들끼리 아무리 싸워본들 거기에 사용되는 에너지는 진짜 싸움에서 소모되는 에너지에 한참 못 미친다. 그리고 이 성공적이지 못한 가상의 투쟁은 신경계의 버튼을 점점 더 세게 누를 뿐이다. 해석하는 마음이 화가 났을 때 할 수 있는 유일한 일은, 흥분을 더 증폭시켜서 단지 또 다른 생각일 뿐인 '결코 무찌를 수 없는 적'을 무찌르려고 애쓰는 것뿐이다.

'의사 가운 고혈압'(white coat hypertension)이라는 말을 들어봤는

255

가? 어떤 사람들은 진료실에 들어가서 혈압을 재기 전에 스스로 이완하려고 애쓴다. 하지만 그럴수록 그들의 혈압은 마치 하늘 높이 쏘아 올려진 로켓처럼 치솟기만 한다. 흰 가운을 입은 사람을 봤을 때 '도망쳐'라는 생각이 그들의 신경계에 불을 붙이지만, 그들은 그 '생각'으로부터 도망칠 방법이 없다.

해석하는 마음은 흥분 유발 페달을 밟을 수 있는 '발'을 갖고 있지만, 그게 갖고 있는 힘의 전부다. 심지어 여기에는 브레이크 페달조차 달려 있지 않다. 과거에는 적체된 에너지를 진짜 싸움이나 진짜 도주에 사용할 수라도 있었는데 말이다.

이완하려는 노력이 제대로 먹혀들지 않을 때 실제로 벌어지고 있는 일은 무엇일까? 도주 메커니즘이 시작되어 '달리기'를 위한 신경망에 에너지가 충전되었다. 그런데 의사가 있는 진료실 안에서, 그들은 정말로 진료실을 박차고 나오지 않는 이상 ― 그런 사람은 아무도 없다 ― 그 어디로도 도망칠 수가 없다. 만일 당신이 집까지 한달음에 도망친다면 여분의 에너지가 다 소모되겠지만, 진짜로 도망치거나 싸우는 것은 요즘 세상에서 선택지가 아니다. 우리 시대의 상황은 언제나 에너지의 과잉을 유발한다. 도망치거나 싸우라는 생각들이 신경망에 뿌리를 내리고 있기 때문이다.

원래부터 '이완하라'는 생각은 전혀 생존에 이로운 구석이 없었다. 이완 상태는 도망치거나 싸움으로써 에너지가 다 소진되고 나면 저절로 주어지는 것이었기 때문이다. 생존 확률을 높여주었던 원시적인 해석 시스템 위에 마음이란 것이 덧씌워졌고, 그 설계상의 결점에 의해 화, 걱정, 불안 따위가 생겨났다는 뜻이다.

다른 관점에서는, 그것들을 애초에 우주가 재미있는 경험을 위해 의도적으로 설정한 독특한 창조물로 바라볼 수도 있다. 우주가 불안, 분노, 좌절과 같은 흥미로운 경험들을 일부러 창조한 것이라고 상상해보라. 마치 바흐의 푸가를 듣거나 M. C. 에셔의 시각예술 작품을 감상하듯이 그것들을 바라보라. 감정들의 되먹임 회로나 자기탐구(self-reflection)에 의한 예술품이나 그 근원은 동일하다.

화, 걱정, 불안은 에고를 이용해서 에고를 넘어서려 할 때 결코 놓쳐서는 안 될 기회이다. 에고의 쉼 없는 투쟁-도주 반응은 장기적인 과흥분 상태를 유발하고, 이를 억제하기 위해 우리는 약장에 온갖 약병들을 첩첩이 채워놓는다. 우리는 이제 더 이상 음식을 소화할 수도, 잠을 잘 수도, 몸무게를 유지할 수도 없게 되었다. 물론 흥분을 감소시키는 다른 방법들이 있기는 하다. 약이나 음료나 운동을 이용할 수도 있고, 쉽게 과흥분이 되지 않도록 식사량을 꼭 필요한 만큼으로 제한할 수도 있다.

하지만 "아직 더 필요해"라는 욕구로 인해 해석하는 마음은 늘 과흥분 상태를 원하고 있다. 모든 감정은 그 연료로서 흥분을 필요로 한다. 극도로 흥분한 사람은 긍정적 감정 또한 더욱 긍정적으로 느끼게 된다. 비록 그 대가로 부정적 감정들이 창조한 되먹임 회로를 경험해야 하겠지만 말이다.

공황발작(panic attack)으로 고생하는 사람은 있지만, 행복발작(happy attack)을 앓는다는 사람은 없다. 이것은 긍정적 감정과 좌뇌와의 관계가 부정적 감정과는 다르기 때문이다. 우리가 행복에 대해 반응하듯이 불안에 대해서도 똑같은 방식으로 반응할 수 있다면, 되먹임 회로는 전혀 작동하지 않을 것이다.

행복과 즐거움은 우리를 회피와 거부 대신 온전한 받아들임으로 이끈다. 지금 이 순간을 있는 그대로 수용하고 껴안으면 되먹임 회로는 곧바로 깨진다. 반면 어떤 생각을 치워버리려 한다면, 그것은 즉각 지금 이 순간에 들러붙어서 당신으로 하여금 그것을 더 세게 밀쳐낼 수밖에 없게 만들 것이다. 어떤 생각을 껴안아보라. 그러면 그것은 눈 녹듯 사라질 것이다. 받아들임은 흥분 유발 페달을 밟고 있던 발을 들어올리게 하며, 그럼으로써 그 생각은 저절로 사라진다.

내게는 어릴 적부터 시작되어 성인이 되어서까지 지속된 이상한 경험이 하나 있다. 이 경험은 무적의 대립성 법칙을 설명하는 좋은 예이다. 나는 어릴 적부터 내가 알고 있는 이 세계가 실재가 아니고 거의 영화에 가깝다는 강렬한 느낌을 받았다. 주위의 모든 것들이 실체가 없어서, 마치 내가 손을 뻗으면 그 스크린에 구멍이라도 낼 수 있을 것 같은 느낌이었다. 나는 이 경험을 무척이나 즐기는 편이어서, 할 수 있는 한 최대로 이 느낌을 지속하려고 애쓰고는 했다. 그런데 내가 이 경험을 붙잡고 껴안으려고 애쓰면 그것은 순식간에 자취를 감추고 그냥 평범한 현실이 다시 펼쳐졌다.

어른이 되자 이 경험이 이전과는 다른 감정적 반응들을 동반하여 나타났다. 공포와 불안 말이다. 한때는 껴안으려고 했던 바로 그 경험을 이제는 피하려고 애쓰면서, 나는 '이걸 받아들이려면 어떻게 해야 하지?'라는 생각들이 기하급수적으로 지금 이 순간에 들러붙고 있음을 알아차렸다. 에고적인 생각으로서의 당신은 결코 그 받아들임의 스위치를 켜거나 끌 수 없다.

음… 생각해보니 방법이 있긴 하다. 켜고자 노력하면 끌 수 있고, 끄고자 애쓰면 켤 수 있겠다. 대립성 법칙은 현실을 다루는 좌뇌만의 방법으로서 적어도 예수님 시대까지 그 기원이 거슬러 올라간다. 마태복음에 이에 대한 완벽한 언급이 있다. "누구든지 자기를 높이는 자는 낮아지고, 누구든지 자기를 낮추는 자는 높아지리라." 이것을 현대적인 용어로 바꾼다면, 에고를 포용하는 자의 에고는 사라질 것이고 에고가 사라지게끔 애쓰는 자의 에고는 더 많이 경험될 것이다.

물론 이 법칙은 좌뇌가 지도화된 현실에 대해 감정적 반응을 창조해내는 방식을 설명해줄 뿐이므로, 절대 말뜻 그대로 받아들여서는 안 된다. 일부러 수업에 빠지는 식으로 학위를 받지 않으려고 애쓰면 명예로운 졸업이 가능하리라는 뜻도 아니고, 일부러 패스트푸드만 골라 먹어야 몸무게가 줄어들 것이라는 뜻도 아니다. 대립성 법칙은 배후에 아주 깊이 숨어 있기 때문에 아직까지도 심리학계에서 그다지 논의되고 있지 않다.

실존심리학자 빅터 프랭클Victor Frankl은 심리학계에서 대립성 법칙을 명확하게 짚어낸 몇 안 되는 사람들 중 하나다. 그는 어떻게 우리의 의도가 정확히 반대되는 효과를 야기하는지를 설명하기 위해 '모순적 의도'(paradoxical intention)라는 용어를 사용했다. 그는 악수할 때마다 손에 땀이 너무 많이 나서 고민인 한 의사를 예로 들었다. 빅터 프랭클은 그 의사에게 본인이 할 수 있는 한 최대한의 땀을 흘려보라고 조언했고, 그러자 오히려 증상이 호전되었다.

칼 융도 무엇이든 과도하면 그 반대편으로 움직인다는 경향성에 대해 설명하면서 '에난티오드로미아Enantiodromia'라는 용어를 썼다. 하지만 좌뇌 해석기의 존재와 마찬가지로 이런 개념들은 심리학계에서 더 이상 받아들여지지 않고 있다. 좌뇌 해석기가 바로 이 법칙에 의해 작동하고 있기 때문에 어찌 보면 당연한 일이기도 하다.

자신의 의도와 정확히 반대되는 것을 하게끔 되어 있다는 것이 삶의 비밀임을 깨달은 조지 코스탄자George Costanza* 같은 사람을 제외하면, 서양의 문화에서는 마음의 대립성을 명백히 언급하는 예를 찾아보기가 힘들다. 조지의 경우에도 이것을 외적 행동에 관한 법칙으로만 이해했을 뿐이다. 일부러 정반대의 행동을 하는 것도 나름 효과는 있겠지만, 그것은 이 법칙이 우리 마음속에서 어떻게 작용하고 있는지를 지켜보는 것만큼 중요하지는 않다.

별별 것들을 기념하는 날들이 많으니, 어쩌면 '대립성의 날'도 하나쯤 만들어도 좋지 않을까? 하지만 내 딸아이가 지적하듯이 대립성의 날은 역설 그 자체일 것이다. 그날은 그날이 아니어야 하고, 그날이 아닌 날은 그날이어야 하기 때문이다. 어쨌든 좋은 연습으로서 진짜 한번 그래봤으면 좋겠다.

대립성의 날이 어찌 되든 간에, 대립성 법칙은 우리 내면의 반응에 관한 것이다. 생각은 분열을 일으키고, 분열은 대립성 법칙을 작동시킨다. 설마 아직도 틱택토 게임에서 어떻게든 이길 방법이 있다고 생각하는가? "숫자 3을 생각하지 마시오" 또는 "이완해"라는 말이 실현될 수 있다고 보는가? 당신이 부정적인 것으로부터 도망친다

---

* 90년대에 미국에서 방영되었던 인기 시트콤 〈사인필드Seinfield〉의 주인공들 중 하나. 역주.

면, 그것은 당신을 끝까지 쫓아갈 것이다. 승려가 되어 산중에서 정적을 경험한 당신이 그 고요함의 순간을 영원히 간직하고 싶어한다면, 그것은 순식간에 당신으로부터 사라질 것이다.

요점은 이것이다. 부정적인 상황에서 벗어나고 싶어하든 긍정적인 상황을 간직하고 싶어하든 간에, 에고적 생각으로서의 당신이 할 수 있는 것은 아무것도 없다. 여기서 당신은 '아무것도 하지 않기'(not playing: 無爲)라는 흥미로운 대안을 발견하게 될지도 모른다.

당신이 할 수 있는 것이 아무것도 없음을 알아차리는 것은 곧 에고가 환상임을 알아차리는 것이다. 그때 당신은 불안이 오히려 고맙게 느껴지는 새로운 경험을 하게 될 것이다. 마치 우주가 공포, 불안, 두려움 등을 공략대상으로 삼는 흥미진진하고 독창적인 게임을 만들어낸 것처럼 말이다. 또한 당신의 에고가 아니라 진정한 당신이, 언제나 엑스맨의 가면을 쓰고 있었던 바로 그였음을 처음으로 깨닫게 될 것이다.

결론 따위는 없다

월리엄 제임스가 말년에 쓴 글이 있는데, 나는 이 시점에서 그것이 참으로 옳다고 느낀다. 그는 "진짜로 끝나는 것은 아무것도 없지만 해석하는 마음은 끝맺음을 필요로 한다"고 말했다. 만약 시작도 없고, 끝도 없고, 그러므로 중간도 없다면 어떻게 되겠는가?

나는 좋은 결말도 있고 나쁜 결말도 있는 아주 극적인 몇 가지 이야기들에 한동안 빠져 지낸 적이 있었다. 그러면서도 동시에, 그 배경 속에서는 나의 좌뇌가 침묵을 유지하고 있음을 느꼈다. 물론 이것 또한 내가 그랬었다고 생각하는 내 나름의 기억일 뿐이다. 나는 이 모든 것을 '지금 이 순간에' 생각하고 있기 때문이다.

좌뇌가 아무리 과거와 미래로부터 온갖 것을 끌어다가 지금 있는 그대로의 존재가 아닌 다른 무엇이 되려 한들, 절대로 지금 여기에서 빠져나갈 도리는 없다. 모든 것은 지금 이 순간에 일어난다. 이것이야말로 에고적 마음의 실수를 유도하는 역설이다.

에크하르트 톨레, 람 다스, 앨런 와츠 등이 수없이 지적했듯이,

만약 정말로 지금 이 순간만이 존재할 뿐이라면? 그렇다면 지금 이 외의 모든 것(고정된 실체)들은 때때로 재밌게 읽어주면 될 뿐인 좌뇌가 지어낸 소설인 것이다.

에크하르트 톨레는 정말 극적이고 급격한 변용(transformation)의 본보기인데, 그의 경험은 이롭기보다 해로운 영향을 끼쳤을 수 있다. 그런 찬란한 변용이 많은 사람들에게 목표가 되었고, 모든 좌뇌적 목표들은 오히려 그 반대극을 직면하게끔 되어 있기 때문이다.

당신이 아직도 자기계발이 가능하다고 생각한다면, 그것은 당신이 아직도 좌뇌 해석기 안에 갇혀 있다는 의미이다. 좌뇌 해석기를 초월하겠다는 '생각'은 애초에 앞뒤가 맞지 않는 것이다. 왜냐면 그런 '생각' 자체가 당신이 아직도 좌뇌 속에서 조그만 창문을 통해 세상을 바라보고 있다는 의미이기 때문이다. '생각'으로는 절대로 풀수 없는 어떤 미스터리에 대해 '생각하려는' 멈출 줄 모르는 충동을 갖고 있는 시스템을 상상해보라.

하지만 '생각하는' 상태에서 대부분의 시간을 보내는 것이 우리 인생의 목적인 것도 사실이다. 간혹 고요해지는 순간이 있겠지만, 그것은 아주 잠깐일 뿐 결국 90퍼센트는 다시 에고적인 의식으로 되돌아갈 것이다. 하지만 이전처럼 100퍼센트는 아닐 것이다. 시트콤 〈사인필드〉의 주인공은 관계에 대해서 이렇게 이야기한 적이 있다. "헤어진다는 것은 콜라자판기를 밀어서 넘어뜨리는 것과 같아. 한번 밀어서 넘어뜨릴 수는 없어. 몇 번을 앞뒤로 흔들어야만 비로소 넘어뜨릴 수 있지." 좌뇌 해석기의 끝없는 게임을 경험하는 일에 대해서도 이와 똑같이 말할 수 있다.

내가 지난 20년간 간직해온 힌두교적인 이미지가 하나 있다. 하얀 천을 파란색 물감에 담근다고 상상해보라. 처음에 당신은 아주 미미한 변화만 보겠지만, 여러 번 담글수록 그것은 조금씩, 조금씩 더 파래질 것이다. 비록 변화가 더디긴 하지만 그것은 결코 다시 하얀색으로 되돌아가지 않는다. 당신이 당신의 '생각들'도 아니고, '생각하지 않으려는 자'도 아니고, '생각하지 않으려 하지 않으려는 자'도 아님을 눈치채게 되어서 결국 이 해석하는 마음이 벌이는 연극 전체가 너무나 우스꽝스럽고 뻔해 보이기 시작한다면, 그때 당신은 무대 위의 배우이기를 그만두고 객석으로 자리를 옮겨 편안히 쇼를 감상하게 될 것이다. 그러고는 그 모든 것들 사이에 존재하는 빈 공간이 되어버릴 것이다.

아마도 당신은 무대 위의 배우가 아닐 것이다. 마음이라는 극장에서 상영되는 이야기도 아닐 것이다. 당신은 당신의 믿음도, 당신의 믿음에 대한 믿음도 아닐 것이다. 당신은 당신의 중독도, 중독에서 벗어나려는 애씀도, 중독에서 벗어나려 애쓰지 않으려고 애씀도 아닐 것이다. 당신은 당신의 불안도, 불안해하지 않으려 애씀도 아닐 것이다. 당신은 당신의 우울도, 우울해하지 않으려 애씀도 아닐 것이다.

'애쓰는 것'은 어떤 행위가 아니다. 그것은 생각이다. 그것은 '애쓰지 않는 것'의 대비로서 우리에게 주입된 개념에 불과하다. 애씀과 애쓰지 않음, 노력과 노력하지 않음 — 이것들이야말로 아마도 전 우주에서 가장 이상한 개념들일 것이다. 이것들은 우리로 하여금 아주 우스꽝스럽게 숨을 몰아쉬게 하고, 이빨을 뿌드득 하고 갈게 하며, 흐름을 막게 한다. 마치 달리기를 할 때 운동화를 한 켤레 더 들고 뛰면서 그렇게 하면 더 빨리 뛸 수 있으리라고 생각하는 것처럼 말이다.

다음번에 당신이 좌절감을 느끼게 될 때 그 상황을 잘 지켜보라. 우리의 노력이 어떤 방향으로 움직이는데, 현실은 그 반대방향으로 움직이는 것처럼 보일 것이다. 의식이 하나의 생각에 사로잡혀서는, 자신의 노력(엄밀히 말해 노력이라는 생각)이 현실과 충돌하고 있어서 좌절을 느끼는 듯 보이는 에고적 자아의 가면을 뒤집어쓰고 있을 것이다. 그 노력이 일개 생각에 불과함을 알아차리게 되면 모든 것이 달라진다. 동시에 역설적이게도 그 어떤 것도 달라지지 않는데, 애초에 모든 것은 언제나처럼 있는 그대로의 방식으로 존재해왔기 때문이다.

당신은 그저 당신이 어떤 일에 '노력을 기울여왔다'는 생각을 갖고 있을 뿐이다. 그리고 노력이 있는 곳에 에고적 마음도 있다. 이로부터 도덕경의 한 구절이 나왔다. "아무것도 하지 않음으로써 하지 않는 것이 아무것도 없게 된다."* 요즘 스타일로 말하자면, 해석하는 좌뇌로부터 비롯된 '자기계발을 위한 노력'이라는 망상적인 생각이 없다면 모든 것이 성취될 것이다.

많은 사람들이 에고적 마음으로부터 벗어나려 애쓰는 에고적 마음에 사로잡혀 있다. 이것은 일종의 함정이다. 마치 소파 쿠션 사이에 뭔가가 빠졌을 때, 손을 넣어 꺼내려고 시도가 그것을 더 깊숙이

---

* 도덕경 48장에 나오는 "無爲而無不爲"의 영역 문장으로 추정된다. 역주.

들어가게 하는 것과 같다. 당신이 그것 가까이로 손을 넣을 때마다 양편의 쿠션은 더 벌어지고, 그것은 더 깊이 들어간다.

〈스타트렉〉 시리즈 중 〈넥스트 제너레이션The Next Generation〉에 나오는 장면을 떠올려봐도 좋겠다. 우주선이 함정에 빠졌는데, 위의 경우처럼 탈출하려고 에너지를 더 많이 쓸수록 더 깊이 끌려 들어가기만 했다. 빠져나갈 유일한 방법은 스스로 그 함정 안으로 들어가서 그것과 '함께하는' 것이었다.

좌뇌의 대립성 법칙이 없다면 애초에 함정이란 것도 없었을 것이다. 역설적이게도, 사실은 우리는 한 번도 함정에 빠진 적이 없다. 함정에 빠졌다는 생각이야말로 모든 망상 중에 가장 큰 망상이다. 람 다스가 "모든 영적 수행은 망상에서 탈출하고자 하는 망상가에 의해 창조된 망상에 불과하다"고 얘기했던 이유를 이제는 알 것이다.

어떤 이들은 이것을 우주적 농담이라거나 우주적 규모의 술래잡기 놀이라고 불렀지만, 내 생각에 그보다는 장난기, 젊음, 물질 세계를 보며 경탄하는 신생아의 순진무구함, 진정한 받아들임에 의한 자기도취, 있는 그대로를 즐기는 기쁨 등으로 부르는 것이 더 어울린다.

이제껏 나는 좌뇌가 어쩌구 하는 이야기를 수없이 늘어놓았지만, 어찌 보면 그 모든 것은 바로 이 질문을 위한 것이었는지도 모르겠다. 애초에 '좌뇌'라는 것이 정말 있기라도 한 것일까? 아니면 이것 역시 또 하나의 '지도'에 불과한 것일까? 이 게임을 하겠다고 결정한 것이 바로 당신 자신이 아닌지 숙고해보라. 당신의 에고 말고 진짜 당신 말이다. 애초에 대립성의 법칙을 심어놓은 것도 진짜 당신은 아니었을까?

해석하는 마음은 현실 시스템에 적응하는 것이 특기이다. 그래서 우리는 비디오게임이나 영화 속의 '현실'에 완전히 몰입할 수 있다. 다른 모든 해석 시스템들 ─ 에고, 직업, 스포츠, 정치 등 ─ 에 몰입하는 것도 완전히 같은 현상이다. 우리가 배우들에게 매료되는 이유는 우리 자신이 진짜가 아닌 다른 뭔가가 되는 일에 집착하고 있기 때문이다.

이 모든 것으로부터 깨어나는 것을 '해야 할 일'로 보는 사람이 있을 것이다. 당신이 두 시간째 영화를 보고 있는 중이라고 상상해 보자. 당신은 영화 속의 시간, 장소, 인물에 완전히 몰입해서 그 영화 자체가 되어 있다. 바로 이때, 누군가 당신 귀에다 대고 소리 지른다. "일어나! 이건 단지 영화일 뿐이라고!" 당신은 이런 상황을 원하는가? 어쩌면 우리같이 '깨닫지 못한' 사람들은 순수하게 영화를 즐기고 있을 뿐이고, 오히려 '우월한' 의식들이야말로 방해꾼에 불과한것은 아닐까? 하지만 당연하게도, 그것까지도 영화의 일부이다. 그 외의 어떤 가능성이 또 있겠는가?

우주를 일종의 홀로그래피로 보는 새로운 관점이 있다. 이는 아이작 뉴턴으로부터 전해 내려온 우주관과는 무척 다르다. 홀로그래피는 모든 조각이 그 전체상을 담고 있는 재밌는 성질이 있다. 당신이 크라이슬러 빌딩의 그림을 홀로그래피 작품으로 갖고 있다고 하자. 당신이 그 그림을 점점 더 작은 조각으로 잘라버린다고 해도, 그 낱낱의 조각들에는 건물 전체의 모습이 전혀 손상 없이 담겨 있을 것이다. 홀로그래피 우주론에 따르면, 당신은 우주의 미미한 조각인 동시에 우주 전체이다.

이 새로운 기술은 책임소재를 다음과 같이 옮겨버린다. 해석하는 마음은 세상을 개선할 거창하고 범세계적인 계획을 타인이 찾아내길 기다리며 지켜본다. 에고는 어떤 것을 올바르게 만들기 위해 다른 올바른 것을 기다린다. 그러나 이 새로운 우주론에 비춰보면, 우리들 각자가 모두 책임을 지고 있으며 동시에 그 누구도 책임을 질 필요가 없다.

만약 진정한 변화가 돈이나 권력에 좌우되지 않는 것이라면 어쩔 텐가? 만약 가난하고 사회적으로 고립된 개인이라도 자신의 내면을 바꿈으로써 세상을 바꿀 수 있다면? 인간이 사회적인 본성에 따라 다른 사람들과 주고받는 사소한 상호작용들 하나하나가 실은 우주적인 일일지도 모른다. 한 사람의 내적 평화가 곧 온 우주의 평화이기에 그것이 돈과 명예보다 훨씬 큰 가치로 여겨지는 사회를 상상해보라. 물론 이것이 애써 이뤄야 할 목표가 되어버린다면 오히려 그 시기는 가장 뒤로 밀리고 말 테지만 말이다.

우디 앨런Woody Allen은 이렇게 말했다. "역사 속에서 인류는 매 순간 갈림길에 직면해왔다. 한쪽은 쓰디쓴 절망으로 이어지는 길, 다른 한 쪽은 완전한 멸종으로 가는 길이다. 부디 우리가 올바른 선택을 하기를 기도하자." 그의 유머러스한 낙관주의는 둘째치더라도, 그 투명성과 은밀함을 전혀 눈치채지 못한 채로 우리가 해석하는 마음에 주입하고 있는 에너지를 생각해본다면 이것은 꽤나 설득력이 있는 말이다.

지금 인류는 역사상 그 어느 때보다 개별 에고들을 가장 중시하고 있고, 거기에 막대한 에너지를 쏟아 붓고 있다. 우리가 해야 할 질문은 이것뿐이다. 그렇게 해보니 좋던가? 해보니 어떤 느낌이 들던가? 에고를 만족시키는 순간에 짧은 섬광과도 같은 쾌락이 있다는 사실은 의심의 여지가 없다. 문제는 이것이 우리의 습관이 되어버렸다는 것이다.

대기업들 간의 경쟁부터 각자의 건강을 관리하는 일에 이르기까지, 우리는 근시안적으로 생각하면서도 정작 지금 이 순간에는 머물지 못한다. 있는 그대로의 지금 이 순간을 편안하게 누리는 사람은 이런 쾌락의 오르내림에, 나중에 받을 사탕 두 개 대신 지금 당장의 사탕 한 개 같은 근시안적인 보상에 덜 매달리게 된다. 좀 이상하게 들리겠지만, 지금 이 순간에 머문다는 것은 찰나를 위해 산다는 의미가 아니다. 지금 이 순간에는 극단적인 쾌락이나 보상이 필요하지 않다. 지금 이 순간에는 뭔가 다른 것이 있다.

나의 해석하는 마음은 언제나, 지금 이 순간 내가 얼마나 진정으로 깨우치지 못했는가를 상기한다. 그렇지만 내가, 즉 나의 자아가 '깨우치지 못함' 말고 대체 무엇일 수 있겠는가? 대부분의 사람들은 이번 생에 깨달을 준비가 되어 있지 않을 수도 있다. 그것은 아무래도 괜찮다. 다만 중요한 것은, 에고로부터 시작되는 모든 인상적인 것들, 소위 '대단한' 것들에 매달리지 않는 것이다. 그러려면 로르샤흐 테스트의 그림처럼 그 어떤 것이든 실체가 있는 것처럼 만들어버리는 패턴 인식기의 배후를 아주 잠깐만 들여다보면 된다. '콜라자판기'를 아주 살짝만 밀었을지라도 그 여정은 이미 시작된 것이다. 자판기를 완전히 넘어뜨리는 일에 대해서는 염려할 것 없다. 그것은 당신의 에고적 마음이 하는 일이 아니다. 에고적 마음은 자판기를 건들지도 못한다. 그것은 진짜 당신이 하는 일이다.

우리는 온갖 잡다한 것들을 '호두껍질' 안에 집어넣으려 한다. 이 것이 왜 그토록 많은 사람들이 살짝 미쳐 돌아가는지에 대한 이유인지도 모른다. 이분법적으로 표현하자면(물론 그 어떤 것도 '진짜로' 이분법적이지는 않다) 이런 식으로 말할 수 있겠다. 실재가 있고, 우리의 좌뇌 해석기가 인식해낸 좀더 작은 버전의 실재가 있다. 그리고 그보다 훨씬 더 작지만 '인기 있는' 버전도 하나 있는데, 그것은 역설적이게도 왜곡과 이론과 예측과 환각을 통해 실재를 실재가 아닌 것으로 바꿈으로써 생겨난다.

우리는 특정 유전자의 생존확률을 높이기 위해 이처럼 우주에서 전례 없는 독특한 경험들을 창조해왔다. 배우들이 그러하듯이, 이것은 에고적 의식이 자기 자신과 사랑에 빠지기 전까지는 꽤 잘 기능한다.

해석하는 마음은 너무나도 진지하고, 심각하고, 자신이 늘 옳다고 믿기 때문에 이런 질문이 나올 수도 있다. 설령 그것이 진정한 우리 자신과 가까워지는 일이라 할지라도, 정말 우리는 기꺼이 우스꽝스럽고 의미 없는 존재가 될 준비가 되어 있는가?

내가 말하고 있는 것은 경험적인 변화이다. 우리는 뭔가가 사실이라고 '믿는' 것이 아니라 그것을 직접 경험하고 실증한다. 대립성 법칙을 다른 믿음들처럼 '믿어야' 할 필요는 전혀 없다. 우리에게는 선지자도 필요 없다. 최고의 선수가 게임을 망치고, 최악의 선수가 게임을 뒤집는 일이 비일비재하니까 말이다.

가령 에크하르트 톨레 같은 깨달은 스승이 창녀를 끼고 마약에 취한 채 호텔방에 처박혀 있는 모습이 발각되었다면? 거기에는 아무 문제도, 아무 의미도 없다. 모든 스승은 인간일 뿐이고, '깨달음'이라는 관념에는 아무런 깨달음이 없기 때문이다. 그래서 나는 깨달음을 추구하는 일이 마치 허깨비를 쫓는 것처럼 얼마나 부질없는 짓인가를 누누이 지적해왔다.

나는 이것을 '반-자기계발 운동'(anti-self-help movement)이라고 부르고 싶다. 만약 당신이 필사적으로 도망쳐야 할, 멀리해야 할 뭔가가 존재한다면 필시 그것은 어떤 식으로든 깨달음과 관련되어 있을 것이다. 깨달음과 관련된 것이라면 그 무엇이든 철저하게 회피하는 일이 깨달음을 추구하는 일보다 훨씬 더 재미있는 게임이지 않을까? 결국은 둘 다 같은 게임이긴 하지만 말이다.

앨런 와츠가 지독한 애연가이자 위스키 중독자였다는 사실이 어떤 이들에게는 충격적일 수도 있겠다. 하지만 모든 규범은 해석하는 마음에서 나오는 것이고, '깨달음 성취 여부'를 알아보는 점검표 따위는 존재하지 않는다. 행동거지를 안내할 규칙을 담은 책 따위도 없다. 오직 좌뇌만이 규칙을 필요로 한다. 에고적 마음에 투자할수록 더 많은 규칙이 필요해지고, 그로 인해 우리는 점점 더 피곤해진다. 반면 에고적 마음의 규칙을 줄이면 규칙의 필요성도 함께 감소한다. 여기서 다시 한 번 선불교의 공안 하나를 소개한다. "옳고 그름이 없는 세계는 어떤 것이겠는가?"

여기에 참여하는 또 다른 방법, 아마도 최선의 방법은 가장 작은 에고적 마음을 갖고 있는 친구들(아이들)과 어울리는 것이다. 내가 대학원에 다닐 때 심리학과 주임교수의 방문에는 이런 글이 적혀 있었다. "로켓 공학은 애들 장난을 이해하는 것 다음으로 시시한 일이다." 아주 멋진 농담이긴 하다만, 진지하게 아이들의 무심한 놀이를 이해하려 시도해본 사람이라면 누구도 그것을 이해할 수 없음을 잘 알 것이다. 왜냐고? 거기에는 이해할 거리가 아예 없기 때문이다.

늘 심각하기만 한 해석하는 마음들로 구성된 사회가 알지 못하는 중요한 열쇠를 쥐고 있는 것은 바로 어린이집에서 근무하는 사람들이다. 요즘 우리 사회가 우리 아이들을 보살피고 놀아주는 어린이집 선생님들에게 가장 적은 가치를 두고 있다는 사실은 결코 우연이 아니다. 당신은 과연 제대로 놀 줄 아는가? 아이들은 마치 선禪의 대가들 같아서, 당신이 억지로 놀아주려 하는 것인지 정말로 함께 노는 것인지를 단번에 알아차린다. '놀려고 애쓰는 사람'보다 더 최악이자 심각한 것은 없다.

놀이에는 어떤 목표도 없다. 돈이 벌리는 것도 아니다. 놀이에 참여한 모든 사람은 그 안의 분별이 죄다 거짓임을 명확히 안다. 나는 방금 몇몇 아이들과 두어 시간 놀아주면서 "이건 내 거야"의 경이로운 상호교환을 목격했다. 아마도 몇백 원밖에 안 될 작은 공이 소유권 다툼의 중심에 있었다. 하지만 그 게임은 전혀 심각하지 않았다. 한 아이가 잠시 그걸 갖고 있으면, 이내 다른 아이가 그걸 낚아채서는 외친다. "이건 내 거야!" 물론 우리도 어른으로서 이와 똑같은 짓을 하고 있지만, 우리는 노는 법을 잊어버렸다. 그 어떤 것도 실재가 아니라서 심각해할 이유가 없음을 잊어버렸다. 실재에는 네 것, 내 것이라 할 만한 것이 없다.

현대의 스포츠 종목들은 애들 놀이가 성인 버전으로 변질된 분명한 예이다. 마치 과일주스에 보드카를 섞은 셈이다. 본질적으로 놀이의 형태를 유지하지만, 거기에는 온갖 종류의 좌뇌적 심각성이 덕지덕지 발라져 있다. 에고적 마음에 최면이 걸린 채로는 제대로 놀 수가 없다. 놀려고 '애쓰거나' '계획하는' 것은 불가능한 일이다. 어른은 놀기 위해서, 즐겁기 위해서 '노력하지만' 아이들은 순간적으로 움직인다. 놀이는 그냥 일어나는 것이다. 그렇지 않다면 그것은 놀이가 아니다. 재밌는 점은, 놀려고 '애쓰는 것'이 일을 심각하게 만들고 있음을 눈치채고 이 심각함을 '지켜보기' 시작하면 그게 어느새 다른 놀이가 된다는 사실이다.

해석하는 마음을 넘어서기 위해 고대의 지혜들로 눈을 돌리는 사람들도 있다. 옛날 사람들은 해석하는 마음의 시작점 가까이에서 문제를 풀어나갔다. 고린도전서(13장)의 사랑에 관한 구절은 '에고적 마음이 아닌 것은 무엇인가?'에 관한 설명으로도 볼 수 있다. 누구든 그 말을 따를 수만 있다면, 그는 해석하는 마음의 산물들을 언제나 눈치챌 수 있게 되고 그것 말고 무엇이 있는 그대로의 실재인가를 보게 된다.

이 구절이 결혼식을 올릴 때 가장 흔히 인용되는 것은 전혀 우연이 아니다. 이 구절은 개인적 에고를 초월하여, 두 사람이 아니라 하나된 우리가 되고자 하는 모든 관계에 적용될 수 있는 최고의 조언이다. 그 구절을 이 책의 표현법대로 고치려면 그냥 '사랑'을 '분별하지 않는 마음'으로 대체하기만 하면 된다.

"분별하지 않는 마음은 오래 참고 온유하며, 시기하고 자랑하지 아니하며, 무례히 행하지 아니하며, 자기 방식을 고집하지 않는다. 초조해하거나 후회하지 않으며, 잘못된 행동을 기뻐하지 않고 다만 진리를 기뻐한다. 분별하지 않는 마음은 모든 것을 감내하고, 모든 것을 믿으며, 모든 것을 바라며, 모든 것을 견딘다."

특히 도움이 되는 것은 이 마지막 구절이다. 만약 당신이 '모든 것'을 믿게 되면, 특정한 것만을 믿는 좌뇌 해석기의 방식과는 저절로 멀어지는 것이다. 고린도전서에서 존 레넌에 이르기까지, 어떻게 하면 에고적 마음이 아닌 다른 뭔가를 통해서 세상을 볼 수 있는가에 대한 힌트들이 무수히 제시돼왔다. 어쩌면 이것들은 우리가 이미 해왔던 일들을 다시 기억하게 해주는 계기에 불과한지도 모른다.

아주 기발한 자동차 광고가 하나 있었다. 거기 보면 생쥐들이 뛰어다니면서 노래를 부른다. "이걸 선택할 수도, 저걸 선택할 수도 있어요." 어떤 의미에서 이 노랫말은 더없는 진실이다. 당신은 좋은 날과 나쁜 날이 따로 존재하는, 해석으로 가득 찬 세계를 선택할 수 있다. 좋은 것은 좋은 느낌을 줄 것이고, 나쁜 것은… 당연히 나쁜 느낌을 주겠지? 당신에게는 친구도 있겠지만 동시에 적도 있을 것이다. 당신은 세상에 매달려서 그것의 따뜻함을 느끼겠지만, 내일이면 그것이 사라질지도 모른다는 사실에 벌벌 떨 것이다.

이와 달리, 당신은 투명했던 좌뇌 해석기의 존재가 드러나버린 세상을 선택할 수도 있다. 이 세계에서는, 나쁜 것은 그렇게까지 나쁘지 않을 테지만 좋은 것도 그렇게까지 좋지는 않을 것이다.

이 두 가지가 당신이 실제로 갖고 있는 유일한 선택지이다. 그리고 수없이 많은 사람들이 좌뇌의 끝없는 게임을 선택하는 것은 그다지 의아한 일이 아니다.

80년대에 스티브 마틴Steve Martin이 출연했던 〈우리 아빠 야호〉(Parent-hood)라는 영화를 보면 악동 같은 할머니가 평화로움 대신 드라마를 선택하는 장면이 나온다. 그녀는 놀이공원에서 어떤 걸 탈지 고르면서 이렇게 말한다. "알다시피, 놀이기구를 탄다는 것이 얼마나 무섭고, 겁나고, 울렁거리면서도 동시에 얼마나 흥분되고, 스릴이 넘치는지! 나에겐 그게 너무 재밌단 말씀이지. 어떤 사람들은 이런 걸 좋아하지 않아. 그런 사람들은 회전목마를 타러 간다고. 그건 그냥 빙글빙글 천천히 돌기만 하잖아. 아무것도 아니야. 나는 롤러코스터가 좋아. 거기서 좀더 화끈한 걸 맛볼 수 있다고."

앨런 와츠는 한 강연을 끝내면서, 만약 우주가 놀이를 하고 있다면 그것은 자신 외의 다른 모든 것이 되어보는 놀이일 것이라고 말했다. 지금 이 순간 당신이 하고 있는 것이 바로 그것이다. 당신이 불안해하거나, 우울해하거나, 당황할 때, 바로 그 순간 당신은 정확히 그렇게 하고 있다.

애초에 그것이 '생각들'일 뿐임을 망각한 어떤 시스템의 무수한 '생각들'과 '생각들에 대한 생각들'을 통해서, 우주는 있는 그대로의 실제 모습이 아닌 다른 어떤 것인 척하는 놀이를 하고 있다. 해석하는 마음, 그리고 그로부터 발생하는 모든 괴로움의 면면은 단순히 본연의 모습이 아닌 척하고 있는 우주일 뿐이고, 대립성 법칙에 따라 작동하는 좌뇌는 이 놀이를 위해 설치된 것이다. 겉으로 보이는 우주의 유순하고 자애로운 드라마와 그 배후에 있는 우주의 장난기 넘치고 악동 같은 본성은 서로 조화를 이루고 있다.

아무리 본래의 당신이 아닌 어떤 것이 되려 노력한들, 당신은 결코 진정한 당신으로부터 벗어날 수 없다. 하지만 이런 방법이 아니라면 무슨 수로 우주가 이 '맛있는' 대립성들 — 기쁨과 슬픔, 편안함과 불안함 — 을 경험할 수 있겠는가? 무슨 수로 우주가 다음 60초 안에 무슨 일이 생길지 알 수가 없어 안절부절못하다가 마침내 그 스트레스가 해소되는 경험을 할 수 있겠는가? 그리고 그중에서도 최고로 완벽한 교향곡은 불안한 마음이 불안해하지 않으려 애쓸 때, 혹은 누군가 홀로 죽을지도 모른다는 생각에 몸을 떨고 있을 때이다.

빅뱅 이전에 우주는 정확히 그 본연의 모습이었을 것이고, 이제 우주는 그 본연의 모습이 정확히 아닌 것들로 만들어진 다채로운 태피스트리가 되었다. 당신이 불안하거나, 당신의 불안에 대해 불안해하거나, 또는 걱정하거나, 그 걱정에 대해 걱정하거나, 또는 숫자 3을 떠올리지 않으려 애쓰건만 오직 그것만이 떠오를 때, 바로 그때 당신은 이런 우주의 하나의 완벽한 반영이다.

깨달음이나 마음의 평화를 갈구하는 일에 대한 이 모든 경고를 읽고 난 후에도 우리는 실망스럽게도 여전히 그런 생각들에 끌린다. 그리고 그것들에 유혹당하는 와중에도 그것들은 영원히 잡힐 듯 말 듯 잡히지 않는다. 그 사실 자체가 우리가 이 우주적인 게임 속의 완벽한 연기자들임을 증명하고 있다.

깨달음 또는 구원을 가지고 장사하는 사람들에 대해 너무 비판적일 필요는 없다. 그들은 이 게임에서 가장 완벽한 역할 중 하나를 하고 있을 뿐이니까. 그들은 우리가 우리의 이야기로부터 뛰쳐나가길 원하게 만듦으로써 그에 대한 반작용으로 우리가 우리의 이야기

속으로 더욱 깊이 들어가게 된다는 사실을 확실하게 보여준다.

당신은 아직도 깨달을 수 있다고 생각하는가? 당신은 아직도 소위 구원이라는 것을 믿는가? 나는 이 책을 수년 전부터 쓰기 시작했지만 '결론에 도달한', 즉 거의 다 써가는 지금에도 나 자신이 더 깨닫거나 덜 깨닫게 된 것 같지 않다. 이 책을 거의 다 읽어가는 중인 당신도 마찬가지일 것이다.

나는 무대 전면에서 "내가 원하는 건 마음의 평화뿐이에요"라고 쏟아내듯 노래하는 20년 전의 록그룹 보스턴의 노래를 여전히 즐겨 듣는다. 그러나 무대 뒤 배경에서는 무적의 대립성 법칙이 부드럽게 나에게 상기시킨다. 애초에 그 난장판의 한가운데 자리하고 있었던 것은 '에덴동산' 같은 이상향의 생각일 뿐임을 말이다. 그리고 다시, 이 난장판은 진정한 현대 예술의 걸작이 된다. 이는 필연적인 흐름이다.

애초에 회전목마 대신 롤러코스터를 선택한 것은 하나하나의 우리 자신이었음을 기억하자. 그래서 다음번에 당신이 좌뇌가 만들어낸 정신적인 분열의 한쪽 극단에 서서 예민해지고, 불안해하고, 우울하고, 상실감을 느끼고, 더 이상 그런 느낌들을 견딜 수가 없어서 절망적으로 몸부림치게 된다면, 기억하라. 당신은 지금 최고로 아름답고 정교한 방법으로 게임을 하는 중임을. 그리고 당신 없이 이 게임은 성립될 수 없음을.

주석 및 참고문헌

내가 과학적 연구결과를 이용한 것은 당신을 설득해서 당신의 믿음을 바꿔보기 위함이 아니라 '의식적인' 연습을 위해서였다. 다양한 연구결과들을 접해보는 것만으로도 각 장의 요지를 좀더 쉽게 경험할 수 있을 것이다.

도처에 사용된 인용문들은 '공정하게' 사용되었다고 생각된다. 만약 그렇지 못했다고 생각된다면 연락해주기 바란다. 바로 삭제 가능하다.

페이스북이나 트위터의 @worriedbuddha에도 한 번 들러주시길. 동영상이나 주석 등 좀더 '동사적인' 참고사항들을 찾을 수 있을 것이다. 도움이 됐다면 댓글도 남겨주시고 '개선'할 점이 있다면 조언도 보내주시길. 참고문헌은 등장하는 순서에 따라 정리했다.

〈자기계발의 역설〉

Watts, A. You're It! On Hiding, Seeking, and Being Found. Sounds True. http://www. soundstrue.com/shop/You're-It!/2027.pd

Tolle, E. (2004). *The Power of Now: A Guide to Spiritual Enlightenment*. New World Library.

Korzybski, A. (1933). *Science and Sanity: An Introduction to Non-Aristotelian Systems and General Semantics*. Institute of General Semantics. 747–61.

〈좌뇌라는 해석장치〉

Gazzaniga, M. S., LeDoux, J. E. (1978). *The Integrated Mind*. New York: Plenum Press.

Gazzaniga, M.S. (1985). *The Social Brain: Discovering the Networks of the Mind*. New York: Basic Books.

Gazzaniga, M. S. (1998, July). The split brain revisited. *Scientific American 279*, 1, 35–39.

Nisbett and Wilson. (1977). Telling more than we can know: Verbal reports on mental processes. *Psychological Review, 84*, 231–259.

Schachter, S.; Singer, J. (1962). Cognitive, Social, and Physiological Determinants of Emotional State. *Psychological Review. 69:* 379-399.

Dienstbier, R. (1979). Attraction Increases and Decreases as a Function of Emotion-Attribution and Appropriate Social Cues. *Motivation and Emotion, 3*, 201-218.

Drake, R.A. (1988). Cognitive style induced by hemispheric priming: Consistent versus inconsistent self-report. *Brain and Cognition, 26 (4)*, 313–315.

Wolford, G., Miller, M.B., & Gazzaniga M. (2000). The Left Hemisphere's Role in Hypothesis Formation. *The Journal of Neuroscience, 20*.

Krummenacher, P., Mohr, C., Haker, H., and Brugger, P. (2010). Dopamine, Paranormal Belief, and the Detection of Meaningful Stimuli. *Journal of Cognitive Neuroscience. 22*, 1670–1681

Kosslyn. S.M. (1987). Seeing and imagining in the cerebral hemispheres: a computational approach. *Psychological Review, 94,*148–175.

〈에고적 마음은 어디에서 왔는가〉

Shermer, M. (2012). *The Believing Brain: From Ghosts and Gods to Politics and Conspiracies---How We Construct Beliefs and Reinforce Them as Truths*. St. Martin's Press.

〈투명한 해석기〉

Metzinger, T. (2010). *The Ego Tunnel: The Science of the Mind and the Myth of the Self*. Basic Books.

Proulx, T., & Heine, S. J. (2010). The frog in Kierkegaard's beer: Finding meaning in the threat-compensation literature. *Social and Personality Psychology Compass, 10,* 889-905.

〈신화, 시간을 초월하는 거대한 패턴〉

Kasser, T. (2003). *The High Price of Materialism*. Bradford.

〈실재와의 접점을 유지하기〉

Goodale M.A., Milner A.D. (1992). "Separate visual pathways for perception and action." *Trends in Neuroscience. 15 (1):* 20–5.

Milner, A.D. & Goodale, M.A. (1995). *The Visual Brain in Action*. Oxford: Oxford University Press.

Ramachandran, V.S., & Blakeslee, S. (1999). *Phantoms in the Brain: Probing the Mysteries of the Human Mind*. William Morrow.

Csikszentimihalyi, M. (1990). *Flow: The Psychology of Optimal Experience*. Harper & Row.

Stepping foot illusion. http://www.michaelbach.de/ot/mot-feetLin/index.html

〈영원할 가치가 있는 건 무엇?〉

Corkin, S. (2013). *Permanent Present Tense: The Unforgettable Life of the Amnesic Patient*, H. M. Basic Books.

Metcalfe, J., Funnell, M., Gazzaniga, M. (1995). Right-Hemisphere Memory Superiority: Studies of a Split-Brain Patient. *Psychological Science. 6.*

〈하지만 진짜 그럴 뻔했단 말야〉

Damasio, A.R. (1994). *Descartes' Error: Emotion, Reason, and the Human Brain*. G.P. Putnam's Sons.

Waterfall Illusion. http://www.michaelbach.de:80/ot/mot-adapt/index.html

Mischel, W. (2014). *The Marshmallow Test: Mastering Self-Control*. Little, Brown and Company.

Zimbardo, P., & Boyd, J. (2008). *The Time Paradox: The New Psychology of Time That Will Change Your Life*. Atria Books.

Jill Bolte Taylor: My stroke of insight | TED Talk | TED.com http://www.ted.com:80/talks/jill_bolte_taylor_s_powerful_stroke_of_insight

〈이해한다는 것은 무슨 뜻인가?〉

James, W. (1892) The Stream of Consciousness. First published in Psychology, Chapter XI. Cleveland & New York, World. http://psychclassics.yorku.ca:80/James/jimmy11.htm

Klein, M. (1981). Context and memory. In L. T. Benjamin, Jr. & K. D. Lowman (Eds.), *Activities handbook for the teaching of psychology.* (p. 83). Washington, DC: American Psychological Association.

Bransford, J. D., & Johnson, M. K. (1972). Contextual prerequisites for understanding: Some investigations of comprehension and recall. *Journal of Verbal Learning and Verbal Behavior, 11,* 717-726.

Mangan, B. (2001). Sensation's Ghost The Non-Sensory "Fringe" of Consciousness.

PSYCHE, 7(18). http://psyche.cs.monash.edu.au/v7/psyche-7-18-mangan.html

Libet, B. (2004). *Mind Time: The Temporal Factor in Consciousness (Perspectives in Cognitive Neuroscience).* Harvard University Press.

〈불평 없는 하루〉

Festinger, L., Riecken, H., Schachter, S. (1956). *When Prophecy Fails: A Social and Psychological Study of a Modern Group that Predicted the Destruction of the World.* University of Minnesota Press.

〈뇌, 물질세계, 그리고 당신 아닌 무엇 되기〉

Noe, A. (2010). *Out of Our Heads: Why You Are Not Your Brain, and Other Lessons from the Biology of Consciousness.* Hill and Wang.

Niebauer, C.L., Aselage, J. & Schutte, C. (2002). Interhemispheric interaction and consciousness: Degree of handedness predicts the intensity of a sensory illusion. *Laterality, 7,* 85–96.

〈드라마를 지켜보며〉

Rucker, R. (1982). *Infinity and the Mind.* Birkhauser.

Eslinger, K., Clarke, A., Dynes, R. (1972). "The Principle of Least Interest, Dating Behavior, and Family Integration Settings". *Journal of Marriage and Family. 34,* 269–272.

〈타인을 나 자신으로 보기〉

Ramachandran, V.S., & Blakeslee, S. (1999). *Phantoms in the Brain: Probing the Mysteries of the Human Mind.* William Morrow.

Joseph, R. (2001). *The Right Brain and the Unconscious: Discovering The Stranger Within.* Basic Books.

〈엑스맨: 도끼를 든 남자〉

Collins, A. Loftus, E. (1975). "A spreading-activation theory of semantic processing.". *Psychological Review. 82.* 407–428.

Frankl, V. (2006). *Man's Search for Meaning.* Pocket Books.

〈결론 따위는 없다〉

James, W. (1978). *Essays in Philosophy.* Harvard University Press. p. 190.

Eckhart Tolle (2004). *The Power of Now: A Guide to Spiritual Enlightenment.* New World Library.

역자 후기

　일생 동안 유지하던 '나'라는 관점을 처음으로 벗어나서 주위를 둘러보면, 그야말로 기묘한 느낌이 들 것이다. 책에서도 몇 차례 언급했지만, 그것이 늘 있어왔던 실재임에도 불구하고 신기하고 어색한 느낌을 지울 수가 없다. 이것이 반야심경에서 "주객이 뒤바뀐 망상에서 벗어남(遠離顚倒夢想)"이라고 한 것이고, 사도 바울이 "내(에고)가 그리스도와 함께 십자가에 못 박혔나니 그런즉 이제는 내가 사는 것이 아니요 오직 내 안에 그리스도께서 사시는 것이라"라고 했을 때의 바로 그 상태이다.

　여러 선각자들의 문헌을 살펴보면 에크하르트 톨레처럼 급격한 변용이 일어난 경우도 있지만, 조주 선사처럼 차나 한 잔 하는 부드러운 변용이 일어난 경우도 있었음을 알 수 있다. 어떤 경우가 됐든 확실히 장담할 수 있는 것은, 이전에 얼마나 막대한 에너지를 에고 놀음에 쏟아 붓고 있었는지 느낄 수 있게 된다는 사실이다. 크리스 교수는 이후의 삶에 대해 "나쁜 것은 그렇게까지 나쁘지 않을 테지만 좋은 것도 그렇게까지 좋지는 않을 것"이라고 다소 심심한 상태처럼 표현했지만 이것이 일종의 농담임을 독자들이 알았으면 좋겠다. 실제로는 정말이지 내가 이렇게까지 힘들게 살고 있었나 하는 느낌이 들어 어이가 없어질 정도니까 말이다.

실재가 말로 전해질 수 없는 것임을 알았을 때 내게 처음 떠올랐던 생각은, 코끼리의 전체 모습이 있는 그대로 묘사될 방법은 없다고 하더라도, 코끼리를 만져본 여러 장님들의 이야기를 잘 종합해보면 혹시나 그 온전한 모습을 알 수도 있지 않을까 하는 것이었다. 크리스 교수의 이야기는 심리학이라는 장님이 얘기해주는 실재에 대한 일종의 묘사이다. 이것이 진실의 전부를 보여주지는 못할지라도 적어도 하나의 흥미로운 일면을 보여주고 있지는 않을까?

원 저작을 읽어보면 저자가 얼마나 유머가 넘치고 위트 있는지 느껴지는데, 번역한 사람으로서 과연 잘 전달이 되었는지 염려된다. 물론 이것 또한 '염려'라는 나의 생각이다! 실재에선 말하는 자도 듣는 자도 말씀도 존재한 적 없을 테니까.

나는 우화를 정말 좋아한다. 오랜 세월 동안 정제된 이야기들은 핵심만 온전히 전달해주기 때문이다. 그래서 이 책을 선택한 독자분들의 입맛에 잘 맞을 힌두교 우화 하나를 소개하면서 나의 첫 번역 후기를 마칠까 한다.

박티 요가의 대가인 수행자가 있었다. 그는 자신이 모시는 신과 대화를 나눌 수 있을 정도의 경지여서 자부심이 대단했다. 다른 수행자들과의 모임에서, 그는 술 빚는 일을 하는 동료에게 누구의 머릿속이 잘 익었는지 두드려보고 평가해보자고 제안했다. 동료는 몇 명의 머리를 두드려보고는 오직 그 제안을 한 수행자의 머리만 익지 않았다고 말했다. 화가 난 그는 자신이 모시는 신의 신전으로 가서

신에게 따지듯 물었지만 신은 해결해줄 수 없는 문제라며 다음 날 아침 일찍 신전에 오라고만 했다.

다음 날 일찍 그가 신전에 가보니, 어떤 걸인이 다쳐서 고름이 흐르는 발을 석상 위에 올려놓고 있는 게 아닌가. 그는 화가 나서 당장 신성한 석상에서 발을 치우라고 소리 질렀다. 그러나 다리를 옮기자 옮긴 자리마다 똑같은 석상이 땅에서 솟아오르는 것이었다. 이리저리 걸인의 발을 들고 옮기던 요기는 결국 어쩔 수 없이 자신의 머리 위에다 걸인의 다리를 올려놓았다. 그러자 더 이상 석상이 땅 위로 솟아오르지 않았다. 그 순간 요기는 깊이 깨우쳤다.